REFERENCE TO CRIMINAL TRIAL

2014年第4集·总第99集

# 刑事审判参考

中华人民共和国最高人民法院
刑事审判第一、二、三、四、五庭／主办

法律出版社
LAW PRESS·CHINA

2014年第4集·总第99集

# 刑事审判参考

# 编辑说明

《刑事审判参考》系最高人民法院刑事审判庭主办的业务指导和研究性刊物，自1999年4月创办以来，秉承立足实践、突出实用、重在指导、体现权威的编辑宗旨，在编辑委员会成员、作者和读者的共同努力下，密切联系刑事司法实践，为刑事司法人员提供了有针对性和权威性的业务指导和参考，受到刑事司法工作人员和刑事法律教学、研究人员的广泛肯定和欢迎。

《刑事审判参考》作为最高人民法院用以指导全国各级人民法院刑事审判工作的唯一刊物，由最高人民法院刑事审判第一、二、三、四、五庭共同主办，最高人民法院沈德咏副院长担任编辑委员会主任，李少平、南英、黄尔梅副院长和刘学文专委担任副主任。南英副院长担任主编，各刑事审判庭庭长担任副主编。

根据《刑事审判参考》主编会的决定，自2012年始，《刑事审判参考》由原32开改版为特16开。改版后的《刑事审判参考》仍为双月刊，全年共出版六集，设有以下栏目：

【指导案例】选择在认定事实、采信证据、适用法律和裁量刑罚等方面具有研究价值的典型案例，详细阐明裁判理由，为刑事司法工作人员处理类似案件提供具体的指导和参考。

【立法、司法规范】刊登与刑事司法工作密切相关的法律、行政法规、部门规章、司法解释及其他规范性文件。

【刑事政策】最新的刑事司法政策，如最高人民法院院领导在刑事审判工作会议上的讲话、刑事审判工作会议讨论的问题等。

【审判实务释疑】最高人民法院刑事审判庭解答在刑事审判工作中具有普遍指导价值的法律适用问题。

【司法理论前沿】摘要刊登近期刑事理论界、实务界最新研究成果,及时跟踪研究刑事审判中出现的新问题,为刑事司法人员提供最新理论参考。

【经验交流】地方司法机关制定的刑事司法规范性文件及其背景说明;地方各级人民法院在刑事审判工作中对于某些问题的处理政策和意见等。

【实务探讨】针对刑事司法工作中必须解决的疑难、复杂问题,刊登相关学者与司法人员的研究文章,为刑事司法工作人员提供解决相关问题的思路。

【大案传真】刊登在社会上影响较大的案件的有关裁判文书,及时传递大要案、热点案件的审判信息。

【疑案争鸣】针对实践中发生的疑难案例,对其中争议问题进行分析,给读者提供参与交流探讨的平台,推动相关问题的深入研究。

【裁判文书评析】选择典型裁判文书进行评析,展现法官智慧,指出不足,促进裁判文书制作水平的不断提高。

最高人民法院刑事审判第一、二、三、四、五庭

# 目　录

## 指导案例

[第1003号]

# 谭永艮非法持有枪支案

——作为情节加重犯适用条件的“情节严重”
与缓刑适用条件中的“犯罪情节较轻”
在适用时是否相矛盾

### 一、基本案情

被告人谭永艮,男,1948年12月20日出生。2013年9月16日因涉嫌犯非法持有枪支罪被取保候审。

安徽省岳西县人民检察院以被告人谭永艮犯非法持有枪支罪,向岳西县人民法院提起公诉。

被告人谭永艮对公诉机关指控的犯罪事实无异议。其辩护人基于以下理由提请法庭对谭永艮减轻处罚并适用缓刑:谭永艮具有自首情节,庭审中具有认罪、悔罪表现;之前无前科劣迹,仅是由于法律意识淡薄才实施犯罪;谭永艮已65周岁,身患多种疾病,是生活在敬老院中的五保老人,对其适用缓刑不致再危害社会。

岳西县人民法院经公开审理查明:20世纪90年代,被告人谭永艮为看护山场从同村村民王建来处借得土枪1支,一直保管,未办理持枪证。十余年前,谭永艮又从同村村民吴传炉处借来1支土枪保管至案发,也未办理持枪证。2012年,谭永艮因年迈体弱住进当地敬老院,考虑自己长期不在家居住,2支枪放在家中不安全,于是在2013年4月1日王建来到其家做客时,向王建来提出欲将两支枪存放至王建来住处,王建来表示同意。当日20时许,二人将枪支带至王建来住处。次日,岳西县公安局来榜派出所接群众举报称王建来私藏枪支，立即到王建来处调查，王建来及谭永艮主动交出2支土枪并如实供述了事实经过。经鉴定，谭永艮持有的2支土枪均是以火药为动力的自制火药枪，能有效发射，属于法律规定的枪支。2013年9月13日，谭永艮接来榜派出所电话通知后主动投案。

岳西县人民法院认为，被告人谭永艮违反枪支管理规定，非法持有以火药为动力发射枪弹的非军用枪支2支，其行为构成非法持有枪支罪，且属情节严重。谭永艮借枪是为了看护山场，主观恶性不大，且未引起其他犯罪后果，在接受公安机关调查时即主动上交2支枪支，并主动投案，如实供述犯罪事实，系自首，依法可以减轻处罚。据此，依照《中华人民共和国刑法》第一百二十八条第一款、第六十七条第一款以及《最高人民法院关于审理非法制造、买卖、运输枪支、弹药、爆炸物等刑事案件具体应用法律若干问题的解释》第五条第二款第二项之规定，岳西县人民法院以被告人谭永艮犯非法持有枪支罪，判处有期徒刑一年。

一审宣判后，被告人谭永艮以原判量刑过重、应当适用缓刑为由向安庆市中级人民法院提起上诉。

安庆市中级人民法院经审理认为，上诉人谭永艮违反枪支管理规定，非法持有以火药为动力发射枪弹的非军用枪支2支，其行为构成非法持有枪支罪，且属情节严重。谭永艮借枪是为了看护山场，主观恶性不深，且未引起其他危害后果；在接受公安机关调查时即主动上交所有枪支，并主动投案，如实供述犯罪事实，系自首，依法可以从轻或者减轻处罚；在庭审中上诉人自愿认罪、悔罪，可以酌情从轻处罚。原判定罪准确，且对谭永艮减轻处罚并无不当。二审期间，上诉人谭永艮对其犯罪事实供认不讳，并表示自己年事已高，不会再危害社会；其所居住的敬老院及当地乡民政办均表示愿意对其进行监管和帮教，当地司法局建议对谭永艮进行社区矫正。综合谭永艮的具体犯罪事实、性质、情节和对社会的危害程度以及其悔罪态度，可以对其适用缓刑，相关上诉理由成立。据此，依照《中华人民共和国刑法》第一百二十八条第一款、第六十七条第一款、第七十二条、第七十三条，《最高人民法院关于审理非法制造、买卖、运输枪支、弹药、爆炸物等刑事案件具体应用法律若干问题的解释》第五条第二款第二项以及《中华人民共和国刑事诉讼法》第二百二十五条第一款第二项之规定，安庆市中级人民法院判决如下：

1. 撤销安徽省岳西县人民法院（2014）岳刑初字第00011号刑事判决；

2. 上诉人谭永良犯非法持有枪支罪，判处有期徒刑一年，缓刑一年。

## 二、主要问题

作为情节加重犯适用条件的“情节严重”与缓刑适用条件中的“犯罪情节较轻”在适用时是否相矛盾？

## 三、裁判理由

刑法第一百二十八条第一款规定：“违反枪支管理规定，非法持有、私藏枪支、弹药的，处三年以下有期徒刑、拘役或者管制；情节严重的，处三年以上七年以下有期徒刑。”可见，非法持有枪支案件中的“情节严重”属于情节加重犯。

关于缓刑的适用条件，1997年刑法规定：“对于被判处拘役、三年以下有期徒刑的犯罪分子，根据犯罪分子的犯罪情节和悔罪表现，适用缓刑确实不致再危害社会的，可以宣告缓刑。”刑法修正案（八）对缓刑适用条件进行了如下修改：“对于被判处拘役、三年以下有期徒刑的犯罪分子，同时符合下列条件的，可以宣告缓刑：（一）犯罪情节较轻；（二）有悔罪表现；（三）没有再犯罪的危险；（四）宣告缓刑对所居住社区没有重大不良影响。”因此，刑法修正案（八）施行后，“犯罪情节较轻”是适用缓刑的一个必要条件。

作为情节加重犯适用条件的“情节严重”是否与缓刑适用条件中的“犯罪情节较轻”在适用时相矛盾，实践中存在不同认识。本案审理过程中，就存在这一争议，对被告人谭永良能否适用缓刑，主要形成两种意见：

一种意见认为，谭永良非法持有以火药为动力发射枪弹的非军用枪支2支，依照《最高人民法院关于审理非法制造、买卖、运输枪支、弹药、爆炸物等刑事案件具体应用法律若干问题的解释》（以下简称《枪支弹药解释》）第五条第二款第二项之规定，谭永良非法持有枪支属于“情节严重”。而依照刑法第七十二条第一款之规定，“犯罪情节较轻”是缓刑适用的条件之一。因此，谭永良不符合缓刑适用条件。

另一种意见认为,虽然依照相关司法解释的规定,谭永良非法持有枪支属于"情节严重",但与刑法第七十二条第一款规定的缓刑适用条件并不矛盾,仍然可以对其适用缓刑。

我们同意后一种意见,具体理由如下:

(一)认定缓刑适用条件中的"犯罪情节较轻"与作为情节加重犯的"情节严重",在评价目的、参照标准和评价内容等方面有所不同

1. 二者评价目的和参照标准不同。情节加重犯中的"情节严重"是与该罪的基本构成相比较而言的,即以某个犯罪的基本构成特征作为参照,来认定某个犯罪行为在具备该罪基本构成特征的基础上,是否还具有更加严重的情节,从而决定对被告人是否适用加重法定刑,本质上属于量刑层面的问题,一般情况下,与刑罚的执行方式(即应判处实刑还是缓刑)关联不大。

而作为缓刑适用条件的"犯罪情节较轻",是一种能够综合反映犯罪分子所犯罪行的社会危害程度和主观恶性大小,并影响到刑罚执行方式的条件,是在确定行为人已构成犯罪并应判处刑罚和确定具体刑种、刑度基础上,对刑罚执行方式的评价,因此,有别于刑法分则规定的加重量刑情节。

为了避免对犯罪情节重复评价,即在量刑时已经考量犯罪情节的轻重,在决定刑罚执行方式时又二次评价上述量刑情节是否符合缓刑适用条件的"犯罪情节较轻",我们认为,宜将缓刑适用条件的"犯罪情节较轻"界定为立法的特别提示性规定。因为,"判处拘役、三年以下有期徒刑"是刑法总则第七十二条明确规定的缓刑适用的前置性要件,也可称为刑种、刑度要件,但符合这一要件的犯罪分子显然很多,并不是判处该刑罚的犯罪分子都可以适用缓刑,故第七十二条同时列举了四项条件以明确缓刑的适用范围,其中第一项条件即"犯罪情节较轻"。换言之,此处的"犯罪情节较轻"意在限制缓刑的适用,将一些虽然判处拘役、三年以下有期徒刑,但经整体评价社会危害性大、主观恶性深的罪犯排除在适用缓刑之外。

2. 二者评价内容不同。根据罪刑法定原则,作为情节加重犯的加重情节,应当由刑法或者司法解释明确规定,没有规定的,应当结合其他刑法渊源,根据案件具体情况,从贯彻罪责刑相适应的角度在个案中综合分析、慎重把握。从我国刑法分则来看,明确加重处罚情节的刑法条款大多采取逐

项列举式规定。如刑法第二百三十六条对“二人以上轮奸”、“在公共场所当众强奸妇女”等加重情节的规定；又如刑法第二百六十三条对“入户抢劫”、“在公共交通工具上抢劫”、“持枪抢劫”等情节的规定。司法解释对加重处罚情节的明确也大多采取列举式规定。如《枪支弹药解释》第五条第二款对刑法第一百二十八条第一款规定的“情节严重”列举了五种情节，包括：(1)非法持有、私藏军用枪支2支以上的；(2)非法持有、私藏以火药为动力发射枪弹的非军用枪支2支以上或者以压缩气体等为动力的其他非军用枪支5支以上的；(3)非法持有、私藏军用子弹100发以上，气枪铅弹5 000发以上或者其他非军用子弹1 000发以上的；(4)非法持有、私藏手榴弹3枚以上的；(5)达到该条第一款规定的最低数量标准，并具有造成严重后果等其他恶劣情节的。上述条款侧重从枪支弹药性能、数量或者严重后果等犯罪客观方面，对非法持有枪支犯罪是否应当加重处罚逐一作出规定，这符合非法持有枪支罪主要是以非法持有状态体现其对公共安全潜在危害程度的本质特征。

评价犯罪分子是否符合缓刑适用条件的“犯罪情节较轻”，要综合评价犯罪分子的主观和客观方面，既要考虑刑法分则或者司法解释规定的量刑情节，又要在评价犯罪行为本身情节轻重的基础上，考察个案中是否还存在支撑对其选择较为轻缓的刑罚执行方式的特殊事实依据和理由。具体要从犯罪构成的四个方面进行把握：

(1)关于犯罪主体方面，即犯罪人的身体、精神状况及职业情况，是否系未成年人，是否精神健全，是否具有特殊身份等。通常情况下，未成年犯、老年犯及患有间歇性精神病的犯罪人，在罪行本身并不严重的情况下，可以考虑认定为犯罪情节较轻。而某些犯罪如果由特殊身份的人实施就具有较大的社会危害性，如利用教师身份实施猥亵儿童犯罪，即使只判处了拘役，也不宜认定为犯罪情节较轻。

(2)关于犯罪主观方面，包括主观罪过(故意或过失)、犯罪动机等。过失犯罪的行为人主观恶性相对较小，相对于故意犯罪可优先考虑认定为犯罪情节较轻。对出于义愤、防卫或者因为紧急避险以及为满足基本生活需求、抚养小孩、赡养老人等动机实施的犯罪，可以考虑认定为犯罪情节较轻，而对于一些动机卑劣的犯罪则不宜认定为犯罪情节较轻。

(3)关于犯罪客观方面,包括危害行为、危害结果及犯罪对象等方面。对于未造成严重后果、被害人身心受伤害较小或者取得被害人谅解的犯罪可以考虑认定为犯罪情节较轻。而对于犯罪手段残忍、被害人身心受到严重伤害、对老人和儿童等弱势群体实施的犯罪,则不宜认定为犯罪情节较轻。若犯罪后果未发生,或者已发生但在事后得到完全或者大部分弥补的,也可以认定为犯罪情节较轻,如预备犯、中止犯等。

(4)关于犯罪客体方面,刑法所要保护的法益越重要,对认定是否属于犯罪情节较轻,越要从严把握。例如,抢劫本身属于严重犯罪,具有持枪抢劫、入户抢劫等加重处罚情节的,即使同时具备其他从轻、减轻情节,整体上通常也不宜评价为犯罪情节较轻。相反,如果基本犯侵犯的法益不那么严重,那么,即使具备加重情节,在综合考量其他从轻情节、因素的情况下,也有可能评价为犯罪情节较轻。

值得注意的是,在判断被告人是否具备缓刑适用条件中的“犯罪情节较轻”时,对上述几个方面的因素不能孤立来看,也不能脱离社会一般公众的标准进行评价,这一点有别于量刑时对情节轻重的判断。对量刑情节的判断,要严格限定在法律和个案事实的框架内,而是否选择缓刑的刑罚执行方式,还要考虑一般公众的认知和刑事政策。例如,就具体的贪污受贿犯罪而言,情形、情节千差万别,既存在情节特别严重的个案,也存在情节较轻的个案,在量刑时需要区别对待。但即使从量刑意义上属情节较轻的贪污受贿犯罪,从社会公众和刑事政策的角度考量,认定“犯罪情节较轻”也需要从严掌握。再如,对于成年人实施奸淫、猥亵幼女犯罪的,根据2013年《最高人民法院、最高人民检察院、公安部、司法部关于依法惩治性侵害未成年人犯罪的意见》的规定,一般不适用缓刑,这是刑事政策的特殊考量,并不是说所有此类犯罪从量刑意义上都很严重并都应当判处三年以上有期徒刑,但显然,一般不能将其界定为符合缓刑条件的“犯罪情节较轻”。

通过上述比较可以看出,认定缓刑适用条件的“犯罪情节较轻”所考虑的因素通常比认定情节加重犯所考虑的因素更为广泛,不能认为情节加重犯就必然是一种具有严重社会危害性的犯罪行为,就必然不符合缓刑适用条件。特别是在非法持有枪支犯罪中,认定非法持有枪支犯罪是否“情节严重”,对照司法解释的列举式规定,标准十分清晰,对于应当判处实刑的案件来说,如何量刑不存在争议。但如果要判断对行为人应当判处实刑还是缓刑,只考虑司法解释列举的枪支性能和数量这些客观情节,显然会失之片面。行为人基于何种原因持有枪支,持有枪支时间长短,枪支流入社会或者被用于非法目的的可能性大小,以及是否具有未成年人、老年人、累犯等特殊身份等,均不同程度上影响到对该非法持有枪支犯罪行为社会危害性的判断。因此,虽然通常来说,具备加重情节的非法持有枪支犯罪,相对于只符合基本构成要件的犯罪,对公共安全的潜在危害更加严重,在是否适用缓刑时要更加慎重把握,但不排除在一些特殊个案中,存在其他可以被考虑为“犯罪情节较轻”的因素。如果经综合权衡,对被告人宣告缓刑要比判处实刑更有利于实现刑罚的目的和取得更好的法律、社会效果,也可以认定被告人符合刑法第七十二条第一款规定的缓刑适用条件。这样处理,对一些确实存在特殊情况的个案,可以避免出现如果严格依照司法解释列举的加重处罚情节对被告人升格法定刑,可能导致刑罚过于严苛而偏离罪责程度的极端情形发生。

(二)本案被告人符合缓刑适用条件

本案中,被告人谭永艮非法持有以火药为动力发射枪弹的非军用枪支 2 支,依照《枪支弹药解释》的规定,无疑属于非法持有枪支“情节严重”,依照刑法第一百二十八条第一款的规定,应当在三年以上七年以下加重法定刑幅度内量刑;同时,谭永艮又具有如下法定、酌定从宽处罚情节:(1)谭永艮在公安机关调查时主动上交枪支,后经公安机关通知主动到案,如实供述罪行,构成自首,依法可从轻、减轻处罚。(2)谭永艮是为了看护山场而先后从同村村民处借来 2 支土枪,保管时间已分别持续二十多年和十多年,枪支来源清楚、用途也很明确,其担心自己去敬老院生活后枪支放在家中不安全,将其转交给村民王建来保管,且其中一支“土枪”本来也属于王建来所有,由此反映出该枪支不会流入社会,客观危害相对较小。(3)从犯罪主体来看,谭永艮非法持有土枪主要是因为法制意识淡漠,且审判时年事已高,身患多种疾病,长年生活在敬老院中,没有再犯罪的危险,宣告缓刑对所居住社区没有重大不良影响。

综合考虑本案加重处罚量刑情节、法定和酌定从宽处罚情节，二审法院对被告人谭永良减轻处罚，判处有期徒刑一年，同时根据本案特殊情况，认定谭永良属于犯罪情节较轻；另鉴于谭永良认罪、悔罪，没有再犯罪危险，所居住的敬老院及当地乡民政办均表示愿意对其进行监管和帮教，当地司法局建议对其进行社区矫正，符合缓刑适用条件，故对其依法改判并宣告缓刑是正确的。

**（撰稿：安徽省安庆市中级人民法院　唐　毅　张　跃**

**审编：最高人民法院刑一庭　管应时）**

[第 1004 号]

# 张联新、郑荷芹生产、销售有毒、有害食品,李阿明、何金友生产有毒、有害食品,王一超等销售有毒、有害食品案

——“新型地沟油”的司法认定与法律适用

## 一、基本案情

被告人张联新,男,1957 年 12 月 16 日出生,农民。2012 年 5 月 5 日因涉嫌犯生产、销售有毒、有害食品罪被逮捕。

被告人郑荷芹(系被告人张联新之妻),女,1959 年 10 月 22 日出生,农民。2012 年 5 月 5 日因涉嫌犯生产、销售有毒、有害食品罪被逮捕。

被告人李阿明,男,1958 年 6 月 19 日出生,原系浙江诚远食品有限公司副产品销售经理。2012 年 9 月 19 日因涉嫌犯生产有毒、有害食品罪被逮捕。

被告人何金友,男,1965 年 12 月 13 日出生,农民。2012 年 5 月 5 日因涉嫌犯生产有毒、有害食品罪被逮捕。

被告人王一超,男,1985 年 11 月 15 日出生,个体工商户。2012 年 5 月 5 日因涉嫌犯销售有毒、有害食品罪被逮捕。

(吴建弟、蒋达明、林金友、应成兵等被告人的基本情况略)

浙江省台州市黄岩区人民检察院以被告人张联新、郑荷芹犯生产、销售有毒、有害食品罪,被告人李阿明、何金友犯生产有毒、有害食品罪,被告人王一超、吴建弟、蒋达明、林金友、应成兵犯销售有毒、有害食品罪,向台州市黄岩区人民法院提起公诉。

被告人张联新、李阿明的辩护人均提出经检验检疫合格的花油、膘肉

碎、"肚下塌"(猪肚下垂部位赘肉)不属于肉制品加工废弃物,张联新使用该原料炼制的猪油不应认定为"地沟油";张联新的辩护人另提出检测报告显示张联新炼制的猪油合格,并非有毒、有害食品,张联新的行为不构成犯罪;李阿明的辩护人另提出李阿明系对外合法销售检验检疫合格的花油、膘肉碎、"肚下塌",其作为原料提供者没有任何过错。

台州市黄岩区人民法院经公开审理查明:

1999年6月,被告人张联新、郑荷芹开始生产食用猪油。2006年11月28日,中华人民共和国国家质量监督检验检疫总局、中国国家标准化管理委员会联合发布的《食用猪油》国家标准(GB/T 8937—2006)明确规定炼制食用猪油的脂肪组织不包含淋巴结。《食用猪油》国家标准于2007年3月1日正式实施。

张联新、郑荷芹明知食用猪油不能含有淋巴,仍先后从浙江黄岩食品有限公司、浙江诚远食品有限公司购入含有淋巴的花油、含有伤肉的膘肉碎及"肚下塌"等猪肉加工废弃物并用于炼制食用猪油。2007年3月至2010年7月间,浙江黄岩食品有限公司城区分公司经理王俊洪(另案处理)明知张联新、郑荷芹从事炼制"食用油",仍向其销售含有淋巴的花油等猪肉加工废弃物。张联新、郑荷芹利用上述原料在台州市黄岩区澄江街道仙浦汪村的家中炼制"食用油"360余桶,计18余吨,销售金额共计人民币(以下币种同)10万余元。2010年7月至2012年3月间,浙江诚远食品有限公司副产品销售负责人李阿明明知张联新、郑荷芹从事炼制"食用油",仍向其销售含有淋巴的花油、膘肉碎、"肚下塌"等猪肉加工废弃物,张联新、郑荷芹利用上述原料在台州市黄岩区澄江街道仙浦汪村的家中、西城街道霓桥村出租房、东城街道上前村工业区租房等地炼制"食用油"1 026余桶,计51.3余吨,销售金额47万余元。其中,2011年11月至12月和2012年3月,被告人何金友受张联新雇用以含有淋巴的花油等猪肉加工废弃物炼制"食用油"135余桶,计6.75余吨,销售金额6.75万余元。

被告人张联新、郑荷芹利用含有淋巴的花油、膘肉碎、"肚下塌"等猪肉加工废弃物共生产"食用油"69.3余吨,销售金额57万余元,张联新将生产的"食用油"销售给顺青面馆等餐馆,部分销售情况如下:

1. 2009年四五月至2012年3月，张联新先后以每桶300元至500元不等的价格向被告人王一超销售其生产的“食用油”70余桶，计3.5余吨。王一超明知购入的是利用花油、膘肉碎、“肚下塌”等猪肉加工废弃物生产的“食用油”，仍在台州市黄岩区西城街道岙岸村顺青面馆使用该“食用油”烹制食物，销售给顾客食用。

2. 2009年八九月至2012年2月，张联新先后以每桶300余元至500余元不等的价格向被告人吴建弟销售其生产的“食用油”20余桶，计1余吨。吴建弟明知购入的是利用花油、膘肉碎、“肚下塌”等猪肉加工废弃物生产的“食用油”，仍在台州市黄岩区新前街道后洋黄村小吃店使用该“食用油”烹制食物，销售给顾客食用。

3. 2009年八九月至2012年2月，张联新先后以每桶400元至500余元不等的价格向被告人蒋达明销售其生产的“食用油”15余桶，计0.75余吨。蒋达明明知购入的是利用花油、膘肉碎、“肚下塌”等猪肉加工废弃物生产的“食用油”，仍先后在台州市黄岩区澄江街道葛村村、新前街道前洋村早餐店使用该“食用油”烹制食物，销售给顾客食用。

4. 2011年6月至2012年2月，张联新以每桶520元的价格向被告人林金友销售其生产的“食用油”15余桶，计0.75余吨。林金友明知购入的是利用花油、膘肉碎、“肚下塌”等猪肉加工废弃物生产的“食用油”，仍在台州市黄岩区西城街道横河村早餐店使用该“食用油”烹制食物，销售给顾客食用。

5. 2011年4月至2012年3月，张联新先后以每桶400余元至500余元不等的价格向被告人应成兵销售其生产的“食用油”12桶，计0.6吨。应成兵明知购入的是利用花油、膘肉碎、“肚下塌”等猪肉加工废弃物生产的“食用油”，仍在台州市黄岩区北城街道大桥路397号包子铺使用该“食用油”烹制食物，销售给顾客食用。

6. 2011年四五月至2012年3月，张联新先后以每桶450余元至490元不等的价格向台州市黄岩区西城街道大桥路黎明快餐店店主犯罪嫌疑人符金飞（另案处理）销售其生产的“食用油”10余桶，计0.5余吨。

另查明，2012年3月29日，张联新、郑荷芹在台州市黄岩区澄江街道仙浦汪村二区37号其家中被公安机关抓获。同日，何金友在台州市黄岩区北城街道妙儿桥村大桥路397号其家门口被公安机关抓获。同年4月17日，李阿明、王一超先后经公安机关通知到案。同年6月7日，应成兵主动到公安机关投案，并如实供述自己的犯罪事实。同年6月19日，蒋达明、吴建弟先后主动到公安机关投案，并如实供述自己的犯罪事实。同年6月21日，林金友主动到公安机关投案，并如实供述自己的犯罪事实。

2012年5月21日，李阿明协助公安机关抓获涉嫌故意伤害的犯罪嫌疑人一名。

台州市黄岩区人民法院认为，被告人张联新、郑荷芹使用猪肉加工废弃物等非食品原料生产"食用油"，销售金额57万余元，情节特别严重，其行为均构成生产、销售有毒、有害食品罪。被告人李阿明明知他人生产"食用油"，仍为其提供猪肉加工废弃物等非食品原料，其间供他人生产"食用油"销售金额47万余元，情节严重；被告人何金友明知他人使用猪肉加工废弃物等非食品原料生产"食用油"，仍为其提供劳务，帮助炼制油脂，其间供他人生产"食用油"销售金额6.75万余元；被告人李阿明、何金友的行为均构成生产有毒、有害食品罪；被告人王一超、吴建弟、蒋达明、林金友、应成兵明知是利用猪肉加工废弃物等非食品原料生产的"食用油"仍予以销售供人食用，其行为均构成销售有毒、有害食品罪。公诉机关指控的罪名成立。张联新的辩护人的相关辩护意见，不予采纳。吴建弟、蒋达明、林金友、应成兵均有自首情节，李阿明、郑荷芹、何金友均系从犯，李阿明又有立功表现，对郑荷芹、李阿明均可以减轻处罚，对何金友、吴建弟、蒋达明、林金友、应成兵均可以从轻处罚。据此，依照《中华人民共和国刑法》第一百四十四条；第二十五条第一款，第二十七条，第六十七条第一款、第三款，第六十八条，第五十二条，第六十四条以及《最高人民法院、最高人民检察院关于办理危害食品安全刑事案件适用法律若干问题的解释》第六条第一项、第七条、第十七条之规定，台州市黄岩区人民法院判决如下：

1. 被告人张联新犯生产、销售有毒、有害食品罪，判处有期徒刑十年，并处罚金人民币一百二十万元。

2. 被告人郑荷芹犯生产、销售有毒、有害食品罪，判处有期徒刑四年，并处罚金人民币八十万元。

3. 被告人李阿明犯生产有毒、有害食品罪，判处有期徒刑二年三个月，并处罚金人民币六十万元。

4. 被告人何金友犯生产有毒、有害食品罪，判处有期徒刑一年六个月，并处罚金人民币十万元。

5. 被告人王一超犯销售有毒、有害食品罪，判处有期徒刑一年六个月，并处罚金人民币七万元。

6. 被告人吴建弟犯销售有毒、有害食品罪，判处有期徒刑十个月零二十日，并处罚金人民币二万元。

7. 被告人蒋达明犯销售有毒、有害食品罪，判处有期徒刑十个月零二十日，并处罚金人民币二万元。

8. 被告人林金友犯销售有毒、有害食品罪，判处有期徒刑十个月零二十日，并处罚金人民币二万元。

9. 被告人应成兵犯销售有毒、有害食品罪，判处有期徒刑十个月零二十日，并处罚金人民币二万元。

10. 扣押在案的被告人张联新、郑荷芹、李阿明的违法所得，赃物食用猪油，作案工具轻型货车、铁锅等，均予以没收，由原侦查机关台州市公安局黄岩分局上缴国库。

11. 被告人张联新、郑荷芹、李阿明、何金友、王一超、吴建弟、蒋达明、林金友、应成兵尚未退缴的违法所得，由原侦查机关台州市公安局黄岩分局继续追缴，上缴国库。

一审宣判后，被告人张联新、郑荷芹、李阿明不服，分别提出上诉，后张联新、郑荷芹撤回上诉。

被告人李阿明上诉称其销售的花油、膘肉碎、“肚下塌”均系检验检疫合格的生猪产品、食品原料，不是应当进行无害化处理的猪肉加工废弃物等非食品原料；其系对外合法销售检验检疫合格的花油、膘肉碎、“肚下塌”，其作为原料提供者没有任何过错。

台州市中级人民法院经审理认为，李阿明作为浙江诚远食品有限公司副产品销售负责人明知张联新生产猪油供人食用，仍向张联新提供猪肉加工废弃物作为原料，构成了生产有毒、有害食品犯罪的共犯，李阿明及其辩护人的上诉理由不能成立,不予采纳。原判定罪及适用法律正确,量刑适当,审判程序合法。据此,台州市中级人民法院裁定准许张联新、郑荷芹撤回上诉;驳回李阿明上诉,维持原判。

## 二、主要问题

1. 利用含有淋巴的花油、含有伤肉的膘肉碎、“肚下塌”等肉制品加工废弃物生产、加工的“食用油”是否应当认定为“新型地沟油”?

2. 关于“地沟油”的检测报告是否是司法机关认定“有毒、有害食品”的前提?

3. 明知他人生产、加工“猪油”供人食用仍向其提供肉制品加工废弃物的行为如何定性?

4. 对跨越刑法修正案(八)施行日期的连续“地沟油”犯罪,是否应当适用刑法修正案(八)?

## 三、裁判理由

根据最高人民法院、最高人民检察院、公安部联合下发的《关于依法严惩“地沟油”犯罪活动的通知》(公通字〔2012〕1号,以下简称《地沟油通知》)的精神,“地沟油”犯罪,是指用餐厨垃圾、废弃油脂、各类肉及肉制品加工废弃物等非食品原料,生产、加工“食用油”,以及明知是利用“地沟油”生产、加工的油脂而作为食用油销售的行为。其中,“地沟油”来自社会公众的通俗称谓。

“地沟油”犯罪严重危害人民群众身体健康和生命安全,严重影响国家形象,损害党和政府的公信力。本案的特殊之处在于,首先,张联新生产、加工“食用油”的原料系含有淋巴的花油、含有伤肉的膘肉碎、“肚下塌”等,并非普通民众认知的传统“地沟油”原料,如餐厨垃圾、废弃油脂,且检测报告也显示张联新生产、加工的“食用油”有关理化指标合格,并未检出有毒、有害成分,对张联新的行为能否认定为“地沟油”犯罪?其次,浙江诚远食品有限公司将检验检疫合格的生猪屠宰后,李阿明作为副产品销售负责人,明知张联新生产、加工“食用油”,仍将含有淋巴的花油、含有伤肉的膘肉碎、“肚下塌"等销售给张联新作为原料,对李阿明的行为能否与张联新一并定罪处罚?另外,被告人张联新的行为跨越刑法修正案(八)施行日期,刑法修正案(八)对其施行前的行为是否有溯及力,也是本案值得深入分析的问题。

(一)利用含有淋巴的花油、含有伤肉的膘肉碎、"肚下塌"等肉制品加工废弃物生产、加工的"食用油",应当视为"新型地沟油"

有观点认为,现有法律规范,无论是刑事法、行政法还是行业文件,均没有对"肉制品加工废弃物"进行定义,也没有对其范畴进行明确界定,将含有淋巴的花油、含有伤肉的膘肉碎、"肚下塌"等认定为猪肉加工废弃物,从而作为"地沟油"犯罪处理无法律依据,有违罪刑法定原则。

何谓"废弃物"?顾名思义,即失去原有使用价值而抛弃不用的东西,"废弃物"不是法律概念,其范畴亦不需要法律明确界定,凭日常生活常识分辨即可。同时,"废弃物"是一个相对的概念。如废纸相对于居民家庭来说属于废弃物,而相对于废品收购站而言则可变废为宝。从逆向思维考虑,含有大量淋巴的花油、含有伤肉的膘肉碎及"肚下塌"等相对于食品公司来说,在市场上销售无人购买,即已不具备应有的食用价值,属肉制品加工废弃物无疑,不能因被告人张联新可用其来炼制劣质猪油而否认其肉制品加工废弃物的性质。张联新利用含有淋巴的花油、含有伤肉的膘肉碎、"肚下塌"等猪肉加工废弃物生产、加工"食用油",根据《地沟油通知》的规定,应当作为"地沟油"犯罪追究其刑事责任。

(二)对"地沟油"的检测报告不应是司法机关认定"有毒、有害食品"的唯一依据

有观点认为,被告人张联新炼制"食用油"的原料虽然有问题,但检测报告显示"食用油"的各项理化指标均合格,没有检出有毒、有害成分,达到了食用标准,不宜认定为有毒、有害食品。

我们认为,刑法第一百四十四条规定的"掺入"的行为不仅限于指向产品本身,还可能针对产品的原料、半成品等,甚至还可以指向食品添加剂本身,即在食品添加剂内掺入有毒、有害物质。而所谓"有毒、有害的非食品原料",是指对人体具有生理毒性,食用后会引起不良反应,损害机体健康的不

能食用的原料。[1]

淋巴结是猪屠宰后检疫的一个重要指标,相关资料表明,它是机体外周的免疫器官和防御结构,具有吞噬异物和各种微生物的功能,并产生免疫应答。当机体某组织或者器官受到病原微生物侵害时,很快被局部淋巴结阻截,并发生相应的变化,使淋巴结体积增大或缩小,色泽呈现出红、黑、青等。故淋巴结含有大量的病原微生物,如一些细菌、病毒等,甚至会有3,4-苯并芘等致癌物质,且本身没有什么营养。因此,完全摘除淋巴结的花油虽可食用,但其中含有的淋巴应当属于有毒、有害的非食品原料。张联新利用含有淋巴的花油、含有伤肉的膘肉碎、"肚下塌"等猪肉加工废弃物生产、加工食用油,应当认定为掺入有毒、有害非食品原料。

《食用动物油脂卫生标准》明确要求:"本标准适用于以经兽医卫生检验认可的生猪、牛、羊的板油、肉膘、网膜或附着于内脏器官的纯脂肪组织,单一或多种混合炼制成的食用猪油、羊油、牛油。"《食用猪油》国家标准明确要求:"健康猪经屠宰后,取其新鲜、洁净和完好的脂肪组织炼制而成的油脂。所用的脂肪组织不包含骨、碎皮、头皮、耳朵、尾巴、脏器、甲状腺、肾上腺、淋巴结、气管、粗血管、沉渣、压榨料及其他类似物,应尽可能不含肌肉组织和血管"。张联新利用含有明令禁止使用的有毒、有害非食品原料的猪肉加工废弃物生产、加工食用油,对涉案食用油无须由鉴定机构出具鉴定意见,即便检测报告有关理化指标合格,也可以生产、销售有毒、有害食品罪追究其刑事责任。

针对"地沟油"案件,直到当前也没有形成一种公认的、行之有效的鉴定方法,因此,惩治危害食品安全的犯罪,尚不能完全依赖于鉴定机构的鉴定,对"地沟油"的鉴定意见不应是司法机关认定"有毒、有害食品"的唯一依据。实践中,应当结合技术标准和法学标准对"有毒、有害食品"进行判定。对此,浙江省高级人民法院、浙江省人民检察院、浙江省公安厅联合发布的《关于办理危害食品、药品安全犯罪案件适用法律若干问题的会议纪要》明确了专门的认定原则,即"对于有确实、充分的证据证实行为人在食品中掺入国

---

① 参见高铭暄、马克昌主编:《刑法学》,北京大学出版社、高等教育出版社2005年版,第419页。

家行业主管机关明令禁止使用的非食用物质的，对涉案食品不需由鉴定机构出具鉴定意见”。

（三）李阿明明知张联新生产、加工“猪油”供人食用仍向其提供肉制品加工废弃物作为原料，生猪屠宰行为的合法性不影响李阿明共犯地位的认定

本案没有将浙江诚远食品有限公司列为被告单位并进行处罚，原因是被告人李阿明的行为不成立单位犯罪。单位本身的意志是由具体的自然人组成的单位决策机构按照单位决策程序共同决定而产生的，或者由单位的主要负责人以单位的名义作出决定。浙江诚远食品有限公司的副产品销售业务由被告人李阿明负责，但副产品的销售对象是随机的，并非由单位决策机构按照单位决策程序共同决定，也不是由单位的主要负责人以单位的名义作出决定。尤其需要指出的是，单位决策机构对张联新购买副产品的最终用途更是无从知晓。因此，李阿明虽负有不可推卸的责任，但对浙江诚远食品有限公司不应作为犯罪单位处理。

有观点认为，李阿明虽然明知被告人张联新生产猪油供人食用，但其提供的花油、膘肉碎、“肚下塌”均属于检验检疫合格的生猪产品，已完全尽到生猪屠宰者的义务，摘除花油中的正常淋巴属于猪油生产者的义务，不能因猪油生产者未尽到注意义务而将罪责施加于生猪屠宰者身上。

摘除花油中的正常淋巴的确不是生猪屠宰企业的义务，李阿明作为浙江诚远食品有限公司副产品销售负责人如将含有淋巴的花油、膘肉碎、“肚下塌”进行销毁、掩埋等无害化处理，即使不摘除花油中的正常淋巴，无人会否认生猪屠宰行为的合法性，其行为亦不构成犯罪。然而，其明知张联新生产猪油供人食用仍向张联新提供这些原料，其行为就发生了质的变化，即使正常淋巴结不属于生猪屠宰企业的摘除范围，也不影响李阿明共犯地位的认定。对此，最高人民法院、最高人民检察院于2013年联合出台的《关于办理危害食品安全刑事案件适用法律若干问题的解释》（以下简称《食品安全解释》）明确规定：明知他人生产、销售有毒、有害食品，提供生产技术或者食品原料、食品添加剂、食品相关产品的，以生产、销售有毒、有害食品罪的共犯论处。

（四）张联新生产、加工"食用油"的行为虽然跨越刑法修正案（八）施行日期，但也应当适用刑法修正案（八）的规定

刑法修正案（八）将1997年刑法第一百四十四条原条文中"造成严重食物中毒事故或者其他严重食源性疾患，对人体健康造成严重危害"修改为"对人体健康造成严重危害或者有其他严重情节"，将"对人体健康造成特别严重危害"修改为"有其他特别严重情节"，将"销售金额百分之五十以上二倍以下罚金"修改为无限额罚金，并取消了基本犯"单处罚金"的规定。其中，刑法修正案（八）关于生产、销售有毒、有害食品罪情节加重犯的规定对本案的量刑具有直接影响。而《食品安全解释》则对该情节加重犯的认定明确了标准。根据《食品安全解释》第七条的规定，生产、销售有毒、有害食品，生产、销售金额50万元以上，应当认定为刑法第一百四十四条规定的"致人死亡或者有其他特别严重情节"。

刑法修正案（八）于2011年5月1日施行，被告人张联新的行为跨越刑法修正案（八）施行日期。虽然张联新销售总金额50万元以上，但刑法修正案（八）施行后的销售金额仅20余万元，刑法修正案（八）对其施行前的行为有无溯及力直接关系到能否认定张联新"有其他特别严重情节"的认定，并最终决定是否应当对其适用"十年以上有期徒刑、无期徒刑或者死刑"这一法定刑幅度。

有观点认为，依照"从旧兼从轻原则"，刑法修正案（八）对其施行前的行为无溯及力，而《食品安全解释》系在张联新犯罪行为实施完毕以后才发布，更无溯及力，故不能认定张联新"有其他特别严重情节"。

我们认为，张联新的行为虽然跨越刑法修正案（八）施行日期，但其行为是一个不间断的行为过程，并一直持续至2012年3月，应当视为一个整体行为看待，不能割裂开来分析定性。最高人民检察院1998年12月2日下发的《关于对跨越修订刑法施行日期的继续犯罪、连续犯罪以及其他同种数罪应如何具体适用刑法问题的批复》明确规定："对于开始于1997年9月30日以前，连续到1997年10月1日以后的连续犯罪，或者在1997年10月1日前后分别实施的同种类数罪，其中罪名、构成要件、情节以及法定刑均没有变化的，应当适用修订刑法，一并进行追诉；罪名、构成要件、情节以及法定刑

已经变化的，也应当适用修订刑法，一并进行追诉，但是修订刑法比原刑法所规定的构成要件和情节较为严格，或者法定刑较重的，在提起公诉时应当提出酌情从轻处理意见。”参照这一规定精神，刑法修正案（八）对其施行前张联新的行为具有溯及力。而《食品安全解释》虽然发布时间较晚，但其作为对刑法的细化解释，其具体内容系刑法原文应有之义，参照最高人民法院、最高人民检察院2001年12月16日联合下发的《关于适用刑事司法解释时间效力问题的规定》，其效力适用于法律的施行期间，对于其实施前发生的行为尚未处理或者正在处理的案件，依照其规定办理。因此，对张联新的行为应当依照生产、销售有毒、有害食品罪“情节特别严重”的法定刑幅度追究刑事责任，同时，可以酌情从轻处罚。

综上，将被告人张联新、李阿明的行为认定为“地沟油”犯罪有其内在的必然性和正当性，一、二审法院将张联新、李阿明的行为分别定性为生产、销售有毒、有害食品罪和生产有毒、有害食品罪，并对刑法修正案（八）施行前被告人张联新的行为适用刑法修正案（八）进行处罚是正确的。

（撰稿：浙江省台州市黄岩区人民法院　王丽萍　刘世界
审编：最高人民法院刑二庭　苗有水）

[第1005号]

# 伊特克斯公司、郭书周等侵犯商业秘密案

## ——如何理解和把握侵犯商业秘密刑事案件中“重大损失”的计算依据、方法及对象

### 一、基本案情

被害单位上海米开罗那机电技术有限公司(以下简称米开罗那公司)成立于2004年3月,主要生产销售手套箱、汽车氙气灯生产线等设备。

被告单位伊特克斯惰性气体系统(北京)有限公司(以下简称伊特克斯公司)成立于2006年4月,经营范围包括科技开发、销售惰性气体保护系统设备,实际经营者为被告人郭书周。

被告人郭书周,男,1976年7月10日生,系伊特克斯公司实际经营负责人(经理)。2009年12月29日因涉嫌犯侵犯商业秘密罪被逮捕。

杜开宁,男,1953年11月9日生,系伊特克斯公司职工。2011年7月5日因涉嫌犯侵犯商业秘密罪被逮捕,2012年6月8日被取保候审。

上海市浦东新区人民检察院以沪浦检刑诉〔2009〕30067、〔2010〕30145号起诉书指控被告单位伊特克斯公司,被告人郭书周、杜开宁犯侵犯商业秘密罪,于2010年8月27日向浦东新区人民法院提起公诉。

被告单位伊特克斯公司对公诉机关指控的事实及罪名持有异议。该公司及其辩护人提出:(1)公安机关搜集证据过程违法。(2)公诉机关指控的商业秘密不成立,技术鉴定的程序违法。(3)伊特克斯公司不知道被告人杜开宁窃取米开罗那公司的商业秘密,也没有使用米开罗那公司的商业秘密。(4)会计师事务所的审计依据的是米开罗那公司提供的记账凭证,不予认可。

被告人郭书周对公诉机关指控的事实及罪名持有异议,其与辩护人提

出:(1)郭书周毕业于北京航空航天大学机械专业,熟悉机械知识。(2)杜开宁于2008年5月至伊特克斯公司工作,没有主管技术,只是协助生产。(3)杜开宁没有向其提供盗窃的米开罗那公司图纸,是杜开宁自己将图纸录入伊特克斯公司的电脑中,具体录入了哪些图纸也不清楚。(4)公安机关搜集证据的过程违法。(5)公安机关委托鉴定机构所作的技术鉴定程序违法,鉴定机构及鉴定人不具备鉴定资质。(6)公诉机关指控的商业秘密不成立,涉案技术属于公知技术。(7)会计师事务所的鉴定依据是米开罗那公司2006年的数据,应该采用2008年的数据。鉴定结论称每套设备利润人民币(以下币种同)165万元,但伊特克斯公司一套生产线的销售价格才100万元,故对审计结果不认可。(8)在杜开宁来伊特克斯公司之前,伊特克斯公司已经生产了4套设备。

被告人杜开宁及其辩护人对公诉机关指控的事实及罪名没有异议。

上海市浦东新区人民法院经不公开审理查明:

北京米开罗那机电技术有限责任公司于1996年成立,2003年7月被告人郭书周向该公司应聘网络工程师一职,其后在该公司任网管。2004年1月,郭书周离职,并签订《离职协议》,约定郭书周离开公司后,有义务永远保守公司商业秘密和技术秘密,不得自行利用公司技术或商业信息从事生产经营活动。

2006年4月,被害单位米开罗那公司聘请被告人杜开宁任其制造部下属设备厂经理,负责设备厂的生产、调度及管理工作,并约定杜开宁不得泄露公司机密,也不得将此用于自己开办公司使用,直至退休后3年之内。

2006年11月3日,米开罗那公司制定的《图纸管理规定》对图纸的提供、发放、回收流程作了详细的规定,明确由信息室归档、复印,并交由制造部或设备厂,待字迹无法辨认时由设备厂厂长统一到信息室以旧换新,并由专人回收处理。

2007年3月27日,米开罗那公司制定的《保密制度》规定:保密信息包括但不限于产品研发的图纸、设计思路、方案和模型、试验结果;公司设备的图片或相关技术信息;专有技术、专利技术、技术授权等,以及其他和知识产权相关的数据和保密事项,以及其他没有公开且公开后可能会对公司产生不利影响的一切信息。保密人员包括公司的高级管理人员、高级技术人员，以及所有涉及保密信息的人员。

米开罗那公司2006年、2007年的《资料交接登记表》显示，杜开宁均在登记发出的图纸“接收人”一栏签名。

2007年7月，杜开宁从米开罗那公司离职，并于同年底与被告人郭书周联系，表示想去伊特克斯公司工作，并称有米开罗那公司的图纸。不久，双方进行了面谈。2008年3至4月间，杜开宁向郭书周提供了从米开罗那公司带走的等离子火头及六通阀的图纸。2008年5月，杜开宁至伊特克斯公司工作，协助安排设备的生产。

2008年3月至2008年8月期间，伊特克斯公司向海宁市映宇电子照明有限公司(以下简称海宁映宇公司)、海宁市新晨光源科技有限公司(以下简称海宁新晨公司)等7家单位销售特种灯生产线，包括手套箱、高温炉、等离子排气封接台等，价值为105万至140万元之间，共计合同金额为792万余元。

2008年6月，米开罗那公司向公安机关报案，反映该公司原设备厂经理杜开宁利用职务之便窃取公司保密图纸后，提供给伊特克斯公司使用，使该公司遭受重大损失。2008年7月3日，侦查人员将杜开宁抓获，并当场缴获大量有关汽车氙气灯流水线设备的图纸和U盘一个。7月4日，侦查人员至伊特克斯公司调查取证，根据杜开宁的指认，侦查人员扣押了伊特克斯公司技术人员使用的电脑主机。

2008年7月16日，科技部知识产权事务中心(以下简称知产中心)接受公安机关的委托，对扣押的杜开宁的有关图纸及伊特克斯公司电脑内的有关图纸中是否包含有米开罗那公司的图纸，以及该图纸是否具有非公知性进行鉴定。经检查，在被扣押的3个硬盘和1个U盘中均包含有脱羟炉、等离子火头及抽充台、手套箱等设备的图纸。鉴定结论为：(1)送鉴的杜开宁的有关图纸中包含有和米开罗那公司相同的设备图纸；(2)送鉴的光盘资料相应文件夹中包含有和米开罗那公司相同或者基本相同的设备图纸；(3)上述光盘图纸和纸件图纸中所包含的米开罗那公司的脱羟炉、等离子火头、手套箱等设备的零部件的设计尺寸、公差配合、表面粗糙度、装配关系、材质以及具体技术要求的确切组合，属于非公知技术信息。根据目前企业的惯常做法，企业一般不会将其设计的设备生产图纸公之于众，社会公众也难以通过公开渠道直接获得他人的生产图纸。而且，设备图纸中记载的零部件的设计尺寸、公差配合、表面粗糙度、装配关系、材质以及具体技术要求等技术信息需要企业经过反复计算和试验才能确定，不同技术人员独立设计的设备图纸所记载的上述技术信息不可能完全相同，即便通过公开销售的相关设备，也不能直观、容易地获得上述设备图纸所记载的整体确切组合的技术信息。

2008 年 12 月 25 日，知产中心接受公安机关委托，对伊特克斯公司生产销售的有关汽车金卤灯生产设备和米开罗那公司的相关设备图纸进行比对鉴定。经现场勘测，鉴定结论为：伊特克斯公司的真空脱羟炉的外部特征、主要结构及主要尺寸和米开罗那公司的真空脱羟炉设备图纸所记载的对应技术信息相同或实质相同；伊特克斯公司的等离子火头的结构和米开罗那公司图纸记载的等离子火头的结构略有差异，但两者等离子火头的前腔、后腔等零件的主要结构和尺寸相同或者实质相同；伊特克斯公司的集成阀块（多路通道分路器）的主要结构及主要尺寸和米开罗那公司图纸记载的集成阀块（多路通道分路器）的主要结构和主要尺寸相同或者实质相同。

2009 年 5 月，公安机关决定对郭书周实施网上通缉，并于 2009 年 11 月 19 日将郭书周抓获。

2010 年 4 月 28 日，公安机关委托上海公信中南会计师事务所有限公司（以下简称公信事务所）对米开罗那公司因商业秘密被侵犯而受到的损失进行鉴定。司法鉴定意见认为：权利人因被侵犯商业秘密所造成的损失可以包括：（1）过去的研制开发成本。（2）目前的现实利益损失。（3）将来竞争优势的丧失。对于损失（1）无法量化和提供资料，故不予计算。对于损失（3）由于公安机关对侵权行为及时进行打击，目前没有发现因侵权行为导致商业秘密彻底丧失的具体情形，故不对将来竞争优势的丧失进行预测而作为实际损失的组成部分。故鉴定主要是针对第二部分损失的认定。由于手套箱设备的价格有差异，故采用权利人提供的被侵权前所生产销售的与侵权产品基本相同配置的 4 套设备的生产销售资料，取这些设备生产销售的平均利润,最终测算得到权利人被侵权产品的净利润平均为51.99%,单套设备净利润平均为165万元;再基于权利人有足以应对市场上所出现的7套侵权产品的同期生产能力这样一个前提,侵权产品的出现导致本应属于权利人的生产销售数量及利益流失,故被害单位损失以查实的被侵权产品在市场上销售的总数乘以每件产品的合理利润所得之积计算,估算7套设备的利润约为1 155万元。

浦东新区人民法院认为,真空脱羟炉、等离子火头等是制造汽车金卤灯的重要生产设备,被害单位米开罗那公司的真空脱羟炉、等离子火头的主要尺寸是非公知的技术信息,能够为米开罗那公司带来经济利益。米开罗那公司通过与员工约定保密义务,建立图纸管理制度等,对技术信息采取了一定的保密措施。故涉案真空脱羟炉、等离子火头的相关技术属于被害单位米开罗那公司的商业秘密。被告单位伊特克斯公司及被告人郭书周对于涉案技术信息的合法来源未能提供相应的证据证明,据此可以确定伊特克斯公司使用了米开罗那公司的技术秘密。伊特克斯公司以低价销售侵权产品,抢占了米开罗那公司的市场份额。故以伊特克斯公司的侵权产品的销售数量乘以米开罗那公司被侵权前的产品利润计算权利人的经济损失并无不当。据此,浦东新区人民法院以被告单位伊特克斯公司侵犯商业秘密罪,判处罚金人民币四百万元;以被告人郭书周侵犯商业秘密罪,判处有期徒刑四年六个月,罚金人民币十万元;以被告人杜开宁侵犯商业秘密罪,判处有期徒刑三年六个月,罚金人民币四万元;违法所得予以追缴。

一审宣判后,伊特克斯公司、郭书周、杜开宁均不服,向上海市第一中级人民法院提起上诉。主要上诉理由为:(1)米开罗那公司产品对外销售后,就能直接观察、接触和使用,相关数据为外界所知悉,相应技术要求是实用手册、专业书籍中的要求,故认定商业秘密的理由不能成立。且伊特克斯公司等离子火头和脱羟炉与米开罗那公司在结构和尺寸上有诸多不同,不能以部分相同就认定两者整体相同。(2)市场上销售氙气灯生产线的厂家有14家之多,伊特克斯公司销售数量并不等于米开罗那公司必然销售的数量,以伊特克斯公司销售数量作为米开罗那公司损失依据不足。(3)损失部分应当就单独部件单独计算,不能以整体生产线为依据计算,对被害单位损失的审计结果不认可。(4)原判量刑过重。

二审检察机关出庭意见认为,一审法院认定被害单位损失以距案发前两三年被害单位相关产品的利润作为计算依据,有失妥当,建议二审法院重新选择计算方法,对本案涉案金额和被告人量刑依法裁判。对涉案技术信息构成商业秘密及被告方侵权行为成立的意见同一审法院。

在二审审理过程中,伊特克斯公司提交其公司特种灯生产线价值项目评估报告书、安徽省天长市天丽光源石英仪器有限公司与布劳恩惰性气体系统(上海)有限公司(以下简称布劳恩公司)签订的采购合同等证据材料。经查,评估报告系由伊特克斯公司委托北京中金浩资产评估有限责任公司(以下简称中金浩公司)评估,中金浩公司具有从事资产评估的资质,评估采用成本法,主要目的在于确定等离子火头、真空脱羟炉、高空排气台等部件占伊特克斯公司特种灯整条生产线的价值比例。鉴于价值比例相对固定,受市场影响较小,且伊特克斯公司申报的价值比例与评估后确定的价值比例差别不大,故予以采纳;采购合同加盖有两家公司合同专用章,真实性可以确认,予以采纳。

上海市第一中级人民法院另查明:海宁新晨公司法定代表人徐建章证言证实,其公司生产的氙气灯流水线设备是从多家单位采购的。其中从伊特克斯公司采购了手套箱设备;海宁映宇公司副总经理陆佰明的证言证实,其公司与伊特克斯公司特种灯生产线合同于 2008 年 3 月订立,后因另行采购脱羟炉大炉、冷水机、一端电极定位手套箱等设备,遂于 2008 年 8 月补充订立购销合同;米开罗那公司与海宁新光阳光电技术有限公司于 2008 年 4 月签订的购销合同、米开罗那公司与杭州拜克光电技术有限公司于 2008 年 6 月签订的购销合同显示氙气灯生产线中的手套箱、真空脱羟炉、抽充台及等离子封接等主要设备可以单独计价。

知产中心就《技术鉴定报告书》相关问题作了进一步说明:米开罗那公司设备图纸所记载脱羟炉、等离子火头、手套箱等设备零部件的设计尺寸、公差配合、表面粗糙度、装配关系、材质等技术信息,不可能在国家标准、公开出版物上全部被公开,不能因为个别或者部分基本尺寸、公差、材质等技术信息的公开而否定图纸上其他未公开技术信息的非公知性。现有国家标准、公开出版物上没有公开的那些技术信息，我们并不否认其中有一部分技术信息，如设计尺寸、材质等，可以通过对设备进行直接观测和反向工程分析获悉。但是，图纸上记载的部分未公开的技术信息，如公差配合、表面粗糙度等，通过直接观测，甚至是反向工程都是无法精确获悉的。

上海市第一中级人民法院认为，本案主要存在以下争议焦点：(1)被害单位米开罗那公司的相关技术信息是否构成商业秘密；(2)上诉单位伊特克斯公司有无使用被害单位米开罗那公司的商业秘密；(3)被害单位的损失计算是否合理；(4)一审定罪量刑是否适当。对于争议焦点(1)、(2)，上海市第一中级人民法院的观点与一审法院一致，不予赘述。同时，结合查明的事实，对于争议焦点(3)、(4)发表如下评判意见：

关于被害单位的损失计算，上海市第一中级人民法院认为一审法院认定得不够准确，应当予以纠正。具体理由如下：(1)侦查机关提供的公信事务所司法鉴定意见书表明，被害单位损失以被害单位目前的现实利益损失为依据，且该现实利益建立在涉案氙气灯生产线只能由被害单位或者被告单位生产的推论之上，即涉案的7条生产线不是由被害单位生产销售，就必然由被告单位生产销售，排除了其他同类厂家生产销售的可能。但根据布劳恩公司出具的说明，其公司生产的氙气灯生产线是根据客户要求定制的。这表明，如果客户要求定制与涉案7条生产线配置相同的氙气灯生产线，则布劳恩公司也是能够生产的。而海宁新晨公司法定代表人徐建章的证言证实，其公司生产的氙气灯流水线设备是从多家单位采购的。这就意味着，涉案氙气灯生产线存在购买厂家自行组装配置的可能性。鉴于上述证据表明两家公司涉案氙气灯生产线的生产销售并不具有非彼即此的不可替代性，且司法鉴定所依据的生产销售资料为被害单位提供的2005年8月、2005年12月、2006年10月与案外公司签订的销售合同及相关财务凭证，而非目前的现实利益，故辩方提出的伊特克斯公司销售的产品数量并不等于米开罗那公司必然销售数量的意见和检察机关提出的原判有关被害单位损失的计算依据有失妥当的意见具有合理性，应予支持，对公信事务所出具的米开罗那公司损失的司法鉴定意见不予采纳。(2)根据《技术鉴定报告书》，本案中能够予以保护的米开罗那公司的商业秘密为脱羟炉、等离子火头及抽充台、手套箱等设备的相关技术信息，而非整条氙气灯生产线的相关技术信息。商业秘密的价值应当与其秘点相对应。在氙气灯生产线的脱羟炉、等离子火头及抽充台、手套箱等主要设备能够单独销售并各自定价的情况下，原判依据的公信事务所以被害单位整条生产线设备的利润作为损失计算依据的鉴定意见，缺乏事实基础和法律依据，应当予以纠正。(3)现有证据无法反映被害单位的损失，故依据检察机关的建议，参照《最高人民法院关于审理专利纠纷案件适用法律问题的若干规定》第二十条的规定，确定以被告单位非法获利为计算依据。鉴于米开罗那公司与案外公司签订的销售合同及相关财务凭证反映，米开罗那公司涉案氙气灯生产线设备的净利润为51.99%。而通常情况下，随着同类产品市场竞争者的增多，相关产品的利润会有所下降，故被告人郭书周到案后供述的伊特克斯公司氙气灯生产线的产品利润为20%具有合理性，予以采信。据此确认，伊特克斯公司共对外销售7条氙气灯生产线，销售金额共计792.46万元，获利158.492万元，其中因非法获取并使用米开罗那公司等离子火头、真空脱羟炉技术秘密而非法获利58.8万元。

关于一审量刑是否适当的问题。二审法院经审理认定，被害单位损失为58.8万元，且鉴于本案予以保护的商业秘密为技术要求的确切组合，其中含有公知技术成分和非公知技术成分，两者亦无法具体区分，故原判量刑过重，应予纠正。据此，二审法院改判上诉单位及两名上诉人定罪免刑。

## 二、主要问题

如何理解和把握侵犯商业秘密刑事案件中“重大损失”的计算依据、方法及对象？

## 三、裁判理由

本案系侵犯商业秘密刑事案件，涉及商业秘密的构成要件、涉案物品的查扣方式、技术鉴定意见的司法审查、商业秘密权利人损失的认定以及事中共犯等诸多法律问题。其中，商业秘密权利人损失的认定问题不仅是控辩双方交锋的焦点，而且一、二审法院对此的计算依据和方法亦不相同。事实上,侵犯商业秘密犯罪案件权利人“重大损失”的认定问题关系到被告人行为的罪与非罪问题,且由于缺乏相应的刑事法律规范,历来是此类案件法律适用的难点。已有学者采用实证研究的手段归纳了目前审判实践中认定“重大损失”的11种方法,并认为“无论采用什么样的重大损失认定模式,都不可能完美地解决实践中的所有问题”。① 现将合议庭裁判时重点考虑的问题作进一步的说明,以供参考。

(一)商业秘密权利人“重大损失”认定依据的解读

根据刑法第二百一十九条的规定,实施商业秘密侵权行为,给权利人造成重大损失的,构成侵犯商业秘密罪。但是,如何计算权利人的重大损失,相关刑事司法解释及规范性指导文件并无规定。实践中,重大损失的计算依据主要是民事侵权的相关法律规范。其理论依据在于:就民事、行政和刑事三类案件的内在联系而言,知识产权刑事犯罪是知识产权民事侵权行为发展的高级形态,构成知识产权刑事犯罪只是因为民事侵权行为性质十分严重,具有一定的社会危害性,符合刑事法律规定的侵害程度,才纳入刑法规范调整的领域。② 由于两者行为性质相同,只是程度不同,故而对于程度判断的依据应当一体适用。对此,实务部门亦持认同态度。如公安部在《关于在办理侵犯商业秘密犯罪案件中如何确定“给商业秘密权利人造成重大损失”计算方法的答复》中明确以下原则:“对难以计算侵犯商业秘密给权利人所造成的损失的,司法实践一般可参照《中华人民共和国反不正当竞争法》规定的民事赔偿额的计算方法。”反不正当竞争法第二十条规定:“经营者违反本法规定,给被侵害的经营者造成损害的,应当承担损害赔偿责任,被侵害的经营者的损失难以计算的,赔偿额为侵权人在侵权期间因侵权所获得的利润;并应当承担被侵害的经营者因调查该经营者侵害其合法权益的不正当竞争行为所支付的合理费用。”由于该条规定针对的是包括虚假广告、损害商誉、侵犯商业秘密、串通投标等在内的所有不正当竞争行为,原则性较强,最高人民法院在《关于审理不正当竞争民事案件应用法律若干问题的解释》中专门就商业秘密侵权行为的损失认定作了有针对性的规定。该

① 刘秀:“侵犯商业秘密罪中‘重大损失’的认定”,载《中国刑事法杂志》2010年第2期。

② 参见沈志先主编:《知识产权审判精要》,法律出版社2010年版,第10页。

解释第十七条规定:"确定反不正当竞争法第十条规定的侵犯商业秘密行为的损害赔偿额,可以参照确定侵犯专利权的损害赔偿额的方法进行;……因侵权行为导致商业秘密已为公众所知悉的,应当根据该项商业秘密的商业价值确定损害赔偿额。商业秘密的商业价值,根据其研究开发成本、实施该项商业秘密的收益、可得利益、可保持竞争优势的时间等因素确定。"而专利法第六十五条规定:"侵犯专利权的赔偿数额按照权利人因被侵权所受到的实际损失确定;实际损失难以确定的,可以按照侵权人因侵权所获得的利益确定。权利人的损失或者侵权人获得的利益难以确定的,参照该专利许可使用费的倍数合理确定。赔偿数额还应当包括权利人为制止侵权行为所支付的合理开支。权利人的损失、侵权人获得的利益和专利许可使用费均难以确定的,人民法院可以根据专利权的类型、侵权行为的性质和情节等因素,确定给予一万元以上一百万元以下的赔偿。"该规定确立了专利侵权赔偿的四种方式,即权利人实际损失、侵权人获利、专利许可使用费的合理倍数以及法院酌定赔偿。关于权利人损失和侵权人获利如何计算的问题,最高人民法院在《关于审理专利纠纷案件适用法律问题的若干规定》中又作了进一步明确。该司法解释第二十条规定:"人民法院依照专利法第五十七条第一款的规定追究侵权人的赔偿责任时,可以根据权利人的请求,按照权利人因被侵权所受到的损失或者侵权人因侵权所获得的利益确定赔偿数额。权利人因被侵权所受到的损失可以根据专利权人的专利产品因侵权所造成销售量减少的总数乘以每件专利产品的合理利润所得之积计算。权利人销售量减少的总数难以确定的,侵权产品在市场上销售的总数乘以每件专利产品的合理利润所得之积可以视为权利人因被侵权所受到的损失。侵权人因侵权所获得的利益可以根据该侵权产品在市场上销售的总数乘以每件侵权产品的合理利润所得之积计算。侵权人因侵权所获得的利益一般按照侵权人的营业利润计算,对于完全以侵权为业的侵权人,可以按照销售利润计算。"根据上述法律规范,可见,在侵犯商业秘密犯罪案件中,重大损失的计算主要存在四种方式,即权利人的实际损失、侵权人的获利、商业秘密许可费的倍数以及商业秘密的商业价值。之所以不能将人民法院酌定赔偿方式作为商业秘密刑事案件重大损失的计算方法,主要是因为刑事诉讼与民事诉讼证据标准不同。刑事诉讼实行确实、充分的证据标准，而民事诉讼实行高度盖然性的证据标准，在商业秘密刑事案件中，“重大损失”是决定被告人行为罪与非罪的重要依据，重大损失的数额必须有确实、充分的证据予以证明，而不允许法官具有自由裁量的空间。

（二）商业秘密权利人“重大损失”计算方法的选择

根据相关法律及司法解释等规范性文件，可以发现在侵犯商业秘密犯罪案件中对“重大损失”的认定大致具有四种计算方法。同时，鉴于文义解释优先的法律适用规则，在计算损失方面，应当优先计算权利人的实际损失。本案中，一审判决依据的公信事务所价格鉴定意见采用的就是权利人实际损失的计算方法，其法律依据在于“权利人因被侵权所受到的损失可以根据专利权人的专利产品因侵权所造成销售量减少的总数乘以每件专利产品的合理利润所得之积计算。权利人销售量减少的总数难以确定的，侵权产品在市场上销售的总数乘以每件专利产品的合理利润所得之积可以视为权利人因被侵权所受到的损失”。一审认定本案没有证据反映权利人销售数量减少的总数，而被告单位对外销售7条氙气灯生产线的事实确实无误，同时，根据权利人提供的销售资料，可以测算得出权利人每条生产线的合理利润为165万元，故依据前述规定计算得出权利人的损失为1 155万元。

而二审法院则对该价格鉴定意见不予采纳，另行采用了侵权人获利的计算方法。主要理由在于：（1）商业秘密与专利技术在保护方式上并不完全相同。专利是以“公开换垄断”，即权利人向社会公示技术方案而取得垄断的实施权。除法定情形外，任何人不经权利人授权均不得使用。因此，侵权人销售产品的数量作为权利人销售的数量并无不妥。而作为商业秘密保护的技术秘密并不占有垄断的地位，权利人拥有技术秘密并不代表着其他竞争者不能拥有同样的技术秘密。以侵权人销售产品的数量作为权利人销售的数量需要以权利人拥有的技术秘密独一无二为前提。在相同产品的市场中，这就意味着具备该技术秘密的产品不是由权利人生产的就是由侵权人生产的，两者存在非彼即此的替代关系。进而言之，侵权人生产侵权产品所获得的利益原本就应当归属于权利人。对此，美国《反不正当竞争法重述》

亦有相关规定。该法第45节评论e指出,商业秘密侵权经常引起的损失,是因被告使用商业秘密而使原告失去的利润……如果证据支持这样的结论,即如果不发生侵权,被告的销售额本来应该是原告的,就可以被告的销售额为基础,再参照原告的边际利润,认定原告的损失。[①] 本案中,并未有证据表明权利人的技术秘密具有唯一性,也未有证据反映该技术领域只有权利人和被告单位两家公司,相反有证据表明存在多家同业竞争者。由于其他的同业竞争者会满足购买者的需求,因此,侵权人销售产品的数量也不必然意味着权利人会少销售同样的数量。(2)根据司法解释的规定,计算权利人的损失还要求以权利人产品的合理利润作为计算依据。但公信事务所价格鉴定意见依据的是权利人在2005年8月、2005年12月和2006年10月的合同利润,而本案案发时间为2008年3月,两者时间节点差距近一年半至两年半之久;且在案证据反映,在2008年4月和6月期间,权利人向两家案外公司销售了同类产品。审计机构未将此期间的合同利润作为计算依据,而以案发前约一年半至两年半的合同利润作为计算依据,有失公正。更何况,根据价格鉴定意见,权利人每套设备的利润达到165万元,而被告单位对外销售一套生产线的销售价格才100万元左右,以权利人产品的利润来计算其损失显然不尽合理。对此,二审检察机关亦予以重点强调,并提请二审法院选择合适的计算方法来认定"重大损失"。由于以权利人的损失来计算"重大损失"存在上述两个法律和事实的障碍,故而二审法院参照相关法律规范的规定,综合本案证据状况以及无商业秘密许可使用、商业秘密未对外泄露的事实,最终确定以侵权人获利作为计算方法。

(三)商业秘密权利人"重大损失"计算对象的确定

在确定以侵权人获利作为计算方法之后,本案还涉及计算对象的确定问题。"很多情况下,原告出于尽量扩大保护范围的需要,或者对法律规定、涉案技术背景不熟悉等原因,往往在起诉时会圈定一个很宽泛的秘密范围,并将一些公知信息纳入商业秘密范围内请求保护。"[②]本案中,权利人主张作为商业秘密保护的技术信息包括脱羟炉、等离子火头和手套箱三个部件的

---

① 参见张玉瑞:《商业秘密法学》,中国法制出版社1999年版,第669页。

② 最高人民法院民事审判第三庭编:《知识产权审判指导》,人民法院出版社2011年版,第62页。

技术要求,包括设计尺寸、公差配合、表面粗糙度、装配关系、材质以及上述要求的确切组合;但经检察院审查起诉和法院审理,最终作为商业秘密保护的技术信息仅涉及脱羟炉、等离子火头两个部件的相关技术要求。那么,由于被告单位和被告人侵犯了这两个部件的技术秘密,是否可以以整条生产线的利润来计算被告方的侵权获利呢?我们认为,不能一概而论。通常情况下,商业秘密的价值应当与其秘点相对应;然而,在有的产品中,秘点与整体不可分割,则要考虑受到侵害部分或者产品部件在整个产品中所起的作用或者比重及诸如在先公知技术、市场因素等其他非侵权因素来计算权利人的损失。[①] 对此,美国《反不正当竞争法重述》第45节评论f亦指出,如果被告利润中,仅一部分有关商业秘密,如在被告可独立上市产品中,仅有一种部件有关原告商业秘密,责令被告将所有销售利润赔付给原告,是不公正的。[②] 一审判决依据的公信事务所是按照整条生产线的利润来计算权利人的损失。二审法院重点审查了作为商业秘密保护的上述两件部件是否存在独立价值的问题。本案中,海宁新晨公司法定代表人徐建章的证言、海宁映宇公司副总经理陆佰明的证言以及权利人与两家案外公司于2008年4月、6月签订的购销合同均反映氙气灯生产线中的手套箱、真空脱羟炉、抽充台及等离子封接等主要设备可以单独计价。由于上述两个部件能够单独定价,二审法院最终决定将上述两个部件作为计算对象,以其利润乘以7条生产线的数量来计算侵权人的获利。正是由于最终认定的权利人"重大损失"刚过侵犯商业秘密罪50万元的入罪标准,且所保护的技术秘密属于公知技术和非公知技术要求的组合,故二审法院作出定罪免刑的刑事判决。

**(撰稿:上海市第一中级人民法院　刘军华　唐　震　巩一鸣**
**审编:最高人民法院刑二庭　王晓东)**

① 参见孔祥俊主编:《商业秘密司法保护实务》,中国法制出版社2012年版,第195页。

② 参见张玉瑞:《商业秘密法学》,中国法制出版社1999年版,第670页。

[第 1006 号]

# 扎西杰参等故意杀人、非法持有枪支、包庇案

## ——上诉人在二审期间脱逃，仅有原审被告人在案的，应当如何处理

### 一、基本案情

被告人扎西杰参，男，1980 年 9 月 1 日出生。2003 年 4 月 18 日因犯故意伤害罪被判处有期徒刑二年，2005 年 11 月 18 日刑满释放；2008 年 12 月 13 日因涉嫌犯故意杀人罪被逮捕。

被告人呷马意西，男，1984 年 5 月 19 日出生。2008 年 12 月 3 日因涉嫌犯故意杀人罪被逮捕。

被告人同珠，男，1973 年 5 月 14 日出生。2009 年 1 月 20 日因涉嫌犯故意杀人罪被逮捕。

被告人扎西赤美，男，1980 年 12 月 11 日出生。2008 年 12 月 23 日因涉嫌犯包庇罪被逮捕。

西藏自治区人民检察院那曲分院以被告人扎西杰参犯故意杀人和非法持有枪支罪、被告人呷马意西及被告人同珠犯故意杀人罪、被告人扎西赤美犯包庇罪，向那曲地区中级人民法院提起公诉。

被告人扎西杰参、呷马意西、同珠及辩护人均提出，其主观上没有杀人故意，不构成故意杀人罪；被告人扎西赤美辩称，其事先不知道扎西赤美让其藏匿的长刀是杀人所用凶器，不构成包庇罪。

那曲地区中级人民法院经公开审理查明：被告人扎西杰参因与被害人拥有存在矛盾而预谋杀害拥有，并纠集被告人呷马意西和同珠参与。2008

年11月16日19时许,扎西杰参在西藏自治区那曲县罗马镇附近找到正在朝圣途中的拥有后,安排同珠在附近路段驾车等候,扎西杰参持手枪和长刀、呷马意西持长刀追上拥有,扎西杰参持长刀劈砍拥有双上肢数刀,呷马意西持长刀劈砍拥有头部一刀,并将拥有的右手割下,致拥有颅脑开放性骨折、脑组织损伤伴肢体横断分离骨折失血性休克死亡。扎西杰参、呷马意西乘坐同珠驾驶的汽车逃离现场后,告知被告人扎西赤美称三人持刀将人砍伤,并将凶器长刀交给扎西赤美保管。

那曲地区中级人民法院认为,被告人扎西杰参、呷马意西、同珠结伙故意非法剥夺他人生命,其行为均构成故意杀人罪;扎西杰参违反法律规定持有枪支,其行为另构成非法持有枪支罪;扎西赤美在明知涉案刀具是犯罪人所用凶器的情况下,帮助扎西杰参藏匿刀具掩盖罪行,企图使犯罪人逃避法律制裁,其行为构成包庇罪。公诉机关指控的罪名成立。其中,扎西杰参、呷马意西直接实施杀人行为,在共同犯罪中均起主要作用,均系主犯;同珠在犯罪过程中起辅助作用,系从犯。本案是有预谋的暴力犯罪,社会影响较大,扎西杰参还系累犯,依法应当严惩。据此,依照《中华人民共和国刑法》第二百三十二条、第一百二十八条第一款、第三百一十条第一款、第五十七条第一款、第二十五条、第二十六条、第二十七条、第六十五条第一款、第六十四条之规定,那曲地区中级人民法院判决如下:

1. 被告人扎西杰参犯故意杀人罪,判处死刑,剥夺政治权利终身;犯非法持有枪支罪,判处有期徒刑三年;决定执行死刑,剥夺政治权利终身。

2. 被告人呷马意西犯故意杀人罪,判处死刑,剥夺政治权利终身。

3. 被告人同珠犯故意杀人罪,判处有期徒刑六年。

4. 被告人扎西赤美犯包庇罪,判处有期徒刑二年。

一审宣判后,被告人扎西杰参、呷马意西分别以不具有杀人故意、一审量刑过重为由提出上诉。

西藏自治区高级人民法院审理过程中,上诉人扎西杰参、呷马意西借机脱逃,至今未能归案。

西藏自治区高级人民法院经审理认为,鉴于二审期间上诉人扎西杰参、呷马意西脱逃,长时间未归案,致使案件无法继续审理。依照《中华人民共和国刑事诉讼》(1996 年)第一百八十九条第一项和《最高人民法院关于执行〈中华人民共和国刑事诉讼〉若干问题的解释》(以下简称《1998 年解释》)第一百八十一条之规定,裁定如下:

1. 对上诉人扎西杰参、呷马意西中止审理。

2. 维持原判对原审被告人同珠、扎西赤美的定罪量刑。

## 二、主要问题

上诉人在二审期间脱逃,仅有原审被告人在案的,应当如何处理?

## 三、裁判理由

本案由于上诉人在二审期间脱逃,二审法院长时间未能作出裁判,羁押机关排查发现原审被告人同珠、扎西赤美久押不决,督促二审法院尽快作出处理,及时将同珠、扎西赤美送监执行。二审法院对本案应当如何处理,主要形成两种意见:一种意见认为,由于上诉人扎西杰参、呷马意西提出上诉后又脱逃,造成二审阶段上诉人不在案,在案的原审被告人同珠、扎西赤美均服判,未对一审判决提出上诉。在此情况下,可视为一审判决中针对同珠、扎西赤美的部分已经生效,直接依据一审判决将同珠、扎西赤美送监执行即可,二审法院仅需裁定对上诉人扎西杰参、呷马意西中止审理;另一种意见认为,由于一审判决宣判后有被告人提出上诉,导致一审判决未能生效,故不能将一审判决作为执行依据,二审法院需裁定对在逃的扎西杰参、呷马意西中止审理,同时还必须继续审理涉及原审被告人同珠、扎西赤美的部分,对二人的事实认定、定罪量刑和审理程序依法作出裁判。

我们同意后一种意见,具体理由如下:

### (一)上诉人在二审期间脱逃,仅有原审被告人在案的,一审判决不能作为交付执行依据,二审法院仍需对在案原审被告人作出处理

人民法院发生法律效力的判决和裁定,是执行机关对罪犯实施惩罚和改造的执法依据,判决和裁定只有在发生效力后才能送交执行机关。本案二审裁定作出时,刑事诉讼法尚未进行修改,根据当时有效的 1996 年刑事诉讼法第二百零八条(2012 年修订的刑事诉讼法第二百四十八条)第二款第一

项的规定,已过法定期限没有上诉、抗诉的判决和裁定属于发生法律效力的判决和裁定。根据该规定,一审判决送达之后,如果有被告人在法定期限内提出上诉,或者公诉机关在法定期限内提出抗诉,则一审判决即属于不发生法律效力的判决。本案即属于判决不发生法律效力的情形,被告人扎西杰参、呷马意西已在法定期限内提出上诉,一审判决不能作为交付执行的依据。

上述前一种意见认为,由于本案中不服一审判决的两名上诉人已悉数脱逃,表明二人不愿意通过二审法院对一审判决的内容是否正确进行审理,在案的两名原审被告人均服判不上诉。在此情况下,二审法院已无必要对一审判决的内容进行审查处理,直接裁定对脱逃上诉人中止审理即可。我们认为,首先,根据1996年刑事诉讼法第一百八十六条(2012年修订的刑事诉讼法第二百二十二条)的规定,第二审法院应当就第一审判决认定的事实和适用法律进行全面审查,不受上诉或者抗诉范围的限制;共同犯罪的案件只有部分被告人上诉的,应当对全案进行审查,一并处理。根据该规定,我国的二审程序采取全面审查原则,在共同犯罪案件中有部分被告人提出上诉、部分被告人服判不上诉的情况下,二审法院不仅要审理提出上诉的被告人所涉事实证据、法律适用和审理程序问题,同时要一并审理未提出上诉的被告人所涉事实证据、法律适用和审理程序问题,由二审法院就原判对未提出上诉的被告人所作判决结果进行审查并作出处理。二审法院不能以部分被告人未提出上诉为由,对其所涉原判中的判决内容不作处理。其次,1996年刑事诉讼法及《1998年解释》虽未对上诉人脱逃情况下应当如何处理进行明确规定,但《1998年解释》第二百四十八条关于二审期间上诉人死亡情况下应当如何处理的规定为上诉人脱逃情形的审理提供了最权威的参考。该条规定:"共同犯罪案件,如果提出上诉的被告人死亡,其他被告人没有提出上诉,第二审法院仍应当对全案进行审查。死亡的被告人不构成犯罪的,应当宣告无罪;审查后认为构成犯罪的,应当宣布终止审理。对其他同案被告人仍应当作出判决或者裁定。"上诉人脱逃的情形与此情形类似,不同点在于,死亡上诉人已经永远无法参加刑事诉讼活动,而脱逃上诉人还有被抓获归案的可能性,并可能在归案后对在案原审被告人的犯罪事实认定和定罪量刑产生影响。在此情况下,二审法院需要综合考虑案件情况,决定对在案原审被告人是径行作出实体处理,还是待在逃上诉人归案后一并处理。

根据以上分析,本案中的上诉人虽然已悉数脱逃,但二审法院仍必须对在案原审被告人作出处理,否则将造成一审判决未生效、二审法院又无有效处理结果的尴尬局面。

(二)二审期间上诉人脱逃、原审被告人在案的,应当区分不同情况,采取不同处理方式

中止审理,是指人民法院在审理刑事案件的过程中,由于出现了某种导致案件在较长时间无法继续进行审判的原因,而由人民法院决定暂时停止审判活动,待中止审判的原因消失后再恢复审判活动的一项法律制度。1996年刑事诉讼法对中止审理制度无明文规定,但《1998年解释》对此作出了明确规定。《1998年解释》第一百八十一条规定:"在审判过程中,自诉人或者被告人患精神病或者其他严重疾病,以及案件起诉到人民法院后被告人脱逃,致使案件在较长时间内无法继续审理的,人民法院应当裁定中止审理。由于其他不能抗拒的原因,使案件无法继续审理的,可以裁定中止审理;中止审理的原因消失后,应当恢复审理。中止审理的期间不计入审理期限。"此条文明确规定了中止审理的条件,确定被告人在审理过程中脱逃属于中止审理的充分条件之一。然而,对于不同类型的刑事案件,《1998年解释》关于中止审理具体方式的选择仍然规定得比较原则。对于实践中存在的各种情况,特别是类似本案共同犯罪的二审案件,上诉人脱逃、原审被告人在案的情况应当如何处理,有必要作进一步研究。我们认为,类似情况下应当根据已有法律规定,坚持公平优先、兼顾效率的原则,区分不同情况,分别作出处理。

首先,如果上诉人在二审开庭结束之后脱逃,或者虽然在二审开庭结束之前脱逃,但经二审法院审查,上诉人在逃不足以影响到对在案原审被告人所犯罪行的认定,为保证案件得到及时处理,应当裁定对在逃上诉人中止审理,对在案原审被告人继续进行审理,作出是否维持原判的判决或者裁定,并及时交付执行。日后在逃上诉人如果被抓获归案,可以裁定对其恢复审理。这种情况下,对在案原审被告人先行作出实体处理可以有效防止案件

久拖不决，且不会影响案件处理结果的公平、公正。

其次，如果上诉人在二审开庭结束之前即脱逃，且经二审法院审查，在逃上诉人所涉事实证据与在案原审被告人所涉事实证据密切相关，上诉人不在案将影响对在案原审被告人所犯罪行的正确认定，处理这种情况应当特别慎重。原则上，为确保案件处理的公平、公正，二审法院应当裁定对全案中止审理，待在逃上诉人归案后一并处理，同时，为防止对在案原审被告人长期羁押，可将强制措施变更为取保候审或者监视居住。但如果在逃上诉人踪迹全无、未来一段时间内根本无归案希望，为防止案件久拖不决和对在案原审被告人人身自由的长期限制，也可以根据已有证据，对在案原审被告人先行作出生效判决或者裁定，及时送交执行；在逃上诉人归案后，如果有新的证据证实原判决或者裁定认定有误，可以通过审判监督程序予以纠正。当然，上诉人在逃期间，如果根据已有证据可能判处在案原审被告人死刑的，原则上量刑应当留有余地，以免造成不可挽回的后果。这种情况下，可以按照同案犯没有到案的量刑原则和刑事政策进行处理。

本案中，西藏自治区高级人民法院经审查认为，在逃上诉人扎西杰参、呷马意西在案件侦查期间对作案经过有过多次稳定供述，所供与其他证据可以相互印证，一审开庭中亦未翻供，二人虽然在二审期间脱逃，无法继续参加刑事诉讼活动，但不会对在案的原审被告人同珠、扎西赤美的事实认定和定罪量刑造成影响，故对原判中涉及同珠、扎西赤美的部分继续进行审理，依法作出维持原判对二人定罪量刑部分的裁定，并及时将二人送监执行，这种处理方式是正确的。

（三）2012年修订的刑事诉讼法生效后类似情况的处理方式

针对1996年刑事诉讼法无中止审理制度的明文规定所造成的司法实践问题，2012年修订的刑事诉讼法第二百条专门规定了中止审理的问题，2012年《最高人民法院关于适用〈中华人民共和国刑事诉讼法〉的解释》第二百五十七条又对共同犯罪案件中的中止审理问题作了进一步明确。根据该条的规定，共同犯罪中部分被告人具有法定中止审理情形的情况下，应当根据案件情况，决定对全案中止审理；或者仅对部分被告人中止审理，对其余被告人继续审理。我们认为，该条规定的处理方式在所谓"根据案件情况"，主要是指部分被告人因身患严重疾病或者脱逃等原因不能参加刑事诉讼活动的情况下,人民法院是否可以正确认定其余在案被告人所犯罪行的问题。如果在部分被告人不参加刑事诉讼活动的情况下,仍然可以正确认定其余在案被告人所犯罪行,则可以仅对部分被告人中止审理、对其余被告人继续审理;反之,原则上应当对全案中止审理。故2012年修订的刑事诉讼法生效后,对于共同犯罪中部分被告人或者上诉人具备法定中止审理情形的案件,可以直接引用相关规定,根据上述原则,分情况作出处理。

(撰稿:最高人民法院刑四庭　李加玺
西藏自治区高级人民法院　格桑旺姆
审编:最高人民法院刑四庭　陆建红)

[第 1007 号]

# 孙连义故意杀人案

## ——如何把握投毒案件中的证据确实、充分标准以及投毒后造成目标之外他人死亡发生的,如何定性

### 一、基本案情

被告人孙连义,男,汉族,1958 年 5 月 10 日出生,个体经营户。2012 年 4 月 13 日因犯故意杀人罪被逮捕。

被告人边振凤,女,汉族,1964 年 9 月 21 日出生,无业。2012 年 4 月 13 日因犯非法买卖危险物质罪被逮捕,后被取保候审。

被告人董书成,男,汉族,1954 年 4 月 14 日出生,无业。2012 年 3 月 10 日因犯非法买卖危险物质罪被刑事拘留,后被取保候审。

吉林省辽源市人民检察院以被告人孙连义犯故意杀人罪,向辽源市中级人民法院提起公诉。

孙连义对指控的犯罪事实予以否认,称有毒物质(野鸡药)是自己所买,但并未投放于被害人孟淑兰的保健药中。

辽源市中级人民法院经公开审理查明:被告人孙连义与妻子谢玉华均系再婚,二人与谢玉华的父亲谢长有、母亲孟淑兰(被害人,殁年 71 岁)和女儿谢欣(被害人,殁年 23 岁)共同生活。后孙连义因琐事与孟淑兰产生矛盾,遂产生杀害孟淑兰之念。2012 年春节前的一天上午 10 时许,孙连义到辽源市西安区建材道口宠物交易市场,从摊主董书成、边振凤夫妇处购得野鸡药(氰化钠和二水合氰化钠),带回其经营并居住的辽源市西安区泰安街 15 委"军人服务社"商店,后将部分野鸡药砸成粉末包好,并将剩余野鸡药藏进商店后楼二楼走廊装防火栓的铁箱内。同年 2 月 27 日下午 3 时许,孙连

义见店内无人,便从孟淑兰平时服用的保健药"茯苓复合颗粒胶囊"药瓶里取出4粒胶囊,倒出药物并灌入粉末状的野鸡药。同月29日下午4时许,孟淑兰在商店二楼服过胶囊后倒地呕吐,身体抽搐,继而死亡。因孟淑兰年事已高,家人未怀疑其系非正常死亡,即将尸体火化。同年3月6日晚,谢玉华发现孟淑兰未用完的胶囊,为避免浪费,便于次日早7时许让谢欣服用。谢欣服后亦死亡。经鉴定,谢欣系氰化物中毒死亡。

辽源市中级人民法院认为,被告人孙连义因与被害人孟淑兰素有矛盾,而心生怨恨,遂产生杀人之念。孙连义将含有氰化物成分的有毒物质,装入孟淑兰平时服用的保健品胶囊中,导致孟淑兰、谢欣服用后中毒死亡,其行为构成故意杀人罪。孙连义犯罪动机卑劣,手段隐蔽,后果特别严重,应予从严惩处。被告人边振凤、董书成未经国家有关部门批准,非法买卖毒害性物质,被他人利用进行犯罪活动,其行为构成非法买卖危险物质罪。鉴于二被告人主观恶性不深,无前科劣迹,当庭认罪,可以从宽处罚。根据各被告人犯罪的事实、情节、认罪态度以及其行为对社会的危害程度,依照《中华人民共和国刑法》第二百三十二条、第五十七条、第一百二十五条、第七十二条、第七十三条以及《中华人民共和国民法通则》第一百一十九条之规定,辽源市中级人民法院判决如下:

1. 被告人孙连义犯故意杀人罪,判处死刑,剥夺政治权利终身;

2. 被告人边振凤犯非法买卖危险物质罪,判处有期徒刑三年,缓刑四年;

3. 被告人董书成犯非法买卖危险物质罪,判处有期徒刑三年,缓刑三年;

4. 被告人孙连义赔偿附带民事诉讼原告人谢长有经济损失人民币177 267.63元;赔偿附带民事诉讼原告人谢玉华经济损失人民币373 029.90元。

一审宣判后,被告人孙连义不服,以被害人孟淑兰是否死于氰化物中毒的事实不清、证据不足和有罪供述系刑讯逼供取得等为由提出上诉。

其辩护人提出的主要辩护意见是:认定上诉人孙连义杀害孟淑兰、谢欣的事实不清、证据不足;上诉人孙连义主观上不存在杀人动机。

吉林省人民检察院提出如下意见:一审判决认定的犯罪事实清楚,证据确实、充分;一审程序合法,适用法律正确;上诉人的上诉理由没有事实和法律依据,不能成立。

吉林省高级人民法院经公开审理认为,上诉人孙连义使用投放毒药的方法杀死孟淑兰、谢欣的行为构成故意杀人罪;被告人边振凤、董书成未经国家有关部门批准,非法买卖毒害物质,被他人利用进行犯罪活动,构成非法买卖危险物质罪。孙连义故意杀人犯罪致二人死亡,犯罪手段特别残忍,情节特别恶劣,后果极其严重,依法应当判处死刑立即执行。原审判决认定的犯罪事实清楚,证据确实、充分,定罪准确,量刑适当,审判程序合法。据此,依照《中华人民共和国刑事诉讼法》第二百二十五条第一项和《中华人民共和国刑法》第二百三十二条、第一百二十五条第一款、第五十七条、第七十二条、第七十三条第一款之规定,吉林省高级人民法院裁定驳回上诉,维持原判,并就裁定核准判处上诉人孙连义死刑的部分依法报请最高人民法院核准。

最高人民法院经复核确认的事实与一、二审一致。最高人民法院认为,被告人孙连义因家庭琐事,采用投毒方式故意非法剥夺他人生命,其行为构成故意杀人罪。孙连义犯罪情节恶劣,致二人死亡,后果特别严重,依法应当严惩。第一审判决、第二审裁定认定的事实清楚,证据确实、充分,定罪准确,量刑适当,审判程序合法。据此,依照《中华人民共和国刑事诉讼法》第二百三十五条、第二百三十九条以及《最高人民法院关于适用〈中华人民共和国刑事诉讼法〉的解释》第三百五十条第一项之规定,最高人民法院裁定核准吉林省高级人民法院(2013)吉刑一终字第38号维持第一审对被告人孙连义以故意杀人罪判处死刑,剥夺政治权利终身的刑事裁定。

## 二、主要问题

1. 如何把握投毒案件中的证据确实、充分标准?

2. 投毒后造成目标之外他人死亡的,其行为如何定性?

## 三、裁判理由

### (一)综合全案证据可以认定被害人孟淑兰之死系被告人孙连义所为

本案证实被害人谢欣之死系孙连义投毒所致的证据是确实、充分的:根据孙连义的供认提取到剩余有毒物质(野鸡药);根据孙连义的指认找到有毒物质销售者董书成、边振凤夫妇,二人也供述是将有毒物质卖给了孙连义;孙连义在侦查阶段的有罪供述与其他证据互相印证,并属于先供后证的情形。

本案审理过程中,对被害人孟淑兰之死,能否认定系孙连义投毒所致,存在两种意见。一种意见认为,因尸体已被火化,孟淑兰的死因不明,认定系孙连义投毒杀害孟淑兰的证据不足;另一种意见认为,对孟淑兰死因的证据分析不能孤立进行,要结合全案证据分析,可以认定孟淑兰之死系孙连义投毒所致。

我们同意后一种意见。理由是:

2010 年最高人民法院、最高人民检察院、公安部、国家安全部、司法部联合发布的《关于办理死刑案件审查判断证据若干问题的规定》(以下简称《死刑案件证据规定》)第三十三条规定:“没有直接证据证明犯罪行为系被告人实施,但同时符合下列条件的可以认定被告人有罪:(一)据以定案的间接证据已经查证属实;(二)据以定案的间接证据之间相互印证,不存在无法排除的矛盾和无法解释的疑问;(三)据以定案的间接证据已经形成完整的证明体系;(四)依据间接证据认定的案件事实,结论是唯一的,足以排除一切合理怀疑;(五)运用间接证据进行的推理符合逻辑和经验判断。根据间接证据定案的,判处死刑应当特别慎重。”即对于没有直接证据的,要通过分解验证、审查判断全案证据材料,从全案出发,将各项证据有机结合为一个证据体系,从而达到对案件事实的完整、准确的认定。

本案中,认定被害人孟淑兰之死系被告人孙连义投毒所致,除了孙连义的口供外,并无其他直接证据,只能通过运用间接证据,结合孙连义的有罪供述进行分析、判断来认定。对于孟淑兰与谢欣的死亡,在证据认定上应当按照上述原则,将二人之死逻辑地联系起来进行分析认定。根据现有证据,我们认为,可以确定孟淑兰之死系孙连义的投毒行为所致:

1. 经对被害人谢欣的呕吐物和生前所服用的保健药进行检验,从中均检出氰化物成分,尸体鉴定意见也证实谢欣系氰化物中毒死亡,故能够确认谢欣系生前服用含有氰化物成分的保健药(宝甘灵茯苓复合颗粒胶囊)而死亡。

2. 证人谢玉华证实谢欣服用的保健药系孟淑兰生前服用,故可以证实谢欣、孟淑兰服用了同一药瓶中的保健药。而证人谢长有、谢子娟等人及孟淑兰的门诊记录证实,孟淑兰服用保健药后即出现呕吐、抽搐、呼吸困难、因呼吸循环衰竭而死亡等症状,与谢欣死亡前的症状相同,也与辽源市公安局法医鉴定中心出具的《氰化物中毒的症状》相符,故可以确定孟淑兰系因与谢欣服用了同一药瓶中含有氰化物成分的保健药而中毒死亡。

3. 氰化物系被灌入孟淑兰平时服用的保健药胶囊中,孟淑兰、谢欣先后服用保健药而死亡,说明孟淑兰为被投毒的对象。谢玉华的证言证实,该保健药是孟淑兰平时服用的,谢长有、谢子娟等证实能进入被害人家中二楼(生活居住场所)的只有家里人,故投毒人应对孟淑兰服用什么保健药非常了解,也能随意出入孟淑兰居住的商店二楼,系熟人作案。而孙连义案发前与孟淑兰有矛盾,具备作案动机,其在谢欣死后又坚持反对尸检,行为反常。

4. 孙连义在侦查阶段供述了因与孟淑兰有矛盾而产生杀人之念,后购买毒药投毒杀人的经过,其供述得到其他证据的印证:

(1)关于毒药的来源。孙连义被抓获后带领公安机关指认了卖主,公安机关当场扣押了卖主边振凤夫妇的野鸡药。边振凤也证实带领公安对其进行指认的男子(孙连义)在2012年春节前的一天上午10点多钟,在其和丈夫共同经营的仙城街狗市的一个摊位买了人民币10元钱的野鸡药,与孙连义在侦查阶段的有罪供述相符,系先供后证。

(2)关于剩余的毒药。孙连义带领公安机关指认了藏匿在其经营居住的商店二楼走廊南侧墙壁防火栓箱处的剩余野鸡药,经检验该野鸡药与从边振凤夫妇处扣押的野鸡药、孟淑兰保健胶囊中的氰化物主要成分相同、浓度相近,佐证了其所供从狗市购买野鸡药、毒药装入胶囊后将剩余的毒药藏匿的情节。

(3)孙连义在侦查阶段第一次讯问时(2012年3月8日20时1分至21时30分)就供述了隐蔽性极强的细节:其将野鸡药投入"宝甘什么颗粒,中间字不认识""四颗胶囊中"(即宝甘灵茯苓复合颗粒胶囊)。而公安机关在3月7日提取了被害人家三种保健药物("宝甘灵茯苓复合颗粒"10粒、"银耳复合颗粒”12粒、“牛初乳片”1瓶)送检,在3月8日时尚未得出鉴定结果,鉴定意见(证实其中有二颗宝甘灵茯苓复合颗粒中含有氰化物)系3月19日作出。该鉴定意见证实从送检的“宝甘灵茯苓复合颗粒”中的二颗中检出氰化物,与孙连义供述投毒四颗胶囊相符(二被害人各服一颗,剩余二颗有毒胶囊)。此外,公安机关在2012年5月29日、7月30日的鉴定意见也证实,根据孙连义指认提取的剩余野鸡药、从卖主边振风处提取的野鸡药和二颗“宝甘灵茯苓复合颗粒”内白色粉末的主要成分均为氰化钠和二水合氰化钠,氰离子浓度相近,这也佐证了孙连义关于该细节的供述。

故在公安机关3月7日扣押的三种保健药中,究竟哪种药里含有毒物、有几颗含有毒物,是先有被告人孙连义供述隐蔽性细节,后有鉴定意见证实的。《死刑案件证据规定》第三十四条规定:“根据被告人的供述、指认提取到了隐蔽性很强的物证、书证,且与其他证明犯罪事实发生的证据互相印证,并排除串供、逼供、诱供等可能性的,可以认定有罪。”本案虽非根据被告人供述提取到隐蔽性很强的物证、书证,但其供述的隐蔽性细节,得到十余天后作出的鉴定意见的印证,这是非常有证明力的,也说明孙连义的有罪供述是可信的。尽管孙连义后来翻供,但其翻供无其他任何证据的佐证,不具有可采信性。

综上,根据现有证据分析,虽然孟淑兰的尸体已经火化,无法确定死因,但谢欣的死亡原因是清楚的,且谢欣所服用的含有氰化物成分的胶囊就是孟淑兰平时服用的。从投毒的空间、工具、死亡的原因等来看,这两起犯罪事实是完全一样的。将二人的死亡结果结合孙连义的有罪供述进行分析,尽管没有孟淑兰死因的鉴定意见,但可以确定孟淑兰的死亡系孙连义的投毒行为所致。

(二)投毒后放任目标之外他人死亡的,应当认定为间接故意杀人

本案审理过程中,如何确定被告人孙连义对谢欣死亡的刑事责任,主要形成两种意见:一种意见认为,孙连义投毒后,放任他人(孟淑兰以外的人)死亡,应当认定孙连义主观上具有间接故意,构成故意杀人罪;另一种意见认为,孙连义主观上并不希望造成谢欣死亡的结果,在孟淑兰死亡后也曾问过剩余药物的下落,故可以认定为过于自信的过失,构成过失致人死亡罪。

我们同意前一种意见。理由是：

间接故意是指行为人已经预见到自己的行为会导致某种结果发生而放任该结果的发生(结果的发生并不违背其主观意志)，而过于自信的过失是指行为人已经预见到自己的行为会导致某种结果发生而轻信可以避免(结果的发生是违背其主观意志的)。二者区分的关键在于是否违背行为人的意愿。在具体案件中，对行为人主观的认定非常复杂，尤其是间接故意和过于自信的过失的区分更加复杂，一般要通过行为人具体的行为来分析其主观心态。从本案来看，对孙连义主观心态的认定可以从以下几个方面进行分析：

1. 孙连义投毒到茯苓复合颗粒胶囊中，而该胶囊系保健药物，用于提高人体免疫力，并非某类病人专用，其他人也有可能服用，即服用人是非特定的，实际上也是如此，在孟淑兰死后谢欣也服用了该胶囊。孙连义在实施投毒行为时，就应当知道不仅被害人孟淑兰可能服用该胶囊，其他人也是有可能服用的，而其并未因此放弃投毒，故可以认定其对其他人是否服用该胶囊是持无所谓、放任的态度。

2. 从投毒之后的行为分析，根据孙连义的供述，其在孟淑兰死后，曾询问过药物下落，但在未查明具体下落时，孙连义并未继续采取其他有效措施防止他人服用这一后果的发生，实际上还是听之任之，放任结果的发生；而且，从谢玉华的证言来看，孙连义并未有过询问药物下落的行为。无论如何，孙连义在孟淑兰死亡后，并未采取有效措施预防其他后果的发生，应当认定其对其他后果的发生持放任态度。

综上，本案一、二审法院对各被告人的行为定性准确，处罚适当，很好地贯彻体现了罪责刑相适应原则。

(撰稿：最高人民法院刑四庭　张　剑
审编：最高人民法院刑四庭　陆建红)

[第 1008 号]

# 罗灵伟、蒋鼎非法拘禁案

——无法查清被害人是否存在债务的情况下，如何认定行为人为索取债务而非法拘禁他人的行为性质

## 一、基本案情

被告人罗灵伟，男，1983 年 4 月 9 日出生，商贩，住浙江省台州市路桥区螺洋街道樟岙村 1 区 28 号。2014 年 1 月 22 日因吸毒被行政拘留十五日。2014 年 3 月 6 日因涉嫌犯非法拘禁罪被逮捕。

被告人蒋鼎，男，1986 年 1 月 17 日出生，驾驶员，住浙江省台州市黄岩区西城街道雅林村 65 号。2005 年 3 月 24 日因吸毒被强制戒毒六个月。2007 年 4 月 26 日因吸毒被行政拘留十五日。2009 年 12 月 3 日因吸毒被行政拘留十五日，后被强制隔离戒毒二年。2014 年 1 月 22 日因吸毒被行政拘留十五日，后被强制隔离戒毒二年。2014 年 3 月 6 日因涉嫌犯非法拘禁罪被逮捕。

浙江省台州市黄岩区人民检察院以被告人罗灵伟、蒋鼎犯非法拘禁罪，向台州市黄岩区人民法院提起公诉。

被告人罗灵伟、蒋鼎对公诉机关指控的犯罪事实和罪名不持异议。罗灵伟的辩护人认为本案系民间账目纠纷引起，罗灵伟归案后如实供述犯罪事实，认罪态度较好，并赔偿了被害人的经济损失并取得谅解，且系初犯、偶犯，提请法庭对罗灵伟从轻处罚。

台州市黄岩区人民法院经公开审理查明：2014 年 1 月 3 日 19 时许，被告人罗灵伟因怀疑王华祥、陈仙兵、潘岩根在管理其经营的石渣生意期间，在账目上造假侵吞款项，遂与被告人蒋鼎、“阿三”等人将王华祥、陈仙兵、潘

岩根三人从台州市路桥区螺洋街道园珠屿村带至黄岩区沙埠镇佛岭水库洋山庙边上,质询账目收支情况,并使用拳脚及持棍殴打王华祥、陈仙兵等人,致王华祥构成轻伤二级。后罗灵伟与王华祥达成协议,将罗灵伟怀疑的账目上被侵吞的3万余元与其欠王华祥的3万余元抵销。整个过程持续4个小时左右。案发后,在刑事诉讼过程中,被害人王华祥提起刑事附带民事诉讼。后经和解,罗灵伟、蒋鼎赔偿了王华祥的医药费等各项经济损失并取得了被害人的谅解。王华祥撤回了刑事附带民事诉讼。

台州市黄岩区人民法院认为,被告人罗灵伟、蒋鼎为索取债务,非法限制他人人身自由并进行殴打,致人轻伤,其行为均构成非法拘禁罪。罗灵伟曾因吸毒被行政处罚、蒋鼎曾因吸毒被行政处罚及强制戒毒,酌情均可以从重处罚。罗灵伟的辩护人所提对罗灵伟从轻处罚的相关辩护意见,与本案查明的事实及相关的法律规定相符,应予采纳。蒋鼎归案后如实供述犯罪事实,认罪态度较好,并赔偿了被害人的经济损失且取得了谅解,酌情可以从轻处罚。据此,依照《中华人民共和国刑法》第二百三十八条第一款、第三款,第二十五条第一款,第六十七条第三款以及《中华人民共和国刑事诉讼法》第二百七十九条之规定,台州市黄岩区人民法院以被告人罗灵伟犯非法拘禁罪,判处有期徒刑九个月;以被告人蒋鼎犯非法拘禁罪,判处有期徒刑九个月。

一审宣判后,被告人罗灵伟、蒋鼎均未提起上诉,检察机关亦未抗诉,该判决已发生法律效力。

## 二、主要问题

无法查清被害人是否存在债务的情况下,如何认定行为人为索取债务而非法拘禁他人的行为性质?

## 三、裁判理由

### (一)无法查清被害人是否存在债务的情况下,应当从被告人的真实故意出发,认定行为人是否为索取债务而非法拘禁他人

本案审理过程中,对被告人罗灵伟、蒋鼎的行为定性,最关键的争议点

在于无法查清被害人是否存在侵吞账款的情况下,能否认定被告人系为索取债务而对被害人实施非法拘禁及殴打等行为。一种观点认为,无法查清被害人是否存在侵吞账款,就应当认定被害人不存在侵吞账款;另一种意见认为,无法查清被害人是否存在侵吞账款,要根据被告人真实的意思,审查是否存在认识错误。如果被告人确实认为被害人存在侵吞账款的,从有利于被告人和坚持主客观相统一原则出发,应当认定被告人是为索取债务而非法拘禁他人。

我们赞同后一种意见。具体理由如下:

依据犯罪构成理论,认定行为人的行为性质,应当综合行为人的主观犯罪故意和客观犯罪行为两个方面进行判定。如果行为人主观上确实是为索取债务而扣押、拘禁他人的,即使债务关系难以查清或者根本不存在,只是行为人认识错误的,仍然应当认定行为人系为索取债务而实施非法拘禁行为。因为在此种情况下,无论债务是否真实存在,行为人主观上是出于"索债"的目的而实施对他人的扣押、拘禁行为的,其没有产生其他诸如勒索、抢劫犯罪中非法占有他人财物的故意。从另一角度考虑,这种认定是从有利于被告人的原则出发的,符合刑法谦抑性的要求。

值得强调的是,在无法查清被害人是否存在侵吞账款的情况下,从被告人的真实故意出发,认定被告人是为索取债务而非法拘禁他人,并不意味着认定债务真实存在。即认定行为人的主观故意内容,不等于认定债务客观上的存在。这一点务必要区分开来,否则被告人可能会基于这一认定反过来在附带民事诉讼中提出反诉或者另行以索债为内容提起诉讼。

在司法实践中,索债型非法拘禁行为涉及的债务,主要存在以下几种:

1. 合法债务。被告人与被害人存在合法的民事法律关系上的债权债务关系,被告人实施扣押、拘禁他人行为的目的是为了追讨自己的债务,但在进行私力救济、解决问题的过程中,采用了非法途径,具备了相应的犯罪构成,而转化为刑事案件。对于此类行为,应当认定行为人构成非法拘禁罪,同时确认其主观上的索债目的。

2. 非法债务。被告人与被害人间存在债务,但该债务系赌债、高利贷或者嫖资等法律不予保护的非法债务,行为人为索取此类非法债务而实施扣押、拘禁他人的行为,系“事出有因”。只要债务是客观存在的,应当以非法拘禁罪定罪处罚,同时也应确认行为人主观上的索债目的。对此,《最高人民法院关于对为索取法律不予保护的债务非法拘禁他人行为如何定罪问题的解释》已作了专门明确。

3. 数额超过实际债务。被告人与被害人间存在合法或者非法债务,行为人为索取债务对被害人实施了扣押、拘禁行为,但行为人在追索债务的过程中,索取的债务数额大于实际存在的债务。此种情况下,应当从被告人的真实主观犯意出发进行分析判断。如果被告人的主观目的是为了索取债务,而不是为了非法占有他人财物,其之所以超额索取,可能是在对债务范围、数目的理解、认定上存在误解、异议,其主观恶性并没有实质性的改变,那么仍然应当认定其行为构成非法拘禁罪,同时确认其主观上的索债目的。反之,如果被告人以索取“债务”为名,实施绑架、殴打、拘禁他人的行为,以实现其非法占有他人财物的目的的,则应按照其行为相应的后果,以绑架罪、抢劫罪等,予以定罪处罚。

4. 债权债务关系不明确的债务。被告人与被害人之间的债权债务关系缺乏足够的证据予以查清,从民事法律关系角度出发,债权债务关系因被告人举证不能而不存在;或者被告人的利益确实受到了损失,但该损失与被害人的言行并无明确的因果关系,双方之间并不存在实际的债权债务关系;或者被告人与被害人之间实际上没有债权债务关系,行为人误认为被害人与之有债权债务关系。以上几种情形,行为人主观上均是为了索取“债务”对被害人实施扣押、拘禁等行为,因此仍然应当以非法拘禁罪定罪处罚,同时确认其主观上的索债目的。

本案中,被告人罗灵伟的行为性质就属于以上第四种情形。罗灵伟因为怀疑王华祥、陈仙兵、潘岩根在管理其经营的石渣生意期间,在账目上造假侵吞款项,认为王华祥侵吞了其3万余元的货款。为了向王华祥等人索取该笔债务,罗灵伟遂与蒋鼎等人将王华祥、陈仙兵、潘岩根三人强行带上汽车,后在水库庙边对三人实施殴打等行为,非法限制王华祥等人的人身自由4个小时左右。后来罗灵伟与王华祥达成口头协议,将自己欠王华祥的3万余元欠款与该3万余元货款相抵销。综合上述案情分析,罗灵伟主观上确实是为了索要其自认为的“债务”而实施了非法拘禁及殴打等行为。该债务能否查清并不影响其主观上的索债目的。蒋鼎为帮助罗灵伟实现索债的目的,与罗灵伟一起共同实施非法扣押、拘禁他人的行为,亦应确认其主观上的索债目的。

(二)主观上为索取债务而非法拘禁他人,构成犯罪的,应当以非法拘禁罪论处

索债型非法拘禁行为的定性,应当从犯罪构成的角度出发,综合犯罪动机、情节轻重、危害大小、拘禁时间长短等因素进行分析判断。对于那些拘禁时间较短,没有使用暴力或者侮辱、殴打行为或者尚未造成严重后果的,可以不作犯罪处理。如果行为情节严重,达到构成犯罪标准的,则应当依法追究刑事责任。至于构成何种犯罪,应当根据行为人的主观故意及具体的犯罪行为、犯罪后果等综合判断。在司法实践中,索债型非法拘禁行为易与抢劫、绑架等行为发生混淆,只有准确认定各犯罪的构成要件,才能作出准确区分。

非法拘禁罪属于侵犯公民人身自由的犯罪,表现为持续性地故意非法剥夺他人身体自由。就索债型非法拘禁行为而言,行为人实施扣押、拘禁他人等限制人身自由的非法方法,目的是索取债务,可以当场取得也可以事后取得。抢劫罪是侵犯公民人身权利与财产权利的犯罪,行为人为了实现非法占有他人财产的目的,而使用暴力或以暴力相威胁的方法,当场劫取他人的财物。而绑架罪是侵害他人人身自由权利的犯罪,为了勒索财物或满足其他非法目的,使用暴力、胁迫或者其他方法劫持他人,而后以人质为筹码向被绑架人的亲属勒索财物或者向有关方面提出非法要求。

抢劫罪与绑架罪在犯罪手段、犯罪客体等方面都较为相似。主要区别在于:第一,主观方面不尽相同。抢劫罪中,行为人一般出于非法占有他人财物的故意实施抢劫行为;绑架罪中,行为人既可能为勒索他人财物而实施绑架行为,也可能出于其他非经济目的(如基于政治等方面的原因)实施绑架行为。第二,行为手段不尽相同。抢劫罪表现为行为人劫取财物一般应当在同一时间、同一地点,具有“当场性”;绑架罪表现为行为人以杀害、伤害等方式向被绑架人的亲属或者其他人或者单位发出威胁,索取赎金或者提

出其他非法要求,劫取财物一般不具有"当场性"。二者的关键区别在于是否"当场",而且后者只能是向被绑架人的近亲属或者其他有关人员勒索财物;前者是直接迫使被绑架人交付财物,而不是向第三者勒索财物。

普通的非法拘禁罪与抢劫罪、绑架罪有明显的区别,认定上不存在争议。然而,索债型的非法拘禁行为因为中间混杂了限制人身自由、暴力殴打以及索取债务等行为,使其在表现形式上出现与抢劫、绑架行为交叉的要素,从而为认定带来困难。但索债型非法拘禁罪的行为人主观上不具有非法占有他人财物的故意,客观行为上不要求索取财物的当场性,也不要求给付对象的确定性,其形式可以多种多样,既可以要求债务人直接给付,也可以要求债务人由其亲戚朋友代为给付。在行为手段上,可能是单纯地非法限制他人人身自由,也可能在非法剥夺他人人身自由过程中实施殴打、侮辱、虐待或者捆绑等行为。

就本案而言,被告人罗灵伟、蒋鼎的行为应当认定为非法拘禁罪。罗灵伟为了索取其内心确认的债务,与蒋鼎等人一起限制王华祥等人的人身自由4个小时左右。而在此过程中,罗灵伟等人对王华祥进行了殴打,并与王华祥达成口头协议,将其欠王华祥的3万余元款项与其怀疑的数目相当的债务数额予以抵销。该抵销行为可视为罗灵伟索回了自己的债务,而非为勒索王华祥的财物,其内心没有非法占有的故意。经由上述分析,罗灵伟、蒋鼎的行为在犯罪主观、客观方面均符合索债型非法拘禁罪的特征,应当以非法拘禁罪论处。

(撰稿:浙江省台州市黄岩区人民法院　胡尚慧

审编:最高人民法院刑二庭　苗有水)

[第 1009 号]

# 胡某等非法获取公民个人信息案

——通过非法跟踪他人行踪所获取的公民日常活动信息是否属于公民个人信息以及如何理解非法获取公民个人信息罪中的“上述信息”“非法获取”以及“情节严重”

## 一、基本案情

被告人胡某,男,1978 年 3 月 24 日出生。2012 年 1 月 21 日因涉嫌犯非法获取公民个人信息罪被逮捕。

被告人王某,男,1983 年 9 月 17 日出生。2012 年 1 月 21 日因涉嫌犯非法获取公民个人信息罪被逮捕。

广东省 A 市人民检察院以被告人胡某、王某犯非法获取公民个人信息罪,向 A 市人民法院提起公诉。

被告人胡某、王某对公诉机关指控的事实及罪名无异议。王某的辩护人以王具有自首情节,系初犯,认罪态度较好,且参与犯罪时间不长等为由,提请法庭对王某从轻处罚。

A 市人民法院经审理查明:2011 年 10 月初,马某、刘某(均另案处理)以每月支付人民币 3 000 元报酬、包吃包住等条件,雇用被告人胡某驾驶小汽车对广东省 B 市某机关领导所配专用公车进行跟踪。为此马某、刘某向胡某提供了录音笔、望远镜、摄像机、密拍器等器材。同年 11 月中下旬,胡某向马某提出聘请王某,胡某与王某相互配合进行跟踪、记录。马某遂以同样待遇雇用王某。后胡某、王某一起驾驶小汽车对目标车辆在 B 市行驶的路线、停车地点进行跟踪和记录,并将记录的行驶路线、停车地点等信息交给马某、刘某。同年12月,为了便于跟踪,胡某、王某购买2个通过互联网使用的汽车定位器,趁目标车辆停在一地下停车场时将定位器秘密安装在该车底盘处。胡某、王某通过互联网查询定位器的实时位置,获取了目标车辆每天所有行驶路线、停车位置的即时信息,直至案发。经鉴定,上述汽车定位器属于窃听专用器材。

A市人民法院认为,被告人胡某、王某通过非法手段获取公民个人信息,情节严重,其行为均构成非法获取公民个人信息罪,二被告人归案后如实供述犯罪事实,依法可以从轻处罚。根据胡某、王某的犯罪情节和悔罪表现,依照《中华人民共和国刑法》第二百五十三条之一第二款、第二十五条第一款、第六十七条第三款、第五十三条、第六十四条之规定,A市人民法院判决如下:

1. 被告人胡某犯非法获取公民个人信息罪,判处有期徒刑二年六个月,并处罚金人民币二万元;

2. 被告人王某犯非法获取公民个人信息罪,判处有期徒刑二年三个月,并处罚金人民币一万五千元。

一审宣判后,被告人胡某、王某均未提起上诉,检察机关亦未抗诉,该判决已发生法律效力。

## 二、主要问题

1. 通过非法跟踪他人行踪所获取的公民日常活动信息是否属于公民个人信息?

2. 如何理解非法获取公民个人信息罪中的"上述信息"、"非法获取"以及"情节严重"?

## 三、裁判理由

侵犯公民个人信息犯罪是刑法修正案(七)新设的罪名,规定在刑法第二百五十三条之一中。该条共三款:第一款规定的是出售、非法提供公民个人信息罪。即"国家机关或者金融、电信、交通、教育、医疗等单位的工作人员,违反国家规定,将本单位在履行职责或者提供服务过程中获得的公民个人信息，出售或者非法提供给他人，情节严重的"行为。第二款规定的是非法获取公民个人信息罪，即"窃取或者以其他方法非法获取上述信息，情节严重的"行为。第三款是关于单位犯罪的规定。由于该条中的"公民个人信息""上述信息""非法获取"以及"情节严重"等用语的含义，没有相应的法律、司法解释作出明确规定，故实践中对上述用语的含义和适用范围存在不同认识。本案审理过程中，对被告人胡某、王某的行为是否构成非法获取公民个人信息罪存在较大分歧，原因就在于对上述用语的理解和把握不同。具体分析如下：

（一）关于"公民个人信息"的范围

刑法第二百五十三条之一规定的"公民个人信息"，一般是指专属于某一自然人的一切能用于识别其特定身份的重要信息，其不为一般人所知悉，且具有保护价值。具体包括：公民的姓名、职业、职务、年龄、婚姻状况、种族、学历、学位、专业资格、工作经历、住址、电话号码、网上登录姓名及密码、居民身份号码、护照号码、社会保险卡号码、医疗保险卡号码、驾驶证号码、银行卡号码、指纹、唇纹、声音印记、DNA、书写的签名和电子签名等。关于"公民个人信息"的范围，我国法律没有明确规定。实践中对上述信息属于"公民个人信息"一般不存在争议。值得探讨的是，诸如个人日常行踪之类的活动记录，是否属于"公民个人信息"。有观点认为，只要与公民个人信息相关，公民不想公开，而且与公共利益无关的，都应当纳入"公民个人信息"的范围。如通过手机定位所获取的公民个人行踪情况，属于刑法保护的"公民个人信息"。我们同意这种观点。手机定位属于动态信息，当公民从事某些活动不希望被他人获悉时，因其所处具体位置与其从事的活动具有直接联系，一旦所处位置被他人获悉，其所从事的活动也就相应暴露，从而可能损害其利益。故其所处的具体位置就具有明显的隐私性和权益性，属于刑法所保护的"公民个人信息"。在此情况下，行为人擅自对公民的手机进行定位，就属于侵犯公民隐私的行为。正因为手机定位存在侵犯公民隐私和权益的危险，当前电信部门把手机定位作为一项特殊业务来开展，有着较为严格的审批程序。

本案中，被跟踪的车辆为专用公务车，该车的行驶路线、停车地点和时间等信息即反映了乘车人的日常活动情况。被告人胡某、王某获取的被害人的日常行动轨迹和活动地点等信息,涉及家庭住址、单位地址、经常出入的场所等公民隐私和生活习惯性内容,具有个人专属性,能反映出该公民某些个人特征,且信息内容关系到公民日常生活的基本安全性,信息的泄露会使公民彻底失去安全感,严重影响其日常生活。因此,该案中被害人的行踪属于刑法所保护的"公民个人信息"。

(二)关于"上述信息"的理解

对刑法第二百五十三条之一第二款中的"上述信息"如何理解,实践中主要形成两种意见:一种意见认为,根据文义解释,"上述信息"应当是指该条第一款规定的信息,即国家机关、金融等相关单位"在履行职责或者提供服务过程中获得的公民个人信息"。[①] 另一种意见认为,"上述信息"是指一切公民个人信息,否则对实践中利用网络技术、跟踪等手段非法获取公民个人信息的行为均不能处罚,如此非法获取公民个人信息罪的适用范围明显过窄,不符合加强保护公民个人信息的立法精神。从加强全面保护公民个人权益角度考虑,我们赞同第二种意见。

(三)关于"非法获取"的理解

根据刑法第二百五十三条之一第二款的规定,"窃取或者以其他方法非法获取"均属于"非法获取"。"窃取"是指采取不为权利人所知晓的方法,秘密地取得。而"以其他方法非法获取"则是指以与窃取具有相当社会危害性的方法获取,主要包括:(1)以违法方式获取,即获取公民个人信息的手段违反法律、法规、规章等规范性文件中的禁止性规定;(2)未获得授权而获取,此种情况下行为人没有得到公民本人授权,无权了解、接触相关公民个人信息;(3)以不正当方式获取,此种情况下行为人违背了信息所有人的意愿或者真实意思表示,或者违反了社会公序良俗。

本案中,被告人胡某、王某未经他人同意进行秘密跟踪,违背他人意愿,并在目标车辆上安装定位器对车辆进行监视,还使用密拍器进行拍摄,获取该车使用人的个人行踪。汽车定位器属于窃听专用器材,而胡某、王某不是

---

① 参见"最高人民法院研究室关于刑法二百五十三条之一第二款有关内容理解问题的研究意见",载张军主编:《司法研究与指导》(2012年第1辑),人民法院出版社2012年版。

国家执法人员，无权使用此类器材，二人通过上述方法获取公民个人信息明显违法，属于非法获取公民个人信息。

（四）关于“情节严重”的理解

目前，对于何种情况属于刑法第二百五十三条之一规定的“情节严重”尚无明确规定。有观点认为，该条第一款中的“情节严重”是指出售公民个人信息获利较大，出售或者非法提供多人信息，多次出售或者非法提供公民个人信息，以及公民个人信息被非法提供、出售给他人后，给公民造成了经济损失，或者严重影响公民正常生活，或者被用于违法犯罪活动等情形。就第二款规定的非法获取公民个人信息而言，即便没有出售、向第三者提供，其行为本身就已经直接威胁到公民个人信息的安全，甚至给公民个人生活带来隐患。因而，刑法第二百五十三条之一中的“情节严重”，作为定罪情节，主要应当从行为手段是否恶劣、行为持续时间长短等方面进行综合认定。行为动机宜视为量刑情节进行认定。司法实践中，苏州、杭州等地对于“私家侦探”非法获取公民个人信息的行为，均认定为非法获取公民个人信息罪中的“情节严重”。

我们认为，判断非法获取公民个人信息行为是否达到“情节严重”，可从以下四个方面综合考量：一是从用途考虑，非法获取的信息是否被用于犯罪活动；二是从结果考虑，该信息是否严重影响被害人的正常生活，或者给被害人带来较大经济损失；三是从行为方式考虑，采取的手段、方法是否恶劣，是否使用违禁工具等；四是从信息数量、获利数额、行为持续时间等方面考虑，非法获取公民个人信息的数量、次数较多，行为人获利数额较大，以及非法获取行为持续时间较长等的，一般都可以认定为“情节严重”。综合以上因素考虑，对于没有使用违禁的密拍设备、窃听窃照器材，跟踪时间较短，没有非法获利的普通跟踪行为，一般不宜作为犯罪处理。

本案被告人胡某、王某受人雇用跟踪他人，采用驾车及在目标车辆上安装跟踪定位器等方式获取他人的出行记录，并将所获取的汽车行驶路线、停车地点等信息记录整理后交给雇主，跟踪长达两个多月，具有比较严重的社会危害性，属于“情节严重”，依法应予惩处。

综上,公民个人的行踪属于公民个人信息,被告人胡某、王某采取驾车和安装定位器等非法手段进行长时间跟踪,情节严重,A市人民法院对二被告人的行为按照非法获取公民个人信息罪进行定罪处罚是正确的。

(撰稿:中国社科院法学所　钟　莉

最高人民法院刑五庭　范冬明

审编:最高人民法院刑四庭　陆建红)

[第 1010 号]

# 袁某抢劫、破坏电力设备案

## ——如何把握刑事诉讼证明标准的主客观相统一性

### 一、基本案情

被告人袁某,男,1985 年 12 月 25 日出生,农民。2001 年 7 月 31 日因犯故意杀人罪(未遂)被判处有期徒刑四年,2007 年 6 月 19 日因涉嫌犯抢劫罪被逮捕。

某市人民检察院以被告人袁某犯抢劫罪、破坏电力设备罪,向某市中级人民法院提起公诉。

被告人袁某对公诉机关指控其抢劫致死被害人陈某某、黄某某,以及 3 次盗剪电线的事实无异议,但辩称抢劫致死黄某某的事实是其主动交代,其还揭发了同案犯刘某的犯罪事实。其辩护人基于以下理由提请法庭对袁某从宽处罚:袁某因破坏电力设备被逮捕,归案后主动交代了公安机关尚未掌握的抢劫罪行,应当认定具有自首情节;袁某主动向公安机关提供了同案犯刘某的身份、住址等情况,对抓获刘某起到一定作用,具有立功表现。

某市中级人民法院经公开审理查明:

1. 2006 年 6 月 29 日 20 时许,被告人袁某伙同被告人刘某(被判处无期徒刑)、另一同案犯(另案处理),在广东省某市一路口持刀对摩托车司机被害人黄某某实施抢劫。袁某、刘某各持水果刀朝黄某某的胸背部等处乱刺,致黄某某死亡。袁某从黄某某身上劫得现金人民币(以下币种同)70 余元,刘某欲抢走黄某某价值 1 450 元的摩托车,但未能启动。

2. 2006 年 9 月 20 日晨,袁某见其房东被害人陈某某身上有钱,遂生盗窃之念。当日 23 时许,袁某用小刀撬开广东省某县某村陈某某住处的房门,进屋翻找财物。陈某某被吵醒,袁某遂持房内的砖头砸陈某某头部,又用床上的枕头捂压陈的口鼻,用身体压住陈的胸部,致陈死亡。其间,陈某某反抗,用手抓伤袁某的颈部。袁某将陈某某的尸体搬到屋内的水缸中藏匿,搜走陈的800余元现金后逃离现场。

3.2007年5月,袁某伙同马某、蔡某某(均另案处理)先后3次盗剪广东省某电力公司正常供电的电线共计470米,造成部分工业用户和住宅用户停电。

某市中级人民法院认为,被告人袁某伙同他人采用暴力手段劫取财物,致1人死亡;又在入户盗窃被发现时当场使用暴力劫取财物,致1人死亡;还伙同他人破坏电力设备,危害公共安全,其行为分别构成抢劫罪、破坏电力设备罪,依法应当数罪并罚。袁某曾因故意犯罪被判处有期徒刑以上刑罚,在刑罚执行完毕后五年内又犯应当判处有期徒刑以上刑罚之罪,系累犯,依法应当从重处罚。关于袁某及其辩护人所提袁某具有自首情节和立功表现的辩解和辩护意见,经查不实,均不予采纳。据此,依照《中华人民共和国刑法》第二百六十三条第一项、第五项,第一百一十八条,第二十五条第一款,第六十五条第一款,第五十七条第一款,第五十九条,第六十九条之规定,某市中级人民法院判决如下:

被告人袁某犯抢劫罪,判处死刑,剥夺政治权利终身,并处没收个人全部财产;犯破坏电力设备罪,判处有期徒刑三年;决定执行死刑,剥夺政治权利终身,并处没收个人全部财产。

一审宣判后,被告人袁某未提起上诉。某市中级人民法院将判处袁某死刑的判决报送广东省高级人民法院复核。

广东省高级人民法院经复核认为,原判认定被告人袁某抢劫致死黄某某事实中的关键证据刀具上的血迹DNA鉴定结论,以及袁某抢劫致死陈某某事实中相关的DNA鉴定结论均未列为证据使用,可能影响事实认定和案件的公正审判,遂裁定撤销原判,发回重新审判。

某市中级人民法院另行组成合议庭,经重新公开审理后作出相同判决。

宣判后,被告人袁某向广东省高级人民法院提起上诉。袁某上诉提出:其因破坏电力设备被逮捕,归案后主动交代了公安机关尚未掌握的抢劫黄某某和陈某某的罪行，应当认定具有自首情节；其主动提供了同案人刘某和“陈某”的工作单位、住址、日常活动范围等情况，对公安机关抓获刘某起到了非常重要的作用，应当认定具有重大立功表现；所有的证人证言都与案件没有直接关系，其不是被举报的，而是主动供述犯罪事实，认罪态度好。其辩护人提出，本案认定袁某抢劫陈某某的犯罪事实不清、证据不足，建议二审法院酌情判决。

广东省高级人民法院经公开审理认为，被告人袁某伙同他人采用暴力手段劫取财物，致1人死亡，其行为构成抢劫罪；伙同他人破坏电力设备，危害公共安全，其行为又构成破坏电力设备罪，依法应当数罪并罚。袁某在抢劫致死黄某某一案中，犯罪手段残忍，危害后果严重，起主要作用，系主犯，罪行极其严重。袁某有犯罪前科，但袁某犯该罪时不满十八周岁，依法不应认定为累犯。原审判决认定袁某抢劫杀害黄某某的犯罪事实，以及袁某破坏电力设备的犯罪事实清楚，证据确实、充分，定罪准确，量刑适当，审判程序合法。但原审判决认定袁某抢劫致死陈某某的事实不清，证据不足，不予认定。对袁某及其辩护人提出袁某抢劫陈某某事实不清的意见，予以采纳，其他意见经查不能成立，不予采纳。据此，依照《中华人民共和国刑法》第二百六十三条第五项，第一百一十八条，第二十五条第一款，第二十六条第一款、第四款，第六十五条第一款，第四十八条，第五十七条第一款，第五十九条，第六十九条，第十二条和《中华人民共和国刑事诉讼法》（1996年）第一百八十九条第一项、第一百九十九条以及《最高人民法院关于〈中华人民共和国刑法修正案（八）〉时间效力问题的解释》第三条之规定，广东省高级人民法院裁定驳回上诉，维持原判，并依法报请最高人民法院核准。

最高人民法院经复核认为，被告人袁某的行为分别构成抢劫罪、破坏电力设备罪。袁某伙同他人持刀抢劫，致1人死亡，犯罪情节恶劣，手段残忍，社会危害大，罪行极其严重，依法应当惩处。在共同犯罪中，袁某提起犯意，持刀捅刺被害人要害部位多刀，起主要作用，系主犯，应当按照其所参与的全部犯罪处罚。袁某曾因犯罪被判刑，在刑罚执行完毕后五年内又犯罪，虽因犯前罪时不满十八周岁，不构成累犯，但仍体现出其主观恶性深，人身危险性大。对袁某所犯数罪，依法应当并罚。第二审裁定认定的事实清楚，证据确实、充分,定罪准确,量刑适当,审判程序合法。据此,依照《中华人民共和国刑事诉讼法》第二百三十五条、第二百三十九条和《最高人民法院关于适用〈中华人民共和国刑事诉讼法〉的解释》第三百五十条第一项之规定,裁定核准广东省高级人民法院维持第一审对被告人袁某以抢劫罪判处死刑,剥夺政治权利终身,并处没收个人全部财产;以破坏电力设备罪判处有期徒刑三年;决定执行死刑,剥夺政治权利终身,并处没收个人全部财产的刑事裁定。

## 二、主要问题

如何把握"事实清楚,证据确实、充分"这一法定证明标准的主客观相统一性?

## 三、裁判理由

本案中,公诉机关指控和一审法院认定被告人袁某有2起抢劫致人死亡的犯罪事实:第一起是2006年6月袁某伙同刘某等人抢劫致死被害人黄某某的事实;第二起是2006年9月袁某抢劫致死被害人陈某某的事实。广东省高级人民法院经审理查明了第一起抢劫事实,以事实不清、证据不足为由未认定第二起抢劫事实。最高人民法院经复核,确认了第一起抢劫事实,并据此对袁某核准死刑。袁某抢劫致死陈某某的事实证据认定,涉及对刑事诉讼法规定的证明标准的认识和把握问题。

证明标准是指法律规定的运用证据证明待证事实所要达到的程度和要求。刑事诉讼证明标准的核心是运用证据证明案件事实需要达到何种程度才可以确认犯罪并据以定罪量刑。在我国刑事诉讼中,认定被告人有罪的证明标准是"事实清楚,证据确实、充分"。修正后的刑事诉讼法第五十三条在规定"证据确实、充分"条件的同时,借鉴了英美证据体系中"排除合理怀疑"的表述。这一规定是对我国刑事诉讼证明标准的科学完善,旨在进一步确立主客观相统一的证明标准。"事实清楚,证据确实、充分"的标准主要体现了刑事诉讼证明标准的客观性,侧重于对证据本身质和量的要求。但是,对于诉讼证明是否达到这一客观标准,需要由法官根据控方的举证活动,结合自身的专业知识和经验、常识,形成主观认知和内心确信。法官需要以"事实清楚,证据确实、充分"为客观标准,通过主观上达到"排除合理怀疑"的内心确信程度,从而作出有罪裁判。因此,刑事诉讼证明标准实际上包含着主客观这两个相辅相成、不可分割的方面。在两者的关系上,客观标准是衡量主观标准的依据,并对主观标准起着根本性制约作用,有利于避免主观标准的不确定性;主观标准是客观标准实现的途径,有利于防止客观标准的机械性。审判工作中,应当坚持主客观相统一的原则,既不能机械地执行客观标准,也不能过分强调主观标准,尤其在当前配套制度尚不完备的情况下,为防范冤假错案件的发生,主观标准更应受到客观标准的制约。本案对袁某抢劫致死陈某某犯罪事实的认定,就体现了主客观相统一的刑事诉讼证明标准的运用,特别是如何看待内心确信问题。

关于被告人袁某抢劫致死被害人陈某某的事实,主要有以下证据证实:(1)侦破经过自然。2006年9月20日晚,陈某某失踪后,公安人员对周围租户进行走访,当时即对袁某进行初步调查并采集了袁某颈部有伤痕的照片。但因未发现陈某某的尸体,故未进一步开展工作。2007年9月1日,陈某某尸体在其屋内水缸中被发现后,公安人员经深入调查,发现案发时袁某及其女友曾在陈某某出租屋租住,没有固定职业和经济来源,案发前陈某某向袁某及其女友展示随身财物,案发后袁某脖子上有伤痕,遂认定袁某有重大作案嫌疑。经查,化名"袁强"的袁某已因破坏电力设备被逮捕。通过对伙同袁某破坏电力设备的蔡某某及同监人员张某某、曹某进行调查,掌握了袁某抢劫杀害陈某某的重要证据。经审讯,袁某亦供认了其抢劫杀害陈某某并藏尸于屋内水缸中的犯罪事实。(2)相关人员证实袁某涉案。袁某破坏电力设备犯罪的同案人蔡某某证实,袁某曾向其透露自己在某村抢劫杀害房东并藏尸水缸。同监人员张某某、曹某证实,袁某自称在某村入室盗窃时在水缸中发现房东尸体。上述证言均直接来源于袁某,且取证时间在袁某供述之前,是证实袁某涉案的直接言词证据。(3)袁某有作案动机和条件。在陈某某失踪时袁某租住在陈某某房间旁的出租屋内,有作案条件。袁某无固定工作和经济来源。附近租户甘某某证实,案发前看到陈某某向袁某及其女友展示身上的现金。陈某某的胞弟也证实,陈某某随身携带现金,且喜爱向他人炫耀,印证了袁某供称看到陈某某身上带有大量现金,遂起意盗抢的作案动机。(4)袁某案发后形迹异常。证人王某某、吴某某证实,在陈某某失踪后看到袁某颈部有抓痕。案发一年后袁某归案,法医亦检出其脖颈处有伤痕。二审期间经补查,调取了2006年9月24日晚公安人员走访陈某某失踪案时给袁某拍摄的照片,显示袁某右颈部有一条明显血痕。印证了袁某供述的陈某某反抗时将其抓伤的情节。(5)袁某不仅在侦查阶段多次供认犯罪,且在中级法院两次一审、高级法院复核审、二审庭审期间均供认不讳,直至二审庭审后才翻供称未抢劫杀害陈某某,但在最高院复核提讯时又作有罪供述。且其有罪供述较为详细、具体,其中一些作案细节与其他证据吻合,如袁某所供其用砖头砸陈某某头部,床铺草席及床板上留有血迹的情节,与发现尸体前第一次勘查现场的情况一致;袁某所供其用枕头捂压陈某某口鼻、用身体压陈胸口的作案手段,与尸体鉴定意见证实死者有窒息征象、肋骨骨折的情况吻合;袁某所供藏尸地点、尸体形态及尸体覆盖物等情况,与现场勘验、检查笔录一致。而且,个别证据的提取具有先供后证的特点,如袁某供述其将装书的竹筐扔到阁楼上,公安机关虽在第一次勘查现场时已发现阁楼上的竹筐,但根据袁某的供述再次勘查时,才发现了竹筐上遗留的书纸残片;袁某供述其用小刀拨开门闩进入现场,搬家时将小刀遗留在出租屋中,公安机关根据袁某的供述再次勘查,发现门闩上有撬痕,并从出租屋租户叶某某处提取了袁某遗留在房内的小刀,后袁某辨认确认该刀就是其用来拨开门闩的小刀。(6)死者系陈某某的可能性很大。陈某某系独居老人,失踪前并未离开居住地,发现尸体现场系陈某某的住处,尸体头发灰白、大部分脱落,陈某某亲属辨认确认尸体上的衣物就是陈某某平时所穿的衣物,结合陈某某的失踪时间、死者死因及损伤情况与袁某所供作案时间、手段吻合等情节,死者系陈某某的可能性很大。

上述证据表明,被告人袁某在被害人陈某某失踪时租住在现场旁,有便利的作案条件;无经济来源且目睹被害人炫耀财物,有抢劫作案动机;脖颈处有抓伤,有作案嫌疑;且到案后较为稳定地供认犯罪,其有罪供述在一些细节上与在案的其他证据吻合,个别证据具有先供后证的特点。因此,根据经验法则,并结合一定的逻辑分析,从内心确信的角度看,本起犯罪系袁某所为的可能性很大。但是,从“事实清楚,证据确实、充分”这一法定证明标准的客观性看,证实该起犯罪系袁某所为的证据存在较为明显的缺陷,尚不能达到法定的证明标准。具体分析如下:

第一,现有证据不能有力证明案件主要事实。(1)公安机关勘查发现的现场门闩上的痕迹、阁楼竹筐上的书籍残片及提取的小刀等,虽系先供后证,但与犯罪事实的关联性不强,均不能直接证实本案系被告人袁某作为。(2)尸体并非根据袁某的供述发现,尸检在袁某供述前进行,尸体藏匿地点、藏匿方式、现场血迹、屋内物品及陈某某向袁某展示财物等情节,有的在第一、二次勘查现场时已记录在卷,有的在调查走访时已经掌握,时间均在袁某供认犯罪之前,属于先证后供,证明力不强。(3)袁某破坏电力设备的同案人蔡某某、同监人员张某某、曹某均系在押人员,其证言证明力受到一定影响,并在后期遭到袁某的否认。从已经暴露的一些冤错案件的情况看,对于“狱侦耳目”的证言应当慎重使用。且张某某、曹某证实,袁某在房东房内盗窃时发现水缸内有死人,此内容反而能够印证袁某否认犯罪后的辩解。(4)袁某颈部的伤痕,也不能排除其他原因造成的可能性,不足以证明袁某实施了抢劫犯罪。

第二,未能提取到部分重要物证和证人证言。(1)由于第一次勘查现场不细致,袁某归案后因时隔太久丧失取证条件,袁某供述的用于砸房东头部的砖块、用于擦拭血迹的旧衣服等,均未能提取。(2)袁某供述,作案时被借住其出租屋的朋友“邹某”看见,作案后曾告诉其女友“陈某”。但“邹某”、“陈某”的身份情况不明,公安机关未能找到二人,无法进一步印证袁某的供述。

第三,作案手段、死因无法得出确切结论。(1)关于致死被害人的手段,袁某在侦查阶段供述用枕头捂压陈某某的口鼻,并用身体压住陈的胸口,但在审查起诉及庭审阶段又否认使用过枕头,称用手掐扼陈某某颈部致其死亡,由此被害人肋骨骨折的情况得不到合理解释。(2)关于被害人的死因,由于尸体部分白骨化,尸检只能给出“符合窒息死亡特征”的鉴定意见,但死者系何种原因导致的窒息死亡,尸检报告无法给出确切意见。(3)关于被害人是否及如何受伤流血的问题,尸检鉴定根据“现场木板床南侧端的木板上及草席上有血迹”的情况，给出“不能排除其头面部白骨化部分及口、鼻腔损伤致流血的可能”的意见，无法得出被害人究竟是什么部位流血、因何流血的确切结论。因此，受尸体部分白骨化、鉴定条件不充分的客观条件制约，尸检鉴定意见不具有唯一性、排他性。

第四，无法准确认定被害人尸骨何时被藏于水缸之内。公安人员在2006年9月25日首次勘查现场时没有发现被害人尸体，在2007年9月1日接陈某某的胞弟称在陈某某房内水缸中发现尸骨的报案后，再次勘查现场才发现尸体。陈某某的胞弟证实，在公安机关首次勘查现场约半个月后，其将现场的门锁打掉，此后现场没有再锁门。因此，从案发半个多月后至发现尸骨的近一年的时间里，现场处于可以随意出入的状态，无法准确认定被害人的尸骨究竟何时被藏于水缸之内。

第五，死者身份无法得到准确确认。被害人尸体被发现时已高度腐败，需要进行DNA检验鉴定才能准确认定尸体身份。然而，经两次DNA鉴定，尸体肋软骨未检见有效基因分型。现场床铺草席上的血迹虽在第一次鉴定时检出基因分型，但无法认定是陈某某的血，再次检验时，草席上的血迹甚至没有再检出基因分型。经咨询法医，尸体肋软骨已经腐败，无法再进行检验；草席上的血迹没有保留，且原鉴定意见中草席上血迹的基因分型不能在重新鉴定时直接使用；如要重新鉴定，需提取到被害人的牙齿或长骨，但因陈某某没有父母、子女，缺乏直接的亲缘关系认定对象，根据目前的鉴定技术，鉴定后仍不能确认死者为陈某某。

由上述分析可见，对于抢劫致死被害人陈某某的事实，虽然根据现有证据，结合办案经验和逻辑分析，系被告人袁某所为的可能性很大，但本案现场没有提取到证实袁某作案的有力客观证据，根据袁某供述提取到的个别证据价值不大，部分影响定罪量刑的关键事实缺乏确凿证据证明，证实被害人的死因、身份、死亡时间的证据尚不能排除合理怀疑，对于袁某抢劫致死陈某某的事实无法得出确定、唯一的结论。需要说明的是，与其他被告人拒不供认犯罪事实或者翻供导致事实认定困难的案件不同，袁某对于本起事实的供述较为稳定且有罪供述的细节化特征较为明显，认定本起事实的证据缺陷是除口供外其他证据的缺失和不足。二审法院和最高人民法院在本起事实的证据审查认定上，“重证据、不轻信口供”，坚持疑罪从无原则，对于虽有被告人供述，但在案证据达不到“事实清楚，证据确实、充分”这一法定证明标准的事实，不予认定。

（撰稿：广东省高级人民法院　胡晓明
最高人民法院刑五庭　李静然
审编：最高人民法院刑五庭　马　岩）

[第 1011 号]

# 朱林森等盗窃案

## ——罪犯在假释期间又犯新罪,数罪并罚时原减刑裁定如何处理

### 一、基本案情

上诉人(原审被告人)朱林森,男,1983 年 4 月 11 日出生,无业。2013 年 7 月 16 日因涉嫌犯盗窃罪被逮捕。

(原审被告人王信灯基本情况略)

江苏省无锡市南长区人民检察院以被告人王信灯、朱林森犯盗窃罪,向南长区人民法院提起公诉。

无锡市南长区人民法院经公开审理查明:

2013 年 6 月 21 日凌晨,被告人王信灯、朱林森至无锡市南长区北水沟 32 号门口、五爱家园 106 号门口,由朱林森负责望风、王信灯用砖头砸开套锁后搭线的方法,分别窃得被害人杨维佳的爱玛 TDR252Z 型电动自行车 1 辆(经评估价值人民币 2 027 元,以下币种同)、被害人徐军的新世纪 TDR1109Z 型电动自行车 1 辆(经评估价值 2 164 元)。同月 23 日凌晨,王信灯、朱林森至无锡市湖滨区上里东新村 41 号门口、46 号门口,采用上述方法分别窃得被害人蒋进的爱玛 TDR252Z-2 型电动自行车 1 辆(经评估价值 1 512 元)、被害人谢小瑞的新日 TDR55-10Z 型电动自行车 1 辆(经评估价值 1 708 元)。案发后,公安机关追回涉案电动自行车 4 辆并分别发还相应被害人。

另查明,江苏省苏州市虎丘区人民法院于 2007 年 9 月 25 日作出(2007)虎刑初字第 0358 号刑事判决,以盗窃罪判处朱林森有期徒刑十年(刑期自

2006年12月29日起至2016年12月28日止），剥夺政治权利三年，并处罚金人民币一万元。交付执行后，江苏省常州市中级人民法院于2010年4月9日作出（2010）常刑执字第3064号刑事裁定，对罪犯朱林森减去有期徒刑二年，剥夺政治权利三年不变，并处罚金人民币一万元不变。常州市中级人民法院于2013年4月15日作出（2013）常刑执字第2539号刑事裁定，对罪犯朱林森予以假释，剥夺政治权利三年不变，并处罚金人民币一万元不变。2013年4月15日，朱林森被假释，假释考验期限自2013年4月15日起至2014年12月28日止。2013年6月24日，朱林森因本案被无锡市公安局南长分局决定行政拘留十五日。

无锡市南长区人民法院经认为，被告人王信灯、朱林森以非法占有为目的，结伙秘密窃取他人财物，数额较大，其行为均构成盗窃罪，依法均应处三年以下有期徒刑、拘役或者管制，并处或者单处罚金。王信灯在共同犯罪中起主要作用，是主犯，依法应当按照其所参与的全部犯罪处罚；朱林森在共同犯罪中起次要作用，是从犯，依法应当从轻处罚。王信灯曾因故意犯罪被判处有期徒刑，在刑罚执行完毕后，五年以内再故意犯应当判处有期徒刑以上刑罚之罪，是累犯，依法应当从重处罚。朱林森在假释考验期限内犯新罪，依法应当撤销假释，实行数罪并罚。王信灯虽未自动投案，但归案后如实供述自己的罪行，依法可以从轻处罚。朱林森在庭审中自愿认罪，酌情可以从轻处罚。

无锡市南长区人民检察院对被告人王信灯、朱林森的指控，事实清楚，证据确实、充分，指控的罪名正确，认定王信灯是主犯、累犯、归案后如实供述罪行，朱林森是从犯、在假释考验期内犯新罪的事实成立，法院予以采纳。朱林森被裁定减刑后刑罚执行完毕以前又犯新罪，对其进行数罪并罚时，经减刑裁定减去的有期徒刑二年不计入已经执行的刑期，故其前罪未执行完毕的刑罚为有期徒刑三年八个月十四日、剥夺政治权利三年、罚金人民币一万元。依照《中华人民共和国行政处罚法》第二十八条的规定，违法行为构成犯罪，人民法院判处拘役或者有期徒刑时，行政机关已经给予当事人行政拘留的，应当依法折抵相应的刑期。被告人朱林森因本案被执行的行政拘留的时间应当依法予以折抵刑期。

综合被告人王信灯、朱林森的犯罪情节和量刑情节，无锡市南长区人民法院认为公诉机关提出的判处王信灯有期徒刑一年至二年、并处罚金，判处朱林森有期徒刑八个月至一年六个月、并处罚金、撤销假释、实行数罪并罚的量刑建议适当，予以采纳。依照《中华人民共和国刑法》第二百六十四条，第二十五条第一款，第二十六条第一款、第四款，第二十七条，第六十五条第一款，第八十六条第一款，第七十一条，第六十九条，第六十七条第三款及《最高人民法院、最高人民检察院关于办理盗窃刑事案件适用法律若干问题的解释》第二条第一项之规定，无锡市南长区人民法院判决如下：

1. 被告人王信灯犯盗窃罪，判处有期徒刑一年五个月，并处罚金人民币二千元。

2. 撤销江苏省常州市中级人民法院2013年4月15日(2013)常刑执字第2539号对罪犯朱林森予以假释的刑事裁定。

3. 被告人朱林森犯盗窃罪，判处有期徒刑九个月，并处罚金人民币一千元。与2007年9月25日所判刑罚中未执行完毕的有期徒刑三年八个月十四日、剥夺政治权利三年、罚金人民币一万元实行并罚，决定执行有期徒刑四年一个月，剥夺政治权利三年，并处罚金人民币一万一千元。

一审宣判后，朱林森不服，向无锡市中级人民法院提出上诉。上诉人朱林森诉称，常州市中级人民法院于2010年4月9日作出(2010)常刑执字第3064号刑事裁定，对其减去有期徒刑二年。这次减刑应当计入已经执行的刑期，一审判决没有顾及这个事实，导致量刑过重。

在本案的二审审理过程中，上诉人朱林森申请撤回上诉。

无锡市中级人民法院经审理认为，原审判决认定上诉人朱林森及原审被告人王信灯犯盗窃罪的事实和适用法律正确，量刑适当，诉讼程序合法。上诉人朱林森在上诉期满后申请撤回上诉，意思表示真实，符合法律规定，应予准许。据此，依照《最高人民法院关于适用〈中华人民共和国刑事诉讼法〉的解释》第三百零五条第一款之规定，无锡市中级人民法院裁定准许上诉人朱林森撤回上诉。

## 二、主要问题

罪犯在假释期间又犯新罪，数罪并罚时原减刑裁定如何处理？

## 三、裁判理由

(一)罪犯在假释期间又犯新罪数罪并罚时原减刑裁定不计入已执行的刑期

一般而言,罪犯被人民法院判处刑罚交付执行后,根据其认罪、悔罪的态度和认罪服法、积极改造的表现,对于某些表现优良的罪犯,监狱管理部门一般都会向人民法院报送作为减刑、假释的候选人。人民法院经过审查,往往也会作出减刑或者假释的裁定。在这种情形下,罪犯被减刑、假释后又犯新罪或者判决宣告之前的漏罪被发现,先前的减刑、假释裁定如何处理,这是一个无法避免的实践问题。对此问题,最高人民法院2012年1月18日专门下发了《罪犯因漏罪、新罪数罪并罚时原减刑裁定应如何处理的意见》(以下《减刑处理意见》),其中规定"罪犯被裁定减刑后,因被发现漏罪或者又犯新罪而依法进行数罪并罚时,经减刑裁定减去的刑期不计入已经执行的刑期"。从上述司法解释性文件中,我们可以得知,罪犯只要是又犯新罪或者被发现还有漏罪尚未处理,需要进行数罪并罚时,先前裁定减去的刑期一律不计入已经执行的期限,也就是说先前的减刑裁定被"一笔勾销",不管先前罪犯被减刑几次、被减去的刑期有多长。

另外,需要注意的是,对于上述司法解释性文件中的"罪犯被裁定减刑后,又犯新罪"的类型如何理解,应该结合刑罚执行的有关理论进行分析。对于"罪犯被裁定减刑后,又犯新罪"的解释,我们认为应当包括以下两种情形:一种情形是,罪犯被裁定减刑后,在继续服刑的监狱内"又犯新罪";另一种情形是,罪犯被裁定减刑后,又因其他原因,如假释、保外就医等在社会上"又犯新罪"。结合刑罚执行的相关理论,可以认为,不管是哪一种情形,都属于"在原判刑罚的执行期间又犯新罪"。朱林森上诉一案就属于第二种情形。对于第二种情形,我们认为,假释是一种刑罚的执行方式,只有在假释期间遵守法定的义务,假释期限届满后,剩余的刑期才不予执行,假释在性质上是一种附条件的不执行。也就是说,只有假释期限届满,而且被假释的罪犯遵守相关规定,没有再犯新罪或者被发现尚存漏罪,那么原判刑罚就视为执行完毕。在原判刑罚视为执行完毕之后,"罪犯"(服刑完毕的罪犯应当视为普通的公民,“罪犯”的称谓应当限于人民法院宣判之后至服刑完毕之日)再犯新罪的,可能成立累犯,但是不可能再与已经执行完毕的犯罪进行数罪并罚的问题。在朱林森上诉一案中,上诉人朱林森尚在假释期间,假释期限尚未到期,因此假释期间的时间范围应该视为原判刑罚的执行期间。按照最高人民法院的规定,在刑罚的执行期间,又犯新罪的,应当数罪并罚,而且经减刑裁定减去的刑期不计入已经执行的刑期。

(二)后颁布施行的司法解释以及司法解释性文件对于先前发生的案件具有溯及力

在实体上,对于“罪犯在假释期间又犯新罪数罪并罚时原减刑裁定如何让处理”的问题,《减刑处理意见》作出了非常明确的规定。但是,在时间上,本案上诉人朱林森被依法减刑的时间发生在2010年4月9日,而《减刑处理意见》是在2012年1月18日颁布实施的。也就是说,后颁布的司法解释性文件能否适用于颁布之前的案件,涉及司法解释以及司法解释性文件的溯及力问题,也决定着包括朱林森案在内的所有发生在该司法解释性文件颁布之前的类似案件宣告刑刑期如何确定。对此问题,最高人民法院、最高人民检察院于2001年12月16日联合发布了《关于适用刑事司法解释时间效力问题的规定》(以下简称《时间效力规定》),对司法解释、司法解释性文件的溯及力问题进行了较为明确的规定。《时间效力规定》第二条规定:“对于司法解释实施前发生的行为,行为时没有相关司法解释,司法解释施行后尚未处理或者正在处理的案件,按照司法解释的规定办理。”第三条规定:“对于新的司法解释实施前发生的行为,行为时已经相关司法解释,依照行为时的司法解释办理,但适用新的司法解释对犯罪嫌疑人、被告人有利的,适用新的司法解释。”

对于本案所反映出来的问题——罪犯在假释期间又犯新罪数罪并罚时原减刑裁定如何处理,《减刑处理意见》发布之前并无相应的规定。因而,按照《时间效力规定》的规定,《减刑处理意见》在本案的运用中就具备溯及力,亦即上诉人朱林森先前被人民法院依法裁定减去的两年有期徒刑在数罪并罚时不应当计算在内。

(三)关于《减刑处理意见》区分"又犯新罪"与"发现漏罪"情形处理的理解

根据《减刑处理意见》的规定,"罪犯被裁定减刑后,因被发现漏罪或者又犯新罪而依法进行数罪并罚时,经减刑裁定减去的刑期不计入已经执行的刑期"。然而,在司法实践中,有观点认为,对于假释期间或者在监狱内服刑期间,因为漏罪或者有犯新罪的情形需要数罪并罚时,对于先前依法减去的刑罚是否一律不计入已经执行的刑期应当慎重和权衡。例如,某重刑犯被判处有期徒刑20年,由于在长时间的服刑过程中表现良好,被多次减刑,假设减去有期徒刑7年,但是当其服刑至第10年时,因为漏罪或者在监狱内又犯新罪(包括类似于本案"在假释期间又犯新罪"的情形),那么在数罪并罚时,是否按照上述两个司法解释(司法解释性文件)将其先前所有的减刑均作否定性处理,值得进一步研究。如果均作否定性处理则有违公正原理之嫌,毕竟对于罪犯作出的减刑裁定是人民法院根据其认罪悔罪、积极改造的具体表现作出的,在性质上带有奖励性质,这种奖励性质的减刑裁定针对的是罪犯在服刑期间的优良表现,而不是后来的又犯新罪或者发现漏罪的情形。如果忽视这个问题,则不符合公正的基本理念。

其实,《减刑处理意见》在解决"罪犯因漏罪、新罪数罪并罚时原减刑裁定应如何处理"时,其实是将"又犯新罪"与"发现漏罪"进行了明确的区分。对于"发现漏罪"的情形,原减刑裁定原则上也是遵从"不计入已执行期限"的规定,但是《减刑处理意见》第二条规定:"在此后对因漏罪数罪并罚的罪犯依法减刑,决定减刑的频次、幅度时,应当对其原经减刑裁定减去的刑期酌予考虑。"也就是说,罪犯因为被发现漏罪而数罪并罚时,虽然已经被裁定减刑的刑期不计入已执行的刑期,但是在实践操作中可以在数罪并罚之后的服刑期间获得一定程度的"返还"或者说是"偿还",亦即《减刑处理意见》第二条规定的"酌予考虑"。当然,这种"返还"或者说是"偿还"并非具有法定的确定性,还是需要结合罪犯的表现情况而酌情考虑。而对于"又犯新罪"的情形,罪犯被数罪并罚时原减刑裁定当然不计算在已执行的刑期内,而且也享受不到在数罪并罚之后的服刑期间获得"返还"或者说是"偿还"的政策待遇。①

我们认为,上述区分,体现了相对公正的理念和我国刑罚的基本理论。这是因为,在对罪犯因被“发现漏罪”的情形数罪并罚时一律撤销原先的减刑裁定,确实有违反公正理念之嫌,但《减刑处理意见》第二条的规定已然弥补了这个缺陷。而在对罪犯“又犯新罪”的情形数罪并罚时一律撤销原先的减刑裁定,则不失道义和公正的基本认同,同时这也是我国刑罚理论的基本蕴涵。这是因为,罪犯在被裁定减刑后又犯新罪,则表明罪犯的人身危险性和社会危害性尚存,先前服刑改造和减刑奖励并未取得预期效果,因而在数罪并罚时撤销先前的减刑裁定不管是在刑罚理论角度还是在具体的司法实践角度均无不妥。②

**(撰稿:江苏省无锡市中级人民法院　庄绪龙**

**审编:最高人民法院刑四庭　陆建红)**

---

① 对于这种情形,并非完全否定了罪犯获得裁定减刑的可能,只是罪犯再次获得减刑裁定的奖励应该完全以其改造表现为基础,先前的减刑裁定相比“发现漏罪”被数罪并罚再减刑的情形,不具有参考意义。

② 当然,“又犯新罪”的情形比较复杂。在整体上,新罪的类型无外乎故意犯罪和过失犯罪。我们认为,对于罪犯在减刑裁定后又故意犯新罪的,在数罪并罚时应当一律撤销原减刑裁定;对于过失犯罪,在性质上,其法益侵害性远远大于对其非难可责性的程度,因而建议考虑适用“发现漏罪”的政策规定。

[第 1012 号]

# 关盛艺盗窃案

——误将非债务人的财物作为债务人的财物加以盗窃的如何定性以及刑事审判中民事纠纷的基础事实严重影响到量刑的是否有必要审查确认

## 一、基本案情

被告人关盛艺,男,1985 年 9 月 11 日出生。2012 年 5 月 9 日因涉嫌犯盗窃罪被逮捕。

广东省广州市越秀区人民检察院以被告人关盛艺犯盗窃罪,向越秀区人民法院提起公诉。

被告人关盛艺对起诉书指控的事实及罪名均无异议,但辩称其因苏玮拖欠垫付的业务款而到苏玮的物业"13 号大院"实施盗窃,属于事出有因,请求法院对其从轻处罚。关盛艺的辩护人基于以下理由提请法院对关盛艺从宽处罚:(1)关盛艺的犯罪动机是基于苏玮拖欠其垫付款而私下取走误以为是苏玮的财物,关盛艺的主观恶性较低,犯罪情节较轻微;(2)关盛艺具有自首情节,依法可以减轻处罚;(3)本案赃物已被退回,没有造成被害人损失;(4)关盛艺是初犯、偶犯,悔罪表现明显。

广州市越秀区人民法院经公开审理查明:2012 年 7 月 21 日 18 时许,被告人关盛艺驾驶一辆面包车到广州市越秀区农林上路一横路 13 号大院,用事先准备的钥匙进入该大院内,窃得谢某放在该处的 1 张根雕茶几(价值人民币 25 000 元)后逃离现场。2012 年 8 月 8 日,关盛艺经传唤后向公安机关投案自首。同月 22 日,关盛艺将上述赃物上交公安机关。

另查明,广州泽声现代文化传播有限公司(该公司法定代表人为苏玮,以下简称泽声公司)拖欠关盛艺垫付的业务款人民币7 000余元。本案案发前,泽声公司曾在广州市越秀区农林上路一横路13号大院办公。

广州市越秀区人民法院认为,被告人关盛艺以非法占有为目的,秘密窃取他人财物,数额巨大,其行为构成盗窃罪。公诉机关指控关盛艺犯盗窃罪的事实清楚,证据确实、充分,罪名成立,予以支持。关盛艺犯罪后主动向公安机关投案并如实供述自己的罪行,具有自首情节,依法可以减轻处罚。本案赃物已缴回,没有造成被害人损失,酌情可以对关盛艺从轻处罚。公诉机关基于以上述理由建议对关盛艺在“有期徒刑二至三年”的幅度内确定宣告刑的量刑建议合法有理,予以采纳。鉴于关盛艺的主观恶性较小,犯罪后认罪、悔罪态度良好,综合考虑其犯罪动机、情节及社会危害性,可以对其宣告缓刑。关盛艺及其辩护人的从宽处罚量刑意见,予以采纳。据此,依照《中华人民共和国刑法》第二百六十四条,第六十七条第一款,第七十二条,第七十三条第二款、第三款,第五十三条及《最高人民法院关于适用财产刑若干问题的规定》第二条第一款之规定,广州市越秀区人民法院以被告人关盛艺犯盗窃罪,判处有期徒刑二年一个月,缓刑三年,并处罚金人民币五千元。

宣判后,被告人关盛艺未提出上诉,公诉机关亦未提出抗诉,判决已经发生法律效力。

## 二、主要问题

1. 误将非债务人的财物作为债务人的财物加以盗窃的,如何定性?

2. 刑事审判中民事纠纷的基础事实严重影响到量刑的是否有必要审查确认?

## 三、裁判理由

### (一)误将非债务人的财物作为债务人的财物加以盗窃的,仍应以盗窃罪定罪处罚

本案中,被告人关盛艺为实现自己的债权,使用事先准备的钥匙进入他人院内,将院内存放的价值25 000元的根雕茶几当作债务人的财产运走,对其行为是否构成盗窃罪,存在不同意见。一种意见认为,关盛艺虽然客观上

实施了秘密窃取他人财物的行为,但其不具备非法占有目的。理由是:关盛艺窃取财物,其主观目的是为实现自己的债权,只是手段非法,对其仅应施以批评教育等非刑事处罚措施,而不应以盗窃罪追究其刑事责任。另一种意见认为,关盛艺以秘密窃取的非法手段,侵犯了他人财产权利,其行为构成盗窃罪。

我们同意第二种意见,非法占有不仅包括目的的非法性,同时也包含手段的非法性。行为人主观上以非法手段占有他人财物的故意,仍可视为具有非法占有目的,否则便是对该类违法行为的放纵。当然,在个别情况下,因目的具有正当性,以致手段的非法性所反映的行为的社会危害性大大降低,可以认定为犯罪情节显著轻微危害不大,不作为犯罪处理。如债权人为实现债权而实施盗窃,在盗窃行为实施完毕后,及时告知债务人盗窃事宜,并声明只要债务人还款即归还所窃之物。在这种情形下,由于实现债权目的的正当性及后续实现债权的跟进行为对之前不法手段具有补救功能,使占有的非法性得到一定程度的“漂白”,故对此种情形可以不作为犯罪处理。但本案中,关盛艺可以通过合法途径实现其债权,但其却采用秘密窃取手段获取财物,其具备非法占有的目的。同时,关盛艺所窃取的财物价值明显高于其债权数额,其后续亦未实施实现债权的跟进行为,如通告债务人、向人民法院起诉对所窃财物进行诉讼保全等,其占有的非法性明显,故法庭认定其因追债未果而产生非法占有目的适当。

值得探讨的是,行为人在犯罪过程中,有时会出现因为认错犯罪对象,造成预想加害的对象与实际加害的对象不一致的情况,进而对案件处理产生一定影响。本案中,债权人关盛艺将第三人谢某某的财物误认为债务人苏玮的财物而加以盗窃,属于犯罪对象认识错误。但无论是债务人的财物还是第三人的财物,体现的法益性质相同,属于同一构成要件范围内的认识错误,对犯罪行为性质不产生实质影响。故即便关盛艺对犯罪对象不产生认识错误,实际窃取了债务人苏玮的财物,亦不影响以盗窃罪追究其刑事责任。同时,犯罪对象认识错误,系犯罪动机产生之后所出现的问题,故犯罪动机对量刑的影响力依然有效,即虽然关盛艺实际盗窃的是第三人的财物,但从关盛艺实施盗窃的犯罪动机考虑,其主观恶性较小,在量刑时应予酌情从宽处理。

（二）刑事审判中民事纠纷的基础事实严重影响到量刑的，有必要审查确认

犯罪动机是刺激、促使行为人实施犯罪行为的内心起因或者思想活动，很大程度上反映了行为人的主观恶性、人身危险性以及所实施的行为的社会危害性的大小，亦涉及被害人对本案发生是否存在过错的问题，是重要的量刑情节。在刑事审判中，有必要尽可能地查明行为人的犯罪动机，并在量刑时予以充分考虑。本案中，被告人关盛艺及其辩护人提出，关盛艺是因为苏玮拖欠其垫付的业务款而私下取走误以为是苏玮的财物，其主观恶性较低，犯罪情节较轻微。在此情况下，应当查明该辩解事实，以客观、准确地对被告人进行量刑。

苏玮是否拖欠被告人关盛艺的钱款，是查明关盛艺犯罪动机的基础事实。关盛艺与苏玮之间有无债权债务关系，系民事争议，一般应当按照民事诉讼的相关规则进行审理。通常情况下，对于该种民事纠纷，应当由关盛艺提起民事起诉，以确认其与苏玮之间存在债权债务关系，并判令苏玮偿还其钱款，履行给付义务。但在双方对该债权债务关系存在争议且未提起民事诉讼的情况下，刑事法庭能否对该民事争议进行审查，并认定相关事实，是一个值得探讨的问题。我们认为，根据当前法院内部业务庭之间的分工，刑事审判中对于附带民事诉讼之外的其他民事纠纷，一般不能作出处理。但是，当某一民事争议的基础事实严重影响到量刑时，则有必要尽可能查明。

本案中，公诉机关未审查关盛艺辩解的犯罪动机，而法庭经审理查明并认定了泽声公司拖欠关盛艺垫付的业务款项7 000余元的事实，为准确量刑提供了事实依据。本案审理过程中，关盛艺在庭审中辩称，其从苏玮口中得知苏玮拟重新装修13号大院，平时也知道苏玮在该物业内居住，一直相信该物业属于苏玮所有。其实施盗窃，系因苏玮拖欠自己垫付的业务款，目的是为了实现债权。证人苏玮出庭作证称，关盛艺辩称被拖欠的垫付款所对应的业务确为泽声公司开展的业务，至于该业务费用是否由关盛艺垫付，其无法确认。泽声公司曾在案发地点广州市越秀区农林上路一横路13号大院办公，其未曾向关盛艺明示上述大院属他人所有的物业，且曾向关盛艺称拟重

新装修该物业。可见，苏玮在庭审中并未正面回应其是否拖欠关盛艺的业务款，只是确认关盛艺辩称的"垫付款"所对应的业务确系为泽声公司开展的业务。苏玮在庭审中亦未明确其是否向关盛艺表明13号大院属于自己的物业，但确认其未曾向关盛艺明示上述大院属他人所有的物业，且曾向关盛艺称拟重新装修该物业。对于证人苏玮的上述证言，应结合本案的其他证据加以分析认定。证人林素琳出庭作证提供的证言，证实苏玮曾向客户宣称案发地13号大院属其个人物业。证人林素琳、杨文玮、仇文轩、胡国伟的证言，还证实关盛艺为泽声公司垫付业务款7 000余元，该公司的老板苏玮一直拖欠该款项的情况。根据上述证据情况，可以认定关盛艺被苏玮的泽声公司拖欠垫付的业务款7 000余元，关盛艺追讨未果而将其误认为属于泽声公司的财产——价值25 000元的茶几盗走"抵债"的事实。

需要说明的是，刑事审判中对上述民事争议基础事实的审查与认定，仅属于查明案情的需要。不同于刑事附带民事诉讼或者纯粹的民事诉讼，上述民事争议不属于本案诉讼标的，故刑事裁判文书中不能判决苏玮偿还关盛艺的钱款。也就是说，对于关盛艺而言，其不能以刑事判决书认定的民事争议基础事实，要求苏玮履行还款义务或向执行部门申请强制执行。

综上，通过传唤证人出庭作证，并结合在案其他证据对证言加以审查，广州市越秀区人民法院查明了被告人关盛艺作案动机的相关事实。鉴于关盛艺具有自首情节，积极退赃，犯罪后认罪、悔罪态度良好，广州市越秀区人民法院综合考虑其犯罪动机、情节及社会危害程度，对关盛艺判处缓刑，彰显了法律的公正性，取得了良好的法律效果和社会效果。

（撰稿：广东省广州市越秀区人民法院　林旭群　邹海媚
审编：最高人民法院刑五庭　马　岩）

[第 1013 号]

# 熊海涛盗窃案

## ——明知未达到刑事责任年龄的人正在盗卖他人或者自己家中财物,仍然上门帮助转移并予以收购的,如何定性

### 一、基本案情

被告人熊海涛,男,1988 年 3 月 22 日出生,农民。2012 年 6 月 28 日因涉嫌犯掩饰、隐瞒犯罪所得罪被刑事拘留,后转为取保候审。

河南省罗山县人民检察院以被告人熊海涛犯盗窃罪,向罗山县人民法院提起公诉。

被告人熊海涛对公诉机关指控的事实无异议。其辩护人提出,熊海涛跟随戚某到戚某自称的"家中"收购家电,戚某每次卖东西都说征得了父母的同意,故熊海涛没有盗窃故意,其行为不构成盗窃罪。

罗山县人民法院经审理查明:河南省罗山县城关镇居民戚某(1998 年 4 月 28 日出生)曾与其同学吴某一起到过位于罗山县新区某某花园小区 27 号楼二单元 102 房的吴某家,知道该房近期无人居住。2012 年 6 月的一天上午,戚某到其同学吴某的奶奶家玩耍时,趁吴某不备,将吴某在某某花园小区住房的钥匙偷走。当日下午,戚某找到在罗山县城关镇梅湾路口北小桥附近收购废品的被告人熊海涛,谎称家中有电脑要处理,带着熊海涛到了某某花园小区 27 号楼二单元 102 住房。熊海涛遂将该房间内一台"联想"牌电脑拆卸后拉走,付给戚某人民币(以下币种同)100 元。之后数日内,戚某两次找到熊海涛,谎称家中有电器要处理,熊海涛先后两次与戚某一起到上述住房,将房屋中正在使用的"海尔"牌空调、电冰箱、洗衣机、"海信"牌电视

机及“荣事达”牌豆浆机（经鉴定价值总计13 595元）拆卸后拉回自己家中，付给戚某360元。案发后，上述物品被追回并退还给被害人。

罗山县人民法院认为，被告人熊海涛伙同他人以非法占有为目的，秘密窃取公民财物，数额较大，其行为构成盗窃罪。关于辩护人提出熊海涛不构成盗窃罪的意见，经查，未成年人戚某将熊海涛带到无人居住的住房内，以明显低于市场的价格向其出卖正在使用的家电时，熊海涛应当知道该未成年人是在盗卖别人家或者自己家中的家电，但其仍然实施帮助拆卸行为，并收购这些家电，其行为应当认定为盗窃。熊海涛到案后如实供述犯罪事实，赃物被追回，另赔偿被害人的经济损失，取得被害人谅解，对其可以从轻处罚。根据熊海涛的犯罪性质、危害后果、悔罪表现和家庭实际情况，对其适用缓刑有利于对其教育改造，减少社会对抗，促进社会和谐稳定，符合宽严相济的刑事政策。据此，依照《中华人民共和国刑法》第二百六十四条，第六十七条第三款，第七十二条第一款，第七十三条第三款、第四款之规定，罗山县人民法院以被告人熊海涛犯盗窃罪，判处有期徒刑一年一个月，缓刑二年，并处罚金人民币二万元。

一审宣判后，被告人熊海涛未提起上诉，检察机关亦未抗诉，该判决已发生法律效力。

## 二、主要问题

明知未达到刑事责任年龄的人正在盗卖他人或者自己家中财物，仍上门帮助转移并予以收购的，如何定性？

## 三、裁判理由

本案的争议焦点是如何认定被告人熊海涛的行为性质，该行为构成民事上的不当得利，还是构成盗窃罪或者掩饰、隐瞒犯罪所得罪。对此，审理过程中，主要形成三种意见：第一种观点认为，从戚某持有房屋钥匙并在小区门卫处登记签字等情况看，熊海涛主观上并不知道戚某是在盗窃他人财物，其以低价收购未成年人出售的自家财物，属于民事上的不当得利，不构成犯罪；第二种观点认为，熊海涛与未成年人戚某事先并无实施盗窃的犯意联络,在犯罪过程中也无通谋,即使其可能预见到戚某是在盗卖家中财物,主观上仅是出于收购赃物的故意,属于明知是他人犯罪所得的赃物而予以收购,应当构成掩饰、隐瞒犯罪所得罪;第三种观点认为,从未成年人戚某以明显低于市场的价格向其出售正在使用中的家电来看,熊海涛应当知道未成年人是在盗卖别人家或者自己家的财物,其仍然实施帮助拆卸、转移并收购行为,应当构成盗窃罪。

我们同意第三种意见。具体理由如下:

(一)民事不当得利和财产犯罪之间是交叉关系而不是对立关系,民事不当得利行为符合刑法关于财产犯罪构成特征的,可以纳入刑法评价范围

不当得利是指没有合法根据,取得不当利益并造成他人损失的情形。行为人侵犯他人财产的事实往往同时属于民法上的不当得利,有观点认为,既然同属于民法上的不当得利,就不能再以财产犯罪论处。我们认为,这种观点不能成立。

首先,任何故意侵犯他人财产的行为,不管其是否触犯刑法,都违反了民法关于保护公私财产权的规定,但刑法又将其中部分应当科处刑罚的侵犯财产的行为规定为财产犯罪。因此,财产犯罪都具有违反民法和违反刑法的双重性质。我国学者张明楷认为,不当得利与财产犯罪不是对立关系,而是交叉关系(即两个概念的外延在某一部分上是重合的)。对侵犯财产的行为,只有不触犯刑法时,才依照民法处理,切不可因为某种行为在民法上是不当得利,就否认其构成刑法上的财产犯罪。[①]

其次,对同一行为同时追究刑事责任和民事责任,也符合规范竞合的处理规则。之所以出现不当得利与财产犯罪交叉的原因在于规范竞合,即不同法律根据各自不同职能对同一类行为均予以调整,但因各自调整目的不同,故应当分而治之。我国台湾民法学者王泽鉴认为,刑事责任同民事责任各有其目的,前者在于对行为予以报应,并防止将来侵害的发生,后者在于填补被害人的损害,平复过去侵害的结果,二者在发生规范竞合时,可以并

---

① 参见张明楷:“不当得利与财产犯罪的关系”,载《人民检察》2008年第13期。

行不悖。[①] 可见，对于同时构成刑法上的侵犯财产犯罪和民法上的不当得利的行为，要求行为人同时承担刑事责任（刑罚）和民事责任（返还或者退赔财产），具有一定的理论根基。

最后，刑法的谦抑性并不意味着对于任何个案都首先考虑按照民法处理，一旦案件超出民法调整范围而又符合刑事法定标准时，则应适用刑法。谦抑性是刑法的立法原理，也是指导解释刑法的原理，但不是处理个案的规则。奥地利法学家韦伯在论述不当得利与衡平理念的关系时，曾精辟地提出一个观点，即“不当得利请求权曾艰辛地藉助于衡平思想成为一项法律制度，业经制度化的不当得利已臻成熟，有其一定的构成要件及法律效果，正义和公平应当功成身退。”[②]同样道理，刑法的谦抑性作为一项立法原则，已经通过刑法在所有侵害法益的行为中只选取部分行为规定为犯罪、对具体罪名设置一定的入罪标准等来体现，或者说罪刑法定本身就是刑法谦抑性的一种体现。在司法实践中，评价一个行为是否构成犯罪时，严格遵循刑法对具体犯罪构成要件的规定，就是对谦抑原则最好的实践。对于一个符合刑法关于具体罪名构成要件规定的行为，以谦抑性为依据否定其构成犯罪，是对罪刑法定原则的损害。

综上，对同一侵犯财产行为依据刑法规范和民法规范可能会分别得出财产犯罪和民事不当得利的不同评价，但两者之间不是对立而是交叉的关系。二者之间如果有界限的话，也只能是财产犯罪与不构成财产犯罪的不当得利的界限。凡是符合财产犯罪构成特征的行为，就成立财产犯罪，而不必再追问是否属于民法上的不当得利。本案中，被告人熊海涛以极低的价格从戚某手中获得他人价值巨大的财物，同时造成所有人财产损失，其行为没有任何法律上的依据，毫无疑问属于民法上的不当得利。然而，此种定性并不妨碍依照刑法将其评价为财产犯罪。对其行为选择民法还是刑法作为追究责任的依据，关键要看其行为是否符合刑法关于财产犯罪构成要件的规定。

---

① 参见王泽鉴：《民法学说与判例研究（第一册）》，中国政法大学出版社1998年版，第371页。

② 转引自王泽鉴：《债法原理（第二册）：不当得利》，北京大学出版社2002年版，第19页。

**（二）在未成年人以极低价格销售住房中价值较大的财物时，可结合相关事实，认定行为人明知未成年人是在盗卖别人家或者自己家中的财物，在此基础上积极实施拆卸、转移和收购财物行为的，符合盗窃罪的主客观特征**

人的主观认识不是凭空产生的，而是建立对客观事实的认识、分析、评价的基础上。因此，认定一个人的主观认识和心理状态，不能仅凭其个人陈述，而应当综合考察在行为当时的环境下其所能认识到的客观事实，并以正常人在同样情况下会产生的主观认识为标准，判断行为人作案时的主观心理状态。除非行为人的认知能力存在缺陷，否则，应当认定其具备正常人在当时状态下一般都会形成的判断。本案中，14岁的戚某将被告人熊海涛叫到"家中"收购电器，并声称经过了家人的同意。熊海涛辩称"我见她拿有钥匙和小区的出入门卡，以为她是变卖家中的物品"，否认知道戚某是在盗窃。我们认为，在认定熊海涛的辩解是否成立时，应当根据相关证据，结合常识、常理、常情，分析判断其是否认识到戚某是在实施盗窃活动。

首先，从处理的对象及出售的价格看，所谓的"戚某家"是一个新房，装修入住不满一年，家中的电脑、电视、冰箱、空调、洗衣机等各种电器均较新并处于正常使用状态，事后经评估价值总计1万多元（不包含电脑），戚某仅以360元的极低价格出售给熊海涛。熊海涛本人也供述："她家是新房子，这些东西都是新的，这小女孩卖给我这些电器都这么便宜，按理说应当想到不正常的。"作为一名认知水平正常的人，特别是作为从事废品收购业务的人，熊海涛应当认识到上述物品不属于普通百姓家庭紧急处置或者废弃的物品。

其次，从处理主体看，熊海涛供述"这个女孩我不认识，她说她上高中了，但看样子是个小孩"。事实上，戚某是一个刚满14周岁的女孩，正常情况下家长不可能委托孩子处置价格昂贵的财物，也不会同意以如此低廉的价格出售相关物品，熊海涛应当对此有所认识。

最后，从处理的过程看，戚某先后多次叫熊海涛去住房收购物品，房中值钱财物几乎全部被拆掉并以极低价格出售，如果戚某是正常出售自己家的财物，不应当如此随意，家中其他成年人也不可能没有发觉。被盗住房所在小区的保洁人员证实，熊海涛第三次前往戚某家中拆卸并收购空调和电冰箱时，还请小区清洁人员帮忙抬冰箱，清洁人员当时就提出疑问“东西抬走不住了吗？不是去年才搬的家呀？”熊海涛则谎称“不住了，当时是急急忙忙装修的房子”，而没有如其辩解那样向对方讲明“自己是上门收购”。这一事实从侧面反映出熊海涛有刻意隐瞒其转移、收购他人家中电器的故意。

综上分析，作为一名认知水平正常的人，熊海涛应当认识到戚某可能是在盗卖别人住房内的财物，在这种认识的前提下，其仍然参与实施转移、占有财物的行为，主观上具有盗窃的故意。熊海涛本人供述：“我见这些东西都是新的，这么便宜收到，我就问她。她说急着要走，于是我没多想就收购了。这些东西是好的，都送到我家里去了”；“我开始没有多想，后来我才有怀疑，不正常”。上述供述反映熊海涛主观上对戚某的行为并不是没有疑问，只是为贪图利益而放弃了疑问。也许熊海内心抱有侥幸心理，但正是在这种侥幸心理支配下，其放任了自己行为所可能造成的侵害他人财产后果的发生，主观上至少具有间接的盗窃故意。本案中的现有证据不能证明戚某与熊海涛就盗窃一事进行过意思联络或者沟通，而戚某未达到盗窃罪所要求的刑事责任年龄，不能成为共同犯罪主体，因此不管二人是心照不宣存有默契，还是共同行为各取所需，都不妨碍对熊海涛参与盗窃的故意的认定。

退一步讲，即便如熊海涛所辩解的“以为戚某是变卖自己家中的物品”，也不能否定熊海涛的盗窃故意。未成年人虽然是家庭成员之一，但一般情况下对家庭共同财产的产生或者增值并无贡献，家庭财产一般情况下应当视为其监护人的财产，未成人并不具备处分家中财产的能力和权利。因此，未成年人盗卖家中财物的行为也是一种盗窃行为，只是可能因未达到刑事责任年龄而不负刑事责任，或者虽然达到刑事责任年龄，考虑到其行为后果发生在家庭内部，社会危害性相对较小，在政策把握上不作为犯罪处理或者予以从宽处理，[①]但并不能因此否定其行为的盗窃性质。戚某出售“家中”财物过程中的上述一系列不正常表现，足以使熊海涛认识到其可能是在盗卖自

① 《最高人民法院、最高人民检察院关于办理盗窃刑事案件适用法律若干问题的解释》第八条规定：“偷拿家庭成员或者近亲属的财物，获得谅解的，一般可以不认为是犯罪；追究刑事责任的，应当酌情从宽。”

己家中的财物,在此认识的基础上其参与进来,主观上具备盗窃的主观故意。

(三)明知未达到刑事责任年龄的人盗卖他人或者自己家中财物仍然实施帮助行为并上门收购的,符合盗窃罪中秘密窃取他人财物的行为特征

盗窃罪的客观行为特征表现为秘密窃取,即在财物所有人或者占有人不知情的情况下,采用对于财产所有人或者占有人来说秘密的手段获取财物。本案中,被告人熊海涛在戚某叫其上门收购电器时,应当认识到戚某是在盗卖别人家或者自己家的财物。不管是哪种情况,其行为都是在财物所有人或者有权处分人不知情的情况下所实施,其帮助拆卸、予以收购并运输出小区,符合盗窃罪的秘密窃取特征。具体体现在以下两个方面:

首先,从熊海涛与戚某在共同行为过程中的关系看,二人相互配合,共同完成了盗窃行为。一方面,如果不是戚某偷拿他人房间钥匙,并邀约熊海涛上门收购电器,熊海涛不可能非法取得上述物品;另一方面,如果没有熊海涛积极参与上门拆卸、转移电器,戚某也实现不了盗卖他人财物获利的目的。在小区保洁人员对其搬出家中电器的行为提出疑问时,熊海涛还通过撒谎的手段掩饰其真实目的,既体现了盗窃手段的秘密性特征,也反映了其参与到共同盗窃过程中的主动性。

其次,从熊海涛与戚某通过共同行为获利情况的对比看,熊海涛是本案盗窃行为的最主要受益者,价值1万多元的财物,其仅支付了360元即取得,几乎与免费获赠无异。本案的实质就是熊海涛为了牟利,利用未成年人戚某掌握被害人住房钥匙并有盗卖房内财物意图这一条件,通过上门帮助拆卸、以极低价格收购、运输财物出小区等手段,实现了非法占有他人财物的目的,其行为与明知他人房屋没有锁门、无人看管或保管人渎职疏漏而窃取财物并无实质差异,与利用银行ATM机故障多取存款的行为如出一辙。

在共同行为过程中,熊海涛所起的积极作用并不低于戚某,只不过戚某作为14岁的年幼未成年人,对盗窃犯罪不具备刑事责任能力,不承担刑事责任。二人虽然不构成盗窃共同犯罪,但熊海涛本人的行为仍然应当评价为盗窃犯罪。

**（四）区分盗窃罪中的收购赃物行为和掩饰、隐瞒犯罪所得罪的关键在于行为人的主观认识内容及产生时间不同**

如何区分盗窃罪中的转移、收购、变卖赃物行为与掩饰、隐瞒犯罪所得罪，是本案准确适用法律需要解决的另一个问题。在共同盗窃行为中，由于分工不同，部分行为人承担的角色可能是转移、收购、变卖赃物等行为，而掩饰、隐瞒犯罪所得罪的客观行为表现也包括明知是犯罪所得赃物而予以收购、转移、销售等行为。区分两罪的关键，在于行为人的犯罪主观方面内容不同：在盗窃罪中，行为人承担转移、变卖赃物等行为，是基于参与、配合、协助其他共犯完成盗窃的认识而实施的，这种认识和故意的产生时间应当是在盗窃行为实施前，或者是在盗窃行为实施过程中。《最高人民法院、最高人民检察院关于办理盗窃油气、破坏油气设备等刑事案件具体应用法律若干问题的解释》第五条规定，明知是盗窃犯罪所得的油气或者油气设备，而予以窝藏、转移、收购、加工、代为销售或者以其他方法掩饰、隐瞒的，依照刑法第三百一十二条的规定（即掩饰、隐瞒犯罪所得罪）定罪处罚；实施前述犯罪行为，事前通谋的，以盗窃罪的共犯定罪处罚。上述规定说明，在事先通谋的情况下，转移、收购、销售赃物的行为人应构成盗窃罪的共犯。另外，在他人已经开始盗窃，行为人才参与到盗窃过程中的，只要与前行为人形成了相互配合、协作关系，促成了盗窃的完成，也可以认定为盗窃罪的共犯。而掩饰、隐瞒犯罪所得罪是在盗窃行为已经完成的情况下，行为人明知是犯罪所得的赃物而予以转移、收购或者销售，掩饰、隐瞒犯罪所得罪的行为人与盗窃行为人之间并无事先通谋，对于盗窃行为事先也无认识，其对赃物的认识及帮助转移、收购、销售的故意产生于盗窃行为既遂后，因此不是盗窃的共同犯罪，而单独构成掩饰、隐瞒犯罪所得罪。

在本案中，戚某多次找熊海涛上门收购，即便熊海涛在第一次行为时因时间问题没有充分考虑，没有认识到戚某是在实施盗窃，可以认定为不当得利，但其在后来的两次行为中，有足够的时间和信息来分析判断戚某行为的合理性，应当认识到戚某可能在盗窃自己家或者他人家的财物，仍然同意帮助拆卸、转移、收购，其犯罪故意产生于盗窃行为开始之前，与掩饰、隐瞒犯罪所得罪所要求的在他人盗窃后明知是赃物而帮助转移、收购是不同的。

从客观上看,熊海涛不仅实施了收购、转移赃物的行为,还实施了帮助拆卸电器等行为,已经在事实上参与了具体盗窃行为的实施,而不是单纯的事后帮助转移、销售赃物。因此,本案中,公安机关、检察机关对于熊海涛第一次上门拆卸并收购一台联想电脑的行为没有认定为盗窃,而仅将第二次和第三次所获得的物品作为赃物进行估价,认定犯罪数额,[①]人民法院对该两次行为以盗窃罪定罪处罚是准确的。

(撰稿:河南省高级人民法院刑四庭 蔡智玉

河南省罗山县人民法院 董王超

审编:最高人民法院刑二庭 苗有水)

① 本案判决时间为2012年11月19日,按照当时河南省的盗窃罪数额认定标准,个人盗窃公私财物"数额巨大"以15 000元为标准,本案认定赃物价值为13 595元,故法院在三年以下有期徒刑、拘役或者管制的幅度内,判处被告人熊海涛有期徒刑一年一个月,缓刑二年。

[第 1014 号]

# 刘继芳贩卖毒品案

——为吸食者代购少量毒品的行为如何定性
以及特情引诱情节对毒品犯罪案件的
定罪量刑是否具有影响

## 一、基本案情

被告人刘继芳,女,1963 年 1 月 5 日出生,农民。2012 年 11 月 21 日因涉嫌犯贩卖毒品罪被逮捕。

山东省青岛市市北区人民检察院以被告人刘继芳犯贩卖毒品罪,向青岛市市北区人民法院提起公诉。

被告人刘继芳辩称,其两次提供毒品给杨淑双系代购行为,第三次刚交易完毕就被侦查机关抓获。

其辩护人提出如下辩护意见:刘继芳只是帮助杨淑双代购毒品,且未牟利,不应以贩卖毒品罪定罪处罚;刘继芳最后一次贩卖毒品是特情引诱导致的,且毒品未流入社会;刘继芳系初犯,到案后认罪态度较好。

青岛市市北区人民法院经公开审理查明:

1. 被告人刘继芳于 2012 年 9 月中旬和 10 月 10 日前后,在青岛市市北区杭州路 199 号 601 号其住处,先后两次销售给杨淑双甲基苯丙胺 0.3 克、0.5 克,共获款人民币(以下币种同)650 元。

2. 被告人刘继芳于 2012 年 10 月 24 日 10 时许,在青岛市市北区杭州路 76 号灯具市场门口附近,销售给潘海波白色晶体 1 包,获款 400 元。侦查机关当场抓获刘继芳,并查获其贩卖给潘海波的甲基苯丙胺 0.5 克。案发后,侦查机关从刘继芳暂住处缴获净重共计 1 克的灰色粉末 1 包、白色晶体 1

包,均检出甲基苯丙胺成分。

刘继芳到案后如实供述了司法机关尚未掌握的其向杨淑双贩卖毒品的事实。

青岛市市北区人民法院认为,被告人刘继芳多次贩卖甲基苯丙胺不满10克,其行为构成贩卖毒品罪,且属情节严重,应予惩处。刘继芳到案后如实供述司法机关尚未掌握的同种较重罪行,应当从轻处罚。关于刘继芳及其辩护人所提刘继芳只是为杨淑双代购毒品的辩解、辩护意见,经查,目前没有确实充分的证据证实刘继芳的行为系代购,也无法证实刘继芳未从中牟利,现有证据仅证实刘继芳与杨淑双进行了毒品与现金的交易,应当认定其行为构成贩卖毒品罪。关于辩护人所提刘继芳第三次犯罪系特情引诱、刘继芳系初犯及认罪态度好等辩护意见,予以采纳,在量刑时予以从轻处罚考虑。据此,依照《中华人民共和国刑法》第三百四十七条第一款、第四款、第七款,第六十七条第三款及《最高人民法院关于处理自首和立功具体应用法律若干问题的解释》第四条之规定,青岛市市北区人民法院以被告人刘继芳犯贩卖毒品罪,判处有期徒刑三年,并处罚金人民币七千元。

一审宣判后,被告人刘继芳不服,向青岛市中级人民法院提起上诉。其上诉提出,其不知道为杨淑双代购两次毒品是贩卖行为;其贩卖给潘海波毒品系被引诱,不应构成贩卖毒品罪。其辩护人提出,刘继芳不以牟利为目的为杨淑双代购两次毒品的行为不应认定为贩卖毒品罪;刘继芳贩卖给潘海波的毒品本系用于自己吸食,潘海波被侦查机关抓获后充当特情引诱刘继芳犯罪,证实刘继芳此次贩卖毒品的相关证据属于非法证据,不应被采信。

青岛市中级人民法院经公开审理查明:

1. 上诉人刘继芳与杨淑双共同租住在青岛市杭州路199号601号,二人均吸食毒品。2012年9月中旬和10月10日前后,刘继芳应杨淑双要求,两次分别以300元和350元的价格从他人处购买0.3克、0.5克甲基苯丙胺给杨淑双用于吸食。

2. 2012年10月23日9时许,公安人员查获涉嫌吸毒违法嫌疑人潘海波。潘海波供述其曾在一名“大姐”(上诉人刘继芳)处吸过毒。侦查机关认为刘继芳有贩卖毒品嫌疑。潘海波主动要求配合侦查机关抓获刘继芳。同月24日10时许，潘海波与刘继芳约定在青岛市原四方区杭州路76号灯具市场进行毒品交易。二人在约定地点见面后，潘海波以400元的价格从刘继芳手中购买毒品1包，交易后二人被当场抓获。侦查机关扣押刘继芳贩卖给潘海波的甲基苯丙胺0.5克，从刘继芳租住处查获甲基苯丙胺1克。

青岛市中级人民法院认为，上诉人刘继芳违反国家对毒品的管理制度贩卖毒品，其行为构成贩卖毒品罪，依法应予惩处。其被查获的毒品应当认定为贩卖数量。刘继芳贩卖毒品给潘海波的行为，因存在犯意引诱，可以酌情从轻处罚。刘继芳为杨淑双两次代购用以吸食的毒品的行为，因现无证据证实其从中牟利，故不应认定其构成贩卖。原审判决对该两次代购毒品行为认定为贩卖，进而认定刘继芳贩卖毒品情节严重，系适用法律错误，予以纠正。刘继芳及其辩护人的相关上诉理由、辩护意见成立，予以采纳。关于辩护人所提刘继芳贩卖毒品给潘海波系特情引诱，属于非法证据，应予排除的辩护意见，经查，该起犯罪确实存在犯意引诱，但不影响刘继芳贩卖毒品罪的成立，仅可以作为量刑情节予以考虑。原判定性准确，审判程序合法，但认定刘继芳贩卖毒品的部分事实不成立，适用法律错误，量刑不当，依法予以改判。据此，依照《中华人民共和国刑法》第三百四十七条第四款、《中华人民共和国刑事诉讼法》第二百二十五条第一款第二项之规定，青岛市中级人民法院判决如下：

1. 撤销原判对被告人刘继芳的量刑部分。

2. 上诉人刘继芳犯贩卖毒品罪，判处有期徒刑一年，罚金人民币三千元。

## 二、主要问题

1. 为吸食者代购少量毒品的行为如何定性？

2. 特情引诱情节对毒品犯罪案件的定罪量刑是否具有影响？

## 三、裁判理由

### （一）不以牟利为目的，为他人代购用于吸食的毒品，毒品数量未达到非法持有毒品罪的定罪标准的，不应认定为犯罪

本案审理过程中，对被告人刘继芳为杨淑双两次代购毒品的行为如何

定性，存在三种意见。第一种意见认为，刘继芳的行为构成贩卖毒品罪。理由是，刘继芳购买毒品的上线没有到案，目前没有确实、充分的证据证实刘继芳的行为系代购，也无法证实刘继芳未从中牟利，现有证据仅证实刘继芳与杨淑双进行了毒品与现金的交易，故应当认定其行为构成贩卖毒品罪。第二种意见认为，刘继芳的行为构成贩卖毒品罪。理由是，刘继芳虽系为杨淑双代购毒品，但现有证据证实，刘继芳购买毒品的上线系其本人提供而非托购者杨淑双提供，此种情况下，刘继芳具有代购与居间介绍的双重身份，客观上起到了帮助其上线向杨淑双贩卖毒品的作用，应当认定为贩卖毒品罪的共犯。第三种意见认为，刘继芳的代购行为不构成犯罪。理由是，有证据证明刘继芳为吸食毒品者杨淑双代购毒品，没有证据证实其在代购中牟利，且其代购毒品数量未达到非法持有毒品罪的入罪标准，故不应以犯罪论处。

我们同意第三种意见。具体理由如下：

1. 为他人代购用于吸食的毒品，且没有从中牟利的，不能认定为贩卖毒品罪。关于为吸毒者代购毒品行为的定性，2000年4月印发的《全国法院审理毒品犯罪案件工作座谈会纪要》（以下简称《南宁会议纪要》，已废止）指出："有证据证明行为人不是以营利为目的，为他人代买仅用于吸食的毒品，毒品数量超过刑法第三百四十八条规定的数量最低标准，构成犯罪的，托购者、代购者均构成非法持有毒品罪。"2008年印发的《全国部分法院审理毒品犯罪案件工作座谈会纪要》（以下简称《大连会议纪要》）在《南宁会议纪要》的基础上，对为吸毒人员代购毒品行为的定性等问题作出了更为详细、完善的规定。《大连会议纪要》指出："有证据证明行为人不以牟利为目的，为他人代购仅用于吸食的毒品，毒品数量超过刑法第三百四十八条规定的最低数量标准的，对托购者、代购者应以非法持有毒品罪定罪。代购者从中牟利、变相加价贩卖毒品的，对代购者应以贩卖毒品罪定罪。明知他人实施毒品犯罪而为其居间介绍、代购代卖的，无论是否牟利，都应以其实施的毒品犯罪的共犯论处。"根据《大连会议纪要》的规定，对于为他人代购毒品的行为，不能一律认定为犯罪，构成犯罪的也不是都要按照贩卖毒品罪处理，而应当具体分析、区别对待。首先，明知他人实施毒品犯罪而为其代购毒品的，如明知他人购买毒品的目的是贩卖而帮助其联系购买毒品的，行为人主观上有为他人贩卖毒品提供帮助的共同犯罪故意,客观上有非法买卖毒品的行为,因此无论其是否从中获利,都应当按照贩卖毒品罪的共犯处理。其次,为他人代购仅用于吸食的毒品,代购者从中牟利的,实际上相当于变相加价销售毒品,且该行为与刑法第三百五十五条规定的以牟利为目的向吸食、注射毒品的人提供麻醉药品、精神药品的行为性质类似,对代购者应以贩卖毒品罪论处。再次,为吸毒者代购用于吸食的毒品,代购者没有从中加价牟利的,代购者购买毒品的根本目的在于满足托购者的吸食需要,代购者购买毒品的行为虽然在客观上促成了毒品交易,但其在主观上没有贩卖毒品的共同犯罪故意,故对其不能以贩卖毒品罪的共犯论处。在这种情况下,代购者代购的毒品数量未达到非法持有毒品罪的定罪标准的,不以犯罪论处;数量达到定罪标准的,对托购者、代购者均应认定为非法持有毒品罪。

上述规范性文件之所以专门对为吸毒者代购毒品行为的定性作出规定,是由于在我国吸毒行为本身以及为吸毒而购买或者持有少量毒品的行为均不构成犯罪。而不以牟利为目的,为吸毒者代购用于吸食的毒品的行为,与吸毒者自身购买用于吸食的毒品的行为在本质上相似。这种情况下,代购者只是充当了吸毒者购买毒品行为的代理人,吸毒者和代购者的目的均在于吸食和消费毒品,而不是促进毒品流通和贩卖。因此,对于为吸毒者代购毒品的行为应当结合具体情况作出处理,为他人代购仅供吸食的毒品且未牟利的,不应认定为贩卖毒品罪。由于毒品属于国家严格管制的麻醉药品和精神药品范畴,严禁个人非法持有,刑法第三百四十八条对此也作了明文规定,故对于托购者和代购者购买的毒品数量较大,达到非法持有毒品罪的定罪数量标准的,应当依法定罪处罚。

本案中,对于被告人刘继芳两次为他人代购毒品行为的定性,主要应当从两个方面进行分析:一是刘继芳为他人代购毒品的目的。现有证据证实,代购者刘继芳与托购者杨淑双均系吸毒人员,且二人共同租住于一套房屋内,均知道对方吸食毒品。刘继芳的供述与杨淑双的证言一致证实,杨淑双委托刘继芳代为购买毒品的目的是用于吸食而非贩卖,也没有证据证实杨淑双有贩毒行为。且从二人所证实的代购毒品数量看,两次共计约 0.8 克,并没有超过正常的吸食量范围,案发后公安人员还从杨淑双处查获了部分其委托刘继芳代购后尚未吸食的毒品。因此,根据现有证据可以认定刘继芳系为吸毒人员代购用于吸食的毒品。二是刘继芳有无从中牟利。刘继芳交代,其受杨淑双委托向自己的上家购买毒品后如数交给杨,未从中赚取差价。杨淑双的证言也没有提到刘继芳存在加价贩卖的情节。因目前为刘继芳提供毒品的上家没有到案,没有其他直接证据证实刘继芳为刘继芳提供的毒品系加价贩卖,从中牟利。结合其他间接证据分析,刘继芳为杨淑双代购毒品的价格没有明显超出当地的毒品交易价格,且刘继芳第二次为杨淑双代购0.5克甲基苯丙胺时收取350元,低于其向潘海波贩卖相同数量毒品的售价400元,亦间接显示刘继芳无加价贩卖的情形。且从刘继芳、杨淑双的关系看,刘继芳纯粹出于帮忙而代购,符合双方特殊的交往关系。综上,刘继芳两次为他人代购用于吸食的毒品,没有证据证实其有加价贩卖的行为,不能认定其构成贩卖毒品犯罪,且因刘继芳代购毒品的数量未达到非法持有毒品罪的定罪数量标准,故其代购行为不构成犯罪。

2. 证明行为人是否具有牟利目的的举证责任应当由公诉机关承担,举证不能的,应当依法认定行为人不具有牟利目的。本案在审理过程中,有观点认为,因没有确实、充分的证据证实被告人刘继芳未从代购行为中牟利,而现有证据能够证实刘继芳确与杨淑双进行了毒品与现金的交易,故应当认定其行为构成贩卖毒品罪。我们认为,这种观点不能成立,不能因为无法证实刘继芳是否从中牟利,就推定刘继芳从中牟利,进而认定其构成贩卖毒品罪。

对于《大连会议纪要》中"有证据证明行为人不以牟利为目的"的规定,司法实践中存在两种理解:一种意见认为,行为人不以牟利为目的,要有相关的证据证明,没有证据证明的,就应当推定其以牟利为目的。另一种意见认为,以牟利为目的是代购行为构成犯罪的构成要件,属于有罪指控的内容,应当通过证据加以证明。如果不能通过证据证明的,不能认定其以牟利为目的。我们同意后一种理解。根据刑事诉讼法第四十九条的规定,公诉案件中被告人有罪的举证责任由人民检察院承担。对于为吸毒者代购毒品的行为,公诉机关若要指控行为人为他人代购毒品的行为构成贩卖毒品罪,应当举证证明行为人具有牟利目的,举证不能的,不能认定其具有牟利的目的。刑事诉讼证明有时并不能证明某一待证事实确实存在,待证事实常常会处于一种模棱两可的状态,既没有确实、充分的证据证实待证事实存在,也不能明确认定待证事实不存在,在对待证事实的证明达不到要求的情况下,应由承担举证责任的一方承担举证不利的后果,也就是承担法院对待证事实不予认定的后果。

本案中,被告人刘继芳为吸毒人员杨淑双代购用于吸食的毒品,刘继芳有无从中牟利,关系到其是否构成贩卖毒品犯罪。刘继芳否认其从代购行为中获利,辩称其没有加价贩卖毒品,向刘继芳提供毒品的上家没有归案,托购者杨淑双也不能证实刘继芳为其提供的毒品系加价贩卖,故现有证据不足以证实刘继芳有以牟利为目的为他人代购毒品的行为,根据举证责任的归责原则,应当由公诉机关对该事实承担举证责任,如公诉机关提供的证据达不到确实、充分的证明标准,则公诉机关承担指控的罪名不能成立的后果。一审法院在公诉机关提供的证实刘继芳牟利的证据未达相应证明标准的情况下,以"无法证实刘继芳未从中牟利"反向推定刘继芳牟利,实际上是将本该由公诉机关承担的举证不能的后果,反过来由被告人承担。这种推定本质上是一种有罪推定,严重违背了刑事诉讼法关于举证责任的规定。二审法院以没有证据证实刘继芳从中牟利,不应认定其代购行为构成贩卖毒品罪为由,对一审认定的事实依法改判,是正确的。

3. 应当坚持主客观相统一原则,不能因为代购者的行为客观上起到帮助上线贩卖毒品的作用,就认定其构成贩卖毒品罪。本案中,由于被告人刘继芳为杨淑双寻找毒品来源并帮助后者购买毒品,有意见认为刘继芳的行为具有代购与居间介绍的双重性质。我们认为,这种意见不能成立,刘继芳的行为属于帮助托购者寻找卖毒者的代购行为。理由是,为购毒者寻找卖毒者的居间行为与代购行为在形式上虽有相似之处,但区分两者的关键在于:居间介绍贩卖毒品的,居间介绍者在毒品交易中起到中间人的作用,不是一方交易主体,真正的交易主体是卖毒者与购毒者;代购毒品的,代购者起到的是一方代理人的作用,是实际参与毒品交易的一方主体,托购者并不参与具体的交易环节。刘继芳在毒品交易过程中充当的是杨淑双的代理人的角色,是直接购买毒品的一方交易主体,故对其行为应当认定为代购行为。另外,刘继芳的行为虽然在客观上促成了卖毒者的贩毒活动,但其主观上并没有帮助卖毒者贩卖毒品的故意,其目的在于帮助托购者杨淑双购买毒品用于吸食,故对刘继芳不能以贩卖毒品罪的共犯论处。

综上,被告人刘继芳两次为杨淑双代购毒品的行为不构成犯罪,由此认定刘继芳存在多次贩卖毒品的情节,不能成立。

(二)对于因犯意引诱而实施毒品犯罪的被告人,应当依法定罪,但在量刑时应当体现从宽处罚

本案中,相关证据证实,公诉机关指控被告人刘继芳实施的第三起贩卖毒品犯罪,系刘继芳在没有贩卖毒品故意的情况下,受侦查机关安排的特情引诱而产生犯意,进而实施了贩卖毒品犯罪,属于典型的犯意引诱。对于存在犯意引诱情况下的证据采信及被告人量刑问题,实践中存在两种意见:一种意见认为,在犯意引诱的情况下,行为人本无实施毒品犯罪的主观故意,系因特情引诱才产生犯罪意图,如果对此类行为定罪,容易导致对无辜者的陷害,不利于诉讼中的人权保障,此类取证手段应当视为非法取证,通过此类手段取得的证据应当认定为非法证据,被告人的行为不应作为犯罪处理。另一种意见认为,在犯意引诱的情况下,取得的证实行为人实施毒品交易的证据,只要不属于刑事诉讼法第五十四条规定的非法证据,就可以作为定案的根据,证据达到确实、充分标准的,应当依法定罪,但在量刑时应当考虑犯意引诱的情节,对被告人依法从轻处罚。

我们同意后一种意见。毒品犯罪的隐蔽性和复杂性导致此类案件的取证工作难度较大,因而利用特情手段侦破毒品犯罪案件在实践中较为常见。但是,特情手段的运用也给毒品犯罪案件的处理带来一些问题,对特情介入侦破的毒品案件,要区别不同情形予以分别处理。《大连会议纪要》规定,对已持有毒品待售或者有证据证明已准备实施大宗毒品犯罪者,采取特情贴靠、接洽而破获的案件,不存在犯罪引诱,应当依法处理。行为人本没有主动实施毒品犯罪的主观意图,而是在特情诱惑和促成下形成犯意,进而实施毒品犯罪的,属于犯意引诱。对因犯意引诱实施毒品犯罪的被告人,根据罪刑相适应原则,应当依法从轻处罚,无论涉案毒品数量多大,都不应判处死刑立即执行。《大连会议纪要》的上述规定既体现了刑法对毒品犯罪依法从

严惩处的总体指导思想，又体现了对因犯意引诱而实施毒品犯罪的被告人的区别对待。概括而言，《大连会议纪要》对存在犯意引诱的毒品犯罪案件的处理原则是“定罪轻罚”。首先，由于毒品犯罪的特殊性，利用特情介入或者使用秘密侦查手段、特殊技术手段侦破案件，是打击毒品犯罪的现实需要，只要特情使用规范，不能仅以此为由否定侦查及其取证手段的合法性。如果行为人是在特情引诱包括犯意引诱下实施毒品犯罪的，尽管特情行为失范，但毕竟行为人的犯罪行为是在其主观意志支配下所为，故仍应认定其行为构成犯罪。其次，在犯意引诱情况下实施毒品犯罪的行为人，犯罪相对被动，与那些积极主动实施毒品犯罪者相比，社会危害性和主观恶性均较小，根据罪责刑相适应原则，应当从轻处罚。《最高人民法院关于常见犯罪的量刑指导意见》规定，存在数量引诱情形的，可以减少基准刑的30%以下。本案中，二审法院综合考虑被告人刘继芳的犯罪事实与情节，在刑法规定的量刑幅度内对其判处有期徒刑一年，符合法律规定和政策精神。

（撰稿：山东省青岛市中级人民法院　刘世明　丛日新　牛传勇
最高人民法院刑五庭　李静然
审编：最高人民法院刑五庭　马　岩）

[第 1015 号]

# 骆小林运输毒品案

——对当场查获毒品的案件,被告人拒不认罪的,如何把握有关被告人主观明知的证据要求

## 一、基本案情

被告人骆小林,男,1971 年 7 月 6 日出生,四川省成都市人,无业。2008 年 6 月 21 日因涉嫌犯运输毒品罪被逮捕。

云南省普洱市人民检察院以被告人骆小林犯运输毒品罪,向普洱市中级人民法院提起公诉。

被告人骆小林对公诉机关指控的事实和当庭宣读、出示的证据未提出异议,但其提出是一个叫“二哥”的人从四川租他的车到云南,在孟连县城“二哥”用过车子,返回途中从他车上查获的毒品不知从何而来。辩护人提出,毒品的外包装袋上无骆小林的指纹,骆小林主观上不明知是毒品,应当宣告其无罪。

普洱市中级人民法院经公开审理查明:2008 年 5 月 16 日,被告人骆小林驾驶藏有毒品的车牌号为“川 A5V165”的黑色长安轿车从云南省孟连县经景洪市前往四川省成都市。当日 23 时 50 分,途经普洱市思茅区刀官寨时,被公开查缉的公安民警抓获,当场从其驾驶的车辆后排两扇门夹层中查获毒品甲基苯丙胺 11 块,净重 5 589 克。

普洱市中级人民法院认为,被告人骆小林为牟取非法利益,违反国家毒品管制法规,非法运输毒品,其行为构成运输毒品罪,依法应当惩处。骆小林利用交通工具以隐蔽方式运输大量毒品,在运输途中被公安民警查获,其

提出不知车上有毒品的辩解及辩护人提出骆小林无罪的辩护意见，与事实不符，不予采纳。依照《中华人民共和国刑法》第三百四十七条第二款第一项，第五十七条第一款之规定，普洱市中级人民法院以运输毒品罪判处骆小林死刑，剥夺政治权利终身，并处没收个人全部财产。

一审宣判后，骆小林不服，以不明知所驾驶的轿车车门夹层内藏有毒品，认定其犯运输毒品罪的事实不清、证据不足为由提出上诉。云南省人民检察院以书面意见形式向云南省高级人民法院提出，一审判决认定被告人骆小林犯运输毒品罪的事实不清，证据不足，建议将此案发回重审。

云南省高级人民法院经审理认为，上诉人骆小林始终辩解不知道所驾驶的轿车车门夹层内藏有毒品，本案又无证据能够印证骆小林明知毒品而进行运输，一审判决认定被告人骆小林运输毒品甲基苯丙胺 5 589 克的犯罪事实不清，证据不足，遂裁定撤销一审判决，发回重审。同时，指出在证据上需要补充以下问题：(1)骆小林在公安机关审讯及后来会见辩护人时称：他是受“二哥”的雇用，为“二哥”等三人开车到孟连县并住了三四天。其住在榕孟旅馆 306 号房间，未用身份证登记，其间有个叫“阿信”的服务员帮骆小林买过水果。请公安机关调查该地有无该旅馆和叫“阿信”的服务员，并出示混合照片让该旅馆服务员辨认。(2)请公安机关查证骆小林的手机通话清单，以证实其是否与供述的“二哥”的手机有过通话联系。(3)二审辩护人提供了 2008 年 5 月 11 日，骆小林所驾驶机动车在昭待公路因超速被交警处罚的通知书及照片，从照片上大致可看出是四人乘坐该车，以印证骆小林的供述。请与该交警核实此事。(4)骆小林在二审辩护人会见时称，“二哥”住成都市资子金中路的一农行对面的小区，该小区附近有一广场。“二哥”的妻子叫“娟娟”，请当地公安机关协助查找“二哥”。

普洱市中级人民法院重审期间，公诉机关建议延期审理，并以事实不清、证据不足两次退回公安机关补充侦查未果。2010 年 5 月 24 日，普洱市人民检察院作出不起诉决定(存疑不诉)，并于当天将骆小林释放。

## 二、主要问题

对当场查获毒品的案件，被告人拒不认罪的，如何把握有关被告人主观明知的证据要求?

## 三、裁判理由

运输毒品罪要求被告人客观上有运输毒品的行为,主观上有明知是毒品并运输的故意。对当场查获毒品的案件,要重点审查被告人的主观明知,包括对是否是毒品的明知和运输对象的明知两个方面,不能仅凭现场查获毒品就客观归罪,当然地认定被告人具有运输毒品的故意。对此,最高人民法院2008年12月1日印发的《全国部分法院审理毒品犯罪案件工作座谈会纪要》规定:“判断被告人对涉案毒品是否明知,不能仅凭被告人供述,而应当根据被告人实施毒品犯罪行为的过程、方式、毒品被查获时的情形等证据,结合被告人的年龄、阅历、智力等情况,进行综合分析判断。”

对于运输毒品罪而言,即使被告人否认自己对毒品的明知,但如果根据其行为的过程、方式、毒品被查获时的情形能够推定其主观上是明知的,也不影响定罪。其实质就是要确定犯罪人与毒品之间的一种主客观统一的对应关系,也就是人与毒的对应关系,达到真正的“人毒俱获”。对于可能判处死刑的运输毒品犯罪而言,自然也要遵循一般的死刑案件证据标准,主要体现在所有的犯罪事实必须均有证据证实,证据之间不能出现无法排除的矛盾,最终得出唯一确定的结论。反观本案,从在案证据无法认定被告人对毒品的主观明知。具体可以从以下几个方面来分析:

### (一)根据在案证据,无法确立人与毒的主客观对应关系

毒品案件往往直接证据较少,尤其是在犯罪人未作有罪供述的情况下,故实践中公安机关经常以人毒俱获作为案件是否破获的标准。但“人毒俱获”并不是简单地在现场抓获犯罪嫌疑人并从其处查获毒品,人与毒不是简单的并存关系,而是内在的主客观相统一的整体。必须要有充分证据证实犯罪人明知是毒品,明知自己实施的是毒品犯罪行为,而且客观上毒品确实是行为人实施的本次犯罪行为所获得的或者与之相关的物品。只有通过证据实现了人与毒的完全对应,才能称之为“人毒俱获”。而本案中,虽然公安机关在被告人骆小林的轿车内发现了毒品,但骆小林始终否认自己明知车上装有毒品。而从骆小林行为的过程、方式以及毒品被查获时的情形分析,

毒品是在其车门夹层内查获的,其又是车辆的驾驶者,车内没有其他人,其是一个人从云南省孟连县返回四川省成都市,这些情况是最有可能推定其具有主观明知的证据。但是,这些证据无法直接推定其主观上对车上藏有毒品是明知的,要准确认定骆小林主观上明知,还必须有其他具有排他性的客观性证据。但是,本案缺乏的恰恰就是这种客观性证据。首先,被查获的毒品上没有骆小林的指纹,这就无法证实其直接接触过这些毒品;其次,对于骆小林为什么会运输毒品、毒品来自何处、要运往何处以及其他相关情节等也均无证据证实。由此难以确定骆小林与毒品的关系。最后,骆小林辩称自己是被人租车,其间车还被人单独使用过,其在途中还接触过哪些人等。而这些辩解如成立,则不能排除其他人在车内藏毒的可能性。这些辩解公安机关都没有核实其真伪,均无相反证据能够否定骆小林的辩解。在这种情况下,显然无法仅通过在骆小林驾驶的车内查获毒品这一客观事实就推定骆小林明知车内有毒品。因此,本案定罪的主观要件缺失。

(二)证据之间存在无法排除的矛盾

2010年6月"两院三部"共同制定的《关于办理死刑案件审查判断证据若干问题的规定》第五条明确规定:"办理死刑案件,对被告人犯罪事实的认定,必须达到证据确实、充分。证据确实、充分是指:(一)定罪量刑的事实都有证据证明;(二)每一个定案的证据均已经法定程序查证属实;(三)证据与证据之间,证据与案件事实之间不存在矛盾或者矛盾得以合理排除;(四)共同犯罪案件中,被告人的地位、作用均已经查清;(五)根据证据推断案件事实的过程符合逻辑和经验规则,由证据得出的结论为唯一结论。办理死刑案件,对于以下事实的证明必须达到证据确实、充分:(一)被指控的犯罪事实的发生;(二)被告人实施了犯罪行为与被告人实施犯罪行为的时间、地点、手段、后果以及其他情节;(三)影响被告人定罪的身份情况;(四)被告人有刑事责任能力;(五)被告人的罪过;(六)是否共同犯罪及被告人在共同犯罪中的地位、作用;(七)对被告人从重处罚的事实。"因此,办理死刑案件,包括毒品死刑案件,必须做到证据与证据之间不存在矛盾或者矛盾得以合理排除。而本案中,指控骆小林运输毒品的主要证据是公安机关在被告人骆小林独自驾驶的车后门夹层内发现了藏匿的毒品。然而,骆小林始终供述是一个叫“二哥”的人在四川省租其车来云南省，并借用自己的车出去接过人，自己并不知道车里有毒品，自己担心家里地震情况于是先回四川省。骆小林的上述辩解符合常理，与上述客观性证据存在无法排除的矛盾。另外，骆小林因超速行驶被交警大队处罚的照片上显示车上有四人，这也与骆小林供述的当时车上有四人的情况一致；而在毒品的外包装上也确实没有提取到骆小林的指纹。该两项证据进一步加剧了证据之间的矛盾。这些矛盾无法得到合理排除，证据之间没有形成完整的定罪锁链。

（三）在案证据无法得出唯一结论

根据“两院三部”的上述规定，根据证据推断案件事实的过程必须符合逻辑和经验规则，由证据得出的结论必须是唯一的，不能出现其他合理的可能性。根据本案被告人骆小林的供述，当时是一个叫“二哥”的人租其车并拉了另外两个人，车内一共四人。该供述有交警大队处罚骆小林超速行驶的照片予以印证；骆小林称自己不知车上有毒品，而租车期间“二哥”又曾独立驾该车离开，故无法排除在“二哥”驾驶期间，其他人往车上藏匿毒品的可能。公安机关根据骆小林提供的线索又未能抓获“二哥”等人，也未调取骆小林与“二哥”的通话记录。另外，骆小林供述了他们所住的旅馆房间，住宿期间有一个叫“阿信”的服务员还帮他买过水果，公安机关亦未查证上述线索。由于公安机关未能将其他犯罪嫌疑人抓获，亦未查明骆小林与其他三人的联系情况，故不能完全排除“二哥”等人在车内藏匿毒品进行运输的可能。即根据本案现有证据，存在骆小林独立作案、与其他人共同参与作案、其他人独立作案三种可能。而第三种可能直接影响到骆小林是否构成犯罪的问题。

综上，本案在案证据无法证实被告人骆小林对运输毒品具有主观上的明知，无法排除其他人作案的合理怀疑，不能得出骆小林运输毒品的唯一结论，因此，不能对骆小林定罪，更不能以运输毒品罪判处其死刑。

（撰稿：最高人民法院刑四庭　秦　鹏
审编：最高人民法院刑四庭　陆建红）

[第1016号]

# 李培光贪污、挪用公款案

## ——如何审查认定国家出资企业中国家工作人员的身份

### 一、基本案情

被告人李培光,又名李建华,男,汉族,1973年11月19日出生,原系中铁三局集团有限公司第四工程有限公司(以下简称中铁三局四公司)南广铁路NGZQ-4项目部一分部财务主任。2010年9月8日因涉嫌犯挪用公款罪被逮捕。

广西壮族自治区人民检察院南宁铁路运输分院以被告人李培光犯贪污罪和挪用公款罪,向南宁铁路运输中级法院提起公诉。

被告人李培光对公诉机关指控的事实无异议,但辩解其行为不构成贪污罪、挪用公款罪。其辩护人提出:公诉机关指控李培光犯贪污罪的事实不清,证据不足,且李培光不具备贪污罪的主体要件,不构成贪污罪;指控李培光犯挪用公款罪定性不准。

南宁铁路运输中级法院经公开审理查明:

1. 贪污事实

2009年5月至9月间,被告人李培光利用担任中铁三局四公司南广铁路NGZQ-4项目部一分部财务主任的职务便利,多次到贵港市港北区国家税务局虚开收款人为林建顺、谢茂全,总金额为人民币(以下币种同)1 247 040元的发票4张,在单位报账后将1 247 040元据为己有。具体事实如下:

(1)2009年5月8日,李培光虚设西江农场林建顺财务科目,以林建顺名义在贵港市的工商银行开立了账号为6222022111001738478银行账户,制作了科目为"应付账款—应付货款—贵港市西江农场林建顺"、总金额为

561 060元的转账凭证,并于5月11日到贵港市港北区国家税务局开具收款人为林建顺、金额为561 060元的发票在其单位中铁三局四公司南广铁路NGZQ－4项目部一分部报账,一分部财务分别于5月12日、6月26日、7月27日开具转账支票361 060元、102 000元、98 000元付款至工商银行账号为6222022111001738478的林建顺账户,李培光将虚报所得561 060元据为己有。

(2)2009年7月至9月,李培光在其单位与谢茂全发生业务后,以谢茂全名义在贵港市的工商银行开立了2111711001202144128银行账户,随后三次到贵港市港北区国家税务局开具收款人为谢茂全、金额分别为98 400元、96 180元和491 400元的发票三张,列入其所在单位中铁三局四公司南广铁路NGZQ－4项目部一分部虚设的"港城镇谢茂全"财务科目中报账。2009年8月18日、9月14日、9月17日,一分部财务分别先后三次转款98 400元、300 000元、287 580元至工商银行账号为2111711001202144128的谢茂全账户,李培光将虚报所得685 980元据为己有。

李培光将虚报所得款项中的825 000元用于购买国债和银行定期存款,370 000元取现后交由一分部食堂职工高进庆藏入一分部食堂的库房里。2010年8月25日李培光因挪用公款事实被检察机关立案侦查。8月31日,李培光主动向检察机关交代了检察机关未掌握的自己以林建顺、谢茂全名义到税务局代开发票报销所得款1 247 040元并据为己有的事实,还向南宁铁路运输检察院供述了其用虚报所得款购买国债和定期存单的藏匿地点及370 000元现金藏匿处。检察机关根据其供述,在其一分部宿舍及一分部食堂的库房里查获了825 000元国债凭证、银行定期存单及现金370 000元。至此,李培光共退出贪污所得1 216 855.96元。

2.挪用公款事实

2010年3月间,被告人李培光利用担任中铁三局四公司南广铁路NGZQ－4项目部一分部财务主任的职务便利,挪用公款共计860 000元归个人使用,进行营利活动。具体事实如下:

2009年10月至2010年5月,南广铁路NGZQ－4项目部一分部在无真实业务发生的情况下,在贵港市港北区国家税务局港城镇分局虚开"贵港市港北区宝(伟)锋建材经营部"片石销售发票16张,总金额6 354 208.30元,套出现金5 896 042 元。李培光利用保管上述套现款，一分部在出售商品灰、废旧材料、赔偿、罚款等收入，报销后未归还垫付人刘建球的购车款以及其他账外现金的便利，先后3次将其保管的账外资金860 000元挪用，存入账号为606242039200354804、户名为李培光的贵港市邮政储蓄银行个人账户，用于购买银行理财产品。其中，2010年1月28日存入300 000元，2月10日将该款全部用于购买名称为“财富日日升”的银行理财产品；2月24日存入350 000元，2月28日将该款全部用于购买名称为“财富月月升”的银行理财产品；3月5日存入210 000元，3月8日将该款全部用于购买名称为“财富日日升”的银行理财产品。2010年5月，国家审计部门对一分部财务部门进行经济审计后，李培光于5月21日赎回两笔“财富日日升”的银行理财产品，共计510 000元归还单位。案发后，尚有350 000元“财富月月升”的银行理财产品没有赎回。

2011年9月20日，南宁铁路运输中级法院依法冻结了该350 000元“财富月月升”的银行理财产品。

另查明李培光在被司法机关调查期间，提供了贵港市港北区国家税务局工作人员廖晓丽涉嫌职务犯罪的重要线索，并经查证属实。

南宁铁路运输中级法院认为，被告人李培光身为国家出资企业中从事公务的人员，利用职务上的便利，以虚开发票在单位报账的方式，侵吞公款1 247 040元，其行为侵犯了公共财产的所有权和国家工作人员职务行为的廉洁性，已构成贪污罪。同时，李培光利用职务上的便利，以营利为目的，在任职期间擅自决定挪用本单位公款860 000元归个人使用，其行为构成挪用公款罪。公诉机关指控的罪名成立。

李培光所犯贪污罪和挪用公款罪依法应当并罚。李培光挪用公款860 000元，数额巨大，情节严重；其在司法机关立案调查其挪用公款犯罪事实期间，主动向司法机关交代了司法机关尚未掌握的其贪污犯罪事实，属于自首，依法可以减轻处罚；其在被办案机关调查期间，提供侦破其他案件的重要线索，并查证属实，具有立功表现，依法可以从轻处罚；其在案发前退出挪用的大部分公款，依法可以从轻处罚；其归案后主动供述了赃款去向，退出了绝大部分贪污的赃款，可以酌情从轻处罚。据此，根据李培光犯罪的事实、性质、情节和对社会的危害程度,依照《中华人民共和国刑法》第三百八十二条、第三百八十三条第一款第一项、第三百八十四条第一款、第六十七条第二款、第六十八条第一款、第六十九条、第六十四条,《最高人民法院关于处理自首和立功具体应用法律若干问题的解释》第二条、第三条、第五条以及《最高人民法院关于审理挪用公款案件具体应用法律若干问题的解释》第二条、第三条之规定,南宁铁路运输中级法院判决如下:

被告人李培光犯贪污罪,判处有期徒刑七年,并处没收财产人民币二十万元;犯挪用公款罪,判处有期徒刑五年;数罪并罚,决定执行有期徒刑十年六个月,并处没收财产人民币二十万元。

一审宣判后,被告人李培光提出上诉。被告人李培光上诉提出:(1)其所在公司是原国有企业改制后的有限公司,已不属于国有企业。其仅是该公司聘请的工作人员,不属于受委派从事公务的人员,其不具备贪污罪、挪用公款罪的主体要件。(2)其主观上无贪污故意,客观上并未利用职务之便实施贪污的行为,侦查机关收集证据的过程不合法,其供述不能作为证据使用,其行为不构成贪污罪。(3)原判认定其挪用的86万元中有28.9万元是刘建球帮其公司垫付的购车款,其余57.1万元是小金库资金,把小金库资金存在个人名下是单位认可的,其行为亦不构成挪用公款罪,请求宣告无罪。其辩护人还提出:(1)李培光不具有非法占有目的,不存在利用职务上的便利侵吞公款、挪用公款的事实,李培光的行为系职务行为,其上级主管部门领导知道李培光保管小金库资金的情况;原判认定贪污数额错误,虚开的4张发票总金额1 247 040元与李培光购买国债、存银行定期及查获的现金合计1 195 000元,相差52 040元,贪污数额不准确;套现的1 247 040元已先用于单位开支;李培光保管小金库资金经过领导同意,挪用资金购买理财产品,没有进行营利活动,李培光的行为不构成犯罪。(2)李培光揭发他人职务犯罪,有立功表现。(3)即使认定李培光构成犯罪,其行为只宜定职务侵占罪一罪,并综合考虑其自首、立功、退赃等情节,请求法院对其适用缓刑。

广西壮族自治区高级人民法院经审理认为,上诉人李培光所在中铁三局四公司系国有资本控股公司中铁三局的全资子公司,属于国家出资企业,李培光系该公司合同制员工,只有技术职称,没有行政级别,其担任南广铁路 NGZQ－4 项目部一分部财务主任是经过公司人力资源部提名，主管总会计师同意报公司总经理聘任的，未经公司党委或者党政联席会讨论、批准或者任命，故其不具有国家工作人员身份。上诉人李培光身为国家出资企业中的工作人员，利用职务上的便利，以虚开发票在单位报账的方式，将本单位资金 1 247 040 元非法占为己有，数额巨大，其行为构成职务侵占罪；同时其利用职务上的便利，挪用本单位资金 86 万元归个人使用，进行营利活动，数额巨大，其行为构成挪用资金罪，依法应当惩处。一审判决定性不准，应予纠正。依照《中华人民共和国刑法》第二百七十一条第一款、第二百七十二条第一款、第六十七条第二款、第六十八条第一款、第六十九条、第六十四条，《最高人民法院关于处理自首和立功具体应用法律若干问题的解释》第二条、第三条、第五条以及《中华人民共和国刑事诉讼法》第二百二十五条第一款第二项之规定，广西壮族自治区高级人民法院改判如下：

上诉人李培光犯职务侵占罪，判处有期徒刑四年；犯挪用资金罪，判处有期徒刑三年；数罪并罚，决定执行有期徒刑六年。

## 二、主要问题

如何审查认定国家出资企业中国家工作人员的身份？

## 三、裁判理由

本案审理过程中，对被告人李培光在实施有关犯罪行为时是否属于国家工作人员，存在不同意见：

一种意见认为，李培光属于在国有控股公司中受委托从事公务的人员，具有国家工作人员的身份，符合贪污罪、挪用公款罪的主体特征。理由是：(1)李培光所在的中铁三局四公司原为国有企业性质，李培光参加工作时其身份是国有企业工作人员。2007 年公司改制后，中铁三局四公司属于国有资本控股公司。李培光长期在公司担任会计职务，公司改制后仍然担任该职务，公司改制后无身份置换有关材料，故李培光在公司里仍然属于国有股份的代表。(2)虽然从形式要件看李培光未经公司的党委、党政联席会批准或者研究决定其任职，但李培光是公司总经理聘任，总经理证言里也提到他在任命前向公司党委书记汇报,得到同意后才下的任命。且在国家出资企业中,对代表其在企业中负有管理、监督国有资产职责的人员的任命形式不应仅限于"党委、党政联席会"的形式,总经理任命也应该是其中一种形式,而最重要的是看是否代表国有单位意志从事公务的实质要件。

另一种意见认为,中铁三局四公司原为国有企业性质,李培光参加工作时其身份是国有企业工作人员。2007年公司改制后,中铁三局四公司属于国家出资企业。李培光2005年和公司签订的劳动合同是长期技术服务合同,案发前为国有资本控股公司中铁三局四公司聘任的南广项目部财务会计部部长。根据现有证据,李培光是由公司人力资源部根据岗位缺员情况提名,经主管领导总会计师同意,报公司总经理决定并签发聘任书,没有经国家出资企业中负有管理、监督国有资产职责的组织批准或者研究决定。即没有国有资产监督、管理机构,国有公司、企业、事业单位和上级或者本级国有出资企业内部的党委、党政联席会批准或者研究决定其任职。目前亦无证据证实李培光属于"受国家机关、国有公司、企业、事业单位委派到非国有公司、企业、事业单位、社会团体从事公务"的情况。综上,不应认定李培光具有国家工作人员的身份。

我们同意后一种意见,被告人李培光不属于国家工作人员。具体理由如下:

(一)从形式要件分析,认定国家出资企业中的国家工作人员一般要求行为人的职务系经党政联席会等形式批准、任命

中国中铁股份有限公司上市前名称为中国铁路工程总公司(国有企业)。2007年9月,中国铁路工程总公司改制注册为中国中铁股份有限公司,主管机构为国务院国有资产监督管理委员会。2007年12月,中国中铁股份有限公司上市后,公司股本结构为中国铁路工程总公司持股占58.30%,境内社会公众持股占21.95%,境外社会公众及社保基金理事会持股19.75%。据此,可以认定中国中铁股份有限公司上市后成为国有控股公司,亦即国家出资企业。

中铁三局集团有限公司(以下简称中铁三局)前身为铁道部第三工程局,创建于1952年。2000年11月28日改制成立中铁三局集团,股东为中

国铁路工程总公司和中铁三局职工持股会。2007 年 3 月,该公司将全部职工个人股权转让给第一股东中国铁路工程总公司,随中国铁路工程总公司整体上市成立中国中铁股份有限公司,中铁三局成为中国中铁股份有限公司的全资子公司,中铁三局四公司系中铁三局的全资子公司。

由上可见,被告人李培光所在中铁三局四公司系上市公司中国中铁股份有限公司的三级全资子公司,因中国中铁股份有限公司已经上市并非国有公司,该公司性质上属于国家出资企业,并非国有公司。李培光在实施相关犯罪行为时,担任中铁三局四公司南广铁路 NGZQ - 4 项目部一分部财务主任,直接负责经手、管理所在单位财务,从其岗位职责来讲,属于关键岗位,具有"从事监督、经营、管理工作"的特点。但其是否属于国家工作人员,根据"两高"发布的《关于办理国家出资企业中职务犯罪案件具体应用法律若干问题的意见》的相关规定,首先要考察其是否具有"经国家出资企业中负有管理、监督国有资产职责的组织批准或者研究决定,代表其在国有控股、参股公司及其分支机构中从事组织、领导、监督、经营、管理工作"的情况。

从现有证据看,中铁三局四公司改制后,全体员工全部重新签订劳动合同,2005 年李培光重新签订劳动合同,成为一名劳动合同制员工。李培光在该公司系一名普通工作人员,无任何行政级别,只有技术职称,其工作调动不需要经过公司的任何会议研究决定,其工作调动程序是公司人力资源部根据项目设置和项目需要进行人员调配的。李培光担任中铁三局四公司南广铁路 NGZQ - 4 项目部一分部财务主任一职,是经过公司人力资源部提名、主管领导总会计师同意,报公司总经理任命的,因为财务人员不是领导班子成员,故一般无须公司领导层或党政联席会讨论、批准、任命,事实上也没有经过有关会议讨论、批准、任命。因此,李培光担任该职务并非属于"经国家出资企业中负有管理、监督国有资产职责的组织批准或者研究决定"。关于李培光的任命,时任中铁三局四公司总经理蔡红生在其证言里提到,其在任命前向公司党委书记汇报过,得到同意后才下发了任命通知。经查,蔡红生的证言中只是抽象提到其对财务人员的岗位人事安排一般会向党委书记说明,听取意见,但这只是形式而已。类似这样的岗位人事安排,党委书记一般也不会反对,然后由其审批签字,由人力资源部发文即告完成。可见,蔡红生的证言并未明确提及李培光的任命已经向公司党委书记汇报过;且即使汇报过,依据四公司有关制度规定和操作惯例,党委书记同意只是“走形式”,并无实质意义,不能将之简单视为“国家出资企业中负有管理、监督国有资产职责的组织批准或者研究决定”的表现形式,否则将会造成实践中对此类国家出资企业中国家工作人员范围认定的不当扩大。

(二)从实质要件分析,国家出资企业中的国家工作人员代表负有管理、监督国有资产职责的组织在国有控股、参股公司及其分支机构中从事组织、领导、监督、经营、管理工作

在国有控股、参股公司中国家工作人员身份的认定中,除了需要审查行为人的任命程序,还需要审查其是否“代表负有管理、监督国有资产职责的组织”,从事“组织、领导、监督、经营、管理工作”。这一审查主要围绕以下三个特征进行:(1)代表性。作为授权方的负有管理、监督国有资产职责的组织,与作为被授权方的国家工作人员,通过批准、研究决定等政治授权行为方式,产生一种认可被授权方法律行为所建立的法律关系的效果,并将这种法律关系最终归属于国家。也即在国有出资企业中,国家工作人员系代表国有资产的监督、管理组织从事工作,这种代表性是认定国家工作人员身份的首要特征。(2)公务性。公务首先是管理性的事务,而不是一般的技术性、业务性的活动,与劳务相比其具有明显的管理属性。公务与职权具有紧密的关联。(3)与国有资产的紧密关联性。对于经党政联席会等形式批准、任命的人员,实践中把握的原则是,只要从事的是公务,一般都认定为国家工作人员。但对于未经党政联席会等形式批准、任命的人员,还要区分是公司整体的公务,还是代表国有资产管理、监督部门从事公务,只有代表国有投资主体行使监督、管理国有资产的职权,才能认定为国家工作人员。本案中,无证据证实被告人李培光属于“受国家机关、国有公司、企业、事业单位委派从事公务”的情形,综合案情和各种证据分析,难以认定其代表国有投资主体行使监督、管理国有资产的职权,因此,从实质层面分析,不应认定李培光具有国家工作人员的身份。

综上,本案被告人李培光职权的变动并未经负有管理、监督国有资产职责的组织批准或者研究决定,其所从事的工作也并非代表国有投资主体在

国有出资企业中从事公务。因此,不能认定李培光为国家工作人员,其利用职务便利,将本单位资金非法占为己有的行为,构成职务侵占罪;同时,其挪用本单位资金归个人使用的行为,构成挪用资金罪。本案二审法院的判决是正确的。

(撰稿:最高人民法院刑二庭　康　瑛

审编:最高人民法院刑二庭　叶晓颖)

[第 1017 号]

# 周标受贿案

## ——案发前主动退还贿赂款的行为如何处理以及上一级人民法院同意在法定刑以下判处刑罚的应当制作何种文书

### 一、基本案情

被告人周标,男,1967 年 10 月 12 日出生,曾任海南省三亚市海棠湾镇副书记,捕前系三亚市国资委主任科员。2012 年 8 月 30 日因涉嫌犯受贿罪被逮捕。

海南省万宁市人民检察院以被告人周标犯受贿罪,向万宁市人民法院提起公诉。

万宁市人民法院经公开审理查明:2010 年 7 月,海南省三亚市海棠湾镇开展综合打击整治非法占用铁炉港海域从事生产、经营、建设行为,销毁非法抢建鱼排等专项工作,时任三亚市海棠湾镇委副书记的被告人周标负责这项销毁工作。其间,林陈瑜的鱼排被销毁后,通过他人找到周标,欲要求政府部门予以补偿,并两次以为周标买茶单的形式给周标行贿现金人民币(以下币种同)24 万元。2010 年年底,周标认为不能给林陈瑜帮忙解决鱼排补偿事宜,害怕事情暴露,于 2010 年 12 月 6 日将 24 万元退还给林陈瑜。2012 年 11 月案发。

万宁市人民法院认为,被告人周标利用职务上的便利,为他人谋取利益,非法收受他人钱财的行为构成受贿罪。周标所犯受贿罪,本应在十年以上有期徒刑进行处罚,鉴于周标在立案前一年已主动退还赃款给行贿人,确有悔改表现,其犯罪行为也没有给国家的利益造成实际损失,且到案后能如实供述自己的罪行，以最低法定刑十年处罚仍然较重，故依照刑法第六十三条第二款的规定，对周标以受贿罪在法定刑以下判处有期徒刑五年。

一审宣判后，被告人周标未提起上诉，检察院亦未抗诉。万宁市人民法院将判决结果层报海南省第一中级人民法院、海南省高级人民法院、最高人民法院。最高人民法院依法裁定予以核准。

## 二、主要问题

1. 行为人在案发前主动退还贿赂款的行为，如何处理？

2. 上一级人民法院同意在法定刑以下判处刑罚的，应当制作何种文书？

## 三、裁判理由

本案在审理过程中，对被告人周标在案发前主动退还受贿款的行为是否属于《最高人民法院、最高人民检察院关于办理受贿刑事案件适用法律若干问题的意见》(以下简称《意见》)规定的“及时退还”的情形，存在意见分歧：一种意见认为，被告人周标具备受贿的主观故意和客观行为，其在案发前主动退还贿赂款，属于退赃行为，不属于《意见》规定的“及时退还”，不影响受贿罪定性；另一种意见认为，周标接受他人财物后，并未为他人谋取利益且在收取钱款五个月后主动退还所收钱款，属于《意见》规定的“及时退还”情形，不构成受贿罪。

同时，在认定被告人周标构成受贿罪的情况下对其是否需要减轻处罚，也存在意见分歧：一种意见认为，周标并没有为请托人谋取任何利益，且在案发前主动退还贿赂款，案发后如实供述犯罪，主观恶性较小，确有悔改表现，可依照刑法第六十三条第二款的规定在法定最低刑以下判处刑罚；另一种意见认为，周标在无法为他人谋取利益的情况下，害怕犯罪暴露，主动退还贿赂款，属于一般的退赃行为，依法酌情从轻处罚即可，不应在法定刑以下判处刑罚。

我们同意前一种意见。具体理由如下：

### (一)行为人在案发前主动退还贿赂款的行为，应当区分三种情形进行处理

1. 案发前退还财物的三种情形。《意见》第九条规定：“国家工作人员收

受请托人财物后及时退还或者上交的,不是受贿。国家工作人员受贿后,因自身或者与其受贿有关联的人、事被查处,为掩饰犯罪而退还或者上交的,不影响认定受贿罪。”

《意见》列举了案发前退还(上交)财物的两种情形:一种是“及时退还或者上交的”,可简称为“及时退还”;另一种是“为掩饰犯罪而退还或者上交的”,可简称为“被动退还”。其中“及时退还”情形,要求行为人主观上没有受贿的故意,客观上表现为及时退还或者上交,不存在犯罪故意,故不构成犯罪。值得注意的是,判断行为人是否具有受贿故意,不能仅根据其本人供述,还应当结合其收受和退还财物的具体行为进行综合分析。首先,“及时退还”情形的行为人收受他人财物并非本人意愿,往往受当时的时空条件限制不得已接收或者“误收”,如请托人放下财物即离开,无法追及的;掺夹到正常物品中当时无法发现的;等等。其次,退还必须“及时”,在条件允许的情况下,一般是指即时退还。如将礼盒拿回家后发现里面放有现金,第二天即退还的。实践中,对“及时”不能作绝对化理解,只要在客观障碍条件消除后退还都算“及时”。如行为人因病无法即时退还,待数月后身体痊愈退还也应视为“及时”。而“被动退还”情形,行为人在接受财物时存在受贿故意,后因自身或者与受贿相关联的人、事被查处,为了掩饰犯罪,才被动退还或者上交。这种情形下,行为人退还的时间距离接受财物的时间相对较长,距离被正式查处的时间相对较短,行为人对犯罪并没有真实悔意,一般不影响受贿罪的认定和处罚。另外,因请托人索要财物而不得已退还的,也应属于“被动退还”情形。

除《意见》列举的两种退还情形外,在实践中还有一种情形,即行为人虽未及时退还或者上交,但在收受财物后至案发前的期间内主动退还或者上交的。此种情形可以简称为“主动退还”。在该情形下,行为人在接受财物时存在受贿的故意,但经过一定时间段后,因主客观原因等诸多因素的变化,自己主动退还或者上交收受的财物。从法理分析,行为人既具有受贿的故意,又具有受贿的行为,且犯罪过程已经完成,因此,应当构成受贿罪(既遂),至于后面的退还行为,应当视为犯罪后的“退赃”,可以作为处罚时的量刑情节,但不能改变已然犯罪的性质。

本案中,被告人周标利用职务上的便利,收受他人现金 24 万元,既有收受他人贿赂的主观故意,又有接受并使用他人贿赂款的具体行为,只是因考虑到无法给请托人谋取利益,出于害怕犯罪暴露而主动向请托人退还贿赂款,虽然属于"主动退还"情形,但不属于《意见》规定的"及时退还"情形,故对其行为应当依法以受贿罪论处。

2."主动退还"情形的处理。实践中,"主动退还"的情况复杂多样,是否追究刑事责任司法机关把握的标准不一,故《意见》对此种情形未作规定。近年来,"主动退还"被追诉的案件越来越多,如何把握此类案件被告人的刑事责任,成为人民法院审判中的难题。我们认为,对于"主动退还"情形,可以结合收受财物的时间长短、数额大小以及是否牟利等具体情况,选择适用不以犯罪论处,依法从轻、减轻或者免除处罚。

(1)如上所述,"主动退还"一般不会影响构成犯罪,但在少数情况下,行为人虽然接受财物时存在受贿故意,但在较短时间内即出现悔悟,且未为对方谋取利益即主动退还财物,情节显著轻微危害不大的,可不以犯罪论处。如某公职人员收受他人财物回家后,经亲属规劝或者自己权衡利害得失,旋即将财物退还。这种情形,就不应以犯罪论处。

(2)在构成犯罪的前提下,考虑到行为人"主动退还"虽然属于"退赃"情节,但表明其有悔罪表现,主观恶性较小,对职务廉洁性的损害也相应减小,故对其从宽处罚往往能获得民众认同。另对不同退赃行为比较分析,在实践中,被告人到案后的"积极退赃"行为尚可作为从轻处罚的情节,"主动退还"与"积极退赃"相比,行为人体现的主观恶性更小,社会危害更低,举重以明轻,对"主动退还"情形更应当从宽处罚。可见,对案发前"主动退还"的行为从宽处罚有一定的法理基础、司法基础和民意基础。反之,如果无视"主动退还"与"积极退赃"的区别,则容易产生"白退不如抓住再说"的不良引导作用,不利于激励行为人及时悔罪,也与宽严相济的刑事政策背道而驰。

在具体案件中,对从宽处罚幅度的把握应当考虑以下三个方面的因素:(1)从退还的时间来看,"主动退还"一般介于"及时退还"和"被动退还"之间,退还时间的迟早反映了悔罪程度的大小,一般而言,越接近"及时退还"

情形的,从宽处罚的幅度就越大;越接近“被动退还”情形,退还越晚的,从宽处罚的幅度就越小;(2)从是否为请托人谋取利益来看,“主动退还”时已为请托人谋取了利益,尤其是非法利益的,从宽的幅度就越小,没有或者不愿为请托人谋取利益的,从宽的幅度就越大;(3)收受财物数额的大小,也影响从宽的幅度。根据以上三个方面的因素,结合行为人到案后的认罪态度等情况,分别确定从轻、减轻或免予刑事处罚。对案发前“主动退还”的,首先应当考虑从轻处罚;对数额不大,且没有为他人牟利,退还时间早,犯罪情节轻微的,可免予刑事处罚;根据案件的实际情况,如果在法律规定的幅度内处罚仍明显偏重的,可以依照刑法第六十三条第二款的规定,在法定刑以下判处刑罚。

本案中,鉴于被告人周标在接受贿赂五个月后、被司法机关查处一年前,主动退还所收财物,且未为他人谋取利益,到案后如实供述犯罪,体现出的社会危害程度和主观恶性较小,同时具有悔罪表现,如果按照受贿数额对其判处十年以上有期徒刑,仍然明显偏重,所以万宁县人民法院依照刑法第六十三条第二款的规定,对其减轻处罚。

(二)上一级人民法院同意在法定刑以下判处刑罚的,可以不制作裁定文书,但应当制作书面报告层报最高人民法院核准

对于上一级人民法院同意原判的,应当以何种形式逐级报请最高人民法院核准,实践中意见分歧较大,主要存在以裁定和以书面报告两种形式的意见。

我们认为,上一级人民法院同意原判的,不必作出裁定,但应当制作书面报告层报最高人民法院核准。主要理由如下:首先,根据刑法第六十三条第二款的规定,只有最高人民法院有权核准在法定刑以下判处刑罚的判决,其他上一级人民法院没有实质意义上的核准权,只是在层报过程中起到“把关”作用,没有制作同意原判裁定的法理依据。其次,如上一级人民法院都可以作出同意原判的裁定,那么最高人民法院是核准原审判决还是其上一级人民法院的裁定,容易引起混乱。最后,2013年施行的《最高人民法院关于适用〈中华人民共和国刑事诉讼法〉的解释》(以下简称《解释》)第三百三十六条规定,上一级人民法院复核下级法院未上(抗)诉法定刑以下判处刑

罚的案件,同意原判的,应当书面层报最高人民法院核准;不同意的,应当裁定发回重新审判。该规定对上一级人民法院何种情况下适用裁定进行了明确的限定,同意原判的应当以书面报告形式层报最高人民法院核准。《解释》出台后,有必要依照《解释》的规定对此类问题进行统一和规范。

(撰稿:最高人民法院刑二庭　尚晓阳

审编:最高人民法院刑二庭　裴显鼎)

[第 1018 号]

# 卫建峰受贿案

## ——如何认定公司改制后国家工作人员的身份

### 一、基本案情

被告人卫建峰,男,汉族,1963 年 7 月 12 日出生,原系广东珠三角城际轨道交通有限公司副总经理。2011 年 9 月 21 日因涉嫌犯受贿罪被逮捕。

广西壮族自治区人民检察院南宁铁路运输分院以被告人卫建峰犯受贿罪,向南宁铁路运输中级法院提起公诉。

被告人卫建峰及其辩护人对起诉书指控的受贿事实无异议,同时卫建峰辩解:(1)陈月忠在其离任时给的人民币(以下币种同)10 万元属于馈赠,收受赵龙成的 3 万元用于公务支出,性质上不应认定为受贿金额;(2)其检举他人犯罪线索,具有立功表现。其辩护人提出:(1)卫建峰仅仅是受国有公司中国铁道建筑总公司(全民所有)提名,而不是委派到股份有限公司中铁二十五局集团(非国有公司)担任副总经理,卫建峰不属于中国铁道建筑总公司的管理人员,而属于中国铁建股份有限公司的管理人员,因此卫建峰身份不符合刑法第九十三条的规定,不应以国家工作人员论。(2)卫建峰兼任的湘桂Ⅶ标指挥长的职务不具有公务性质,因为指挥部是临时机构,指挥长的工作属于劳务、服务性质,是为各实际施工的项目部服务的,不宜认定为从事公务。(3)卫建峰收受张顺安、孙伟杰送给其的 110.7 万元,性质上不属于受贿,因为卫建峰没有为张顺安、孙伟杰谋取不正当的利益,不属于刑法第三百八十五条所规定的为他人谋取利益。陈月忠在其离任时给的 10 万元属于馈赠,收受赵龙成的 3 万元用于公务支出,性质上不应认定为受贿金额。(4)卫建峰在办案机关采取强制措施前,就如实供述了大部分犯罪事实,应当认定具有自首情节。卫建峰还检举他人犯罪线索,具有立功表现。

南宁铁路运输中级法院经公开审理查明：

2009年9月至2010年8月，被告人卫建峰担任中铁二十五局集团有限公司副总经理兼任湘桂Ⅶ标指挥部指挥长期间，利用职务之便，为他人谋取利益，多次收受他人贿赂款共计188.775万元。具体事实如下：

1.2009年9月间，卫建峰得知原柳州市博浩贸易有限公司通过投标成为湘桂Ⅶ标指挥部的水泥供应商后，便通过湘桂Ⅶ标指挥部物资设备部部长韦唯（另案处理）向该公司法定代表人、总经理张顺安（另案处理）提出，要张按照该公司向湘桂Ⅶ标指挥部销售的水泥数量给予回扣款，张顺安为了能够及时结清水泥款表示同意。2009年10月至2010年8月，张先后按照销售每吨水泥给予10元或者7元的标准，通过韦唯先后6次送给卫建峰共计88.7万元。

2.2009年6月，卫建峰应天津隆鑫达建筑基础工程有限公司法定代表人李子玉（另案处理）的请求，将李子玉安排到湘桂Ⅶ标指挥部下属的第三项目部分包水泥搅拌桩和高压旋喷桩工程。2010年8月，卫建峰再次应李子玉的请求，将其安排到中铁二十五局集团广州铁路工程有限公司南宁枢纽工程Ⅲ标工程指挥部第二项目部分包水泥搅拌桩工程。李为了感谢卫建峰帮助其获得工程，先后三次送给卫建峰好处费共计37.075万元。

3.2010年春节前至8月间，中铁二十五局集团有限公司恒元建筑工程有限公司副总经理兼湘桂Ⅶ标指挥部第三项目部经理陈月忠（另案处理）先后5次送给卫建峰好处费共计38万元。其中，因卫建峰提出过节需要慰问费，为能及时拨付工程款，陈分别于2010年春节前和中秋节前先后送给卫建峰30万元，卫建峰留了15万元自用。2010年8月底，卫建峰让陈月忠报销购买世博会纪念品发票，陈月忠给了卫建峰11万元。为了感谢卫建峰推荐自己担任项目部经理以及在卫建峰调任广东珠三角城际轨道交通有限公司后，其公司能打开广州市场，陈月忠送给卫建峰12万元。

4.2010年春节前至2011年春节前，原湘桂Ⅶ标指挥部第二项目部经理（后任南宁枢纽Ⅲ标指挥部第二项目部经理）孙伟杰（另案处理）因卫建峰提出搞经营开发及接待需要经费，其给了卫建峰20万元；同时，为感谢卫建峰及时拨付工程款保证施工顺利，又送给卫建峰好处费2万元。

5.2010年6月，卫建峰和有关单位的人员对中铁二十五局集团柳州工程有限公司柳州制梁场进行检查验收,该场场长兼湘桂Ⅶ标指挥部制架梁项目部项目经理赵龙成为顺利通过验收从而获得《全国工业产品生产许可证》,送给卫建峰3万元。

卫建峰将收受的部分资金用于储蓄、炒股、消费和购买商品房,卫建峰在被司法机关调查期间,主动向司法机关交代了大部分受贿犯罪事实。案发后,卫建峰通过其家属已向广西壮族自治区人民检察院南宁铁路运输分院退出赃款140万元。

南宁铁路运输中级法院认为,被告人卫建峰经国有公司决定任命在国有控股公司的分支机构从事组织、领导、经营、管理工作,应当认定为国家工作人员。卫建峰在从事组织、领导、经营、管理工作中,利用职务上的便利,为他人谋取利益,收受财物,其行为侵犯了国家工作人员职务行为的廉洁性,已构成受贿罪。公诉机关指控的罪名成立。经查,中国铁道建筑总公司属于国有公司,中铁二十五局集团是国有控股公司中国铁建股份有限公司的全资子公司,属于国家出资企业。卫建峰担任中铁二十五局集团副总经理的职务是由中国铁道建筑总公司决定任命的。2004年中国铁道建筑总公司给中铁二十五局集团并党委下发了关于决定卫建峰等人为二十五局集团副总经理的通知。中铁二十五局2009年度、2010年度卫建峰的干部任免审批表证实,其一直担任中铁二十五局集团副总经理,并由中国共产党中铁二十五局集团组织干部部、中国共产党铁道部党组考核。2010年8月19日,卫建峰调任珠三角城际轨道交通有限公司任筹备组副组长,是由铁道部党组下发给广州铁路(集团)公司并党委的通知。由此可知,卫建峰从2004年起,一直是由铁道部管理的副局级干部。因此,卫建峰的主体身份符合《最高人民法院、最高人民检察院关于办理国家出资企业中职务犯罪案件具体应用法律若干问题的意见》(法发〔2010〕49号,以下简称《意见》)第六条的规定,属于国家工作人员。中铁二十五局湘桂Ⅶ标指挥部指挥长职责第二条明确规定:“指挥长是工程项目管理的第一责任人,根据合同对项目实施过程行使全面管理职权。”指挥长管理公务的重要职权之一就是购料款、工程款的拨付决定权。本案中的行贿人送钱给卫建峰的主要原因就是为了能让卫建峰及时拨付购料款和工程款。因此,指挥长职务具有管理公务性质,符合受贿罪的主体特征。故辩护人关于卫建峰主体身份不属于国家工作人员及指挥长职务不具备从事公务性质的辩护意见,不予采纳。根据被告人犯罪的事实、性质、情节和对于社会的危害程度,依照《中华人民共和国刑法》第三百八十五条第一款、第三百八十六条、第三百八十三条第一款第一项、第九十三条第二款、第六十四条以及《意见》第六条和《最高人民法院、最高人民检察院关于办理职务犯罪案件认定自首、立功等量刑情节若干问题的意见》第一条、第三条、第四条之规定,南宁铁路运输中级法院以被告人卫建峰犯受贿罪,判处有期徒刑十一年,并处没收财产三十万元。

一审宣判后,被告人卫建峰提出上诉。

被告人卫建峰及其辩护人上诉提出:(1)一审适用法律错误。其犯罪行为发生在2009年9月至2010年8月,按当时的刑法和司法解释,其不属于国家工作人员,而一审却适用2010年12月2日颁布实施的《意见》认定其为国家工作人员是错误的,在卫建峰犯罪时已有相关的司法解释,应当依照“从旧兼从轻”的原则,适用行为时的司法解释。(2)一审认定事实错误。①一审认定卫建峰“担任中铁二十五局副总经理的职务是由中国铁道建筑总公司决定任命的”、“从2004年起一直是铁道部管理的副局级干部”是错误的。中铁二十五局集团公司、中国铁建与铁道部没有隶属关系,中国铁建上市之前,卫建峰仅是被国有公司提名作为副总经理人选,委派与提名是两种不同的概念,卫建峰不是国有股代表,不属受委托管理国有资产的人选,不能认定为代表国有投资主体行使监督、管理职权;中国铁建上市以后,卫建峰担任中铁二十五局副总经理兼湘桂Ⅶ标指挥部指挥长一职,是由中国铁建任命的,而且指挥长的职责是组织合同施工,不具备监督、管理国有资产的职务活动性质,不属于法律规定的经国有机关、国有公司提名、推荐、任命、批准等,在国有控股公司、参股公司及其分支机构中从事公务。②卫建峰收受李子玉的一笔20万元是李子玉交给其代为炒黄金的资金,不是受贿;陈月忠在其离任时送给其的10万元,是馈赠不是受贿;赵龙成送的3万元是给其用于接待检查制梁厂的检查组使用的,已开支完毕,不是受贿。③原判量刑畸重。自首情节在量刑时没有得到体现。

广西壮族自治区高级人民法院经审理认为,上诉人卫建峰属于国有公司委派到非国有公司从事公务的人员,应当认定为国家工作人员。其在担任中铁二十五局集团有限公司副总经理兼任湘桂铁路Ⅶ标指挥部指挥长期间,多次利用职务便利主动索取或者收受他人贿赂共计188.775万元,为他人谋取利益,其行为亦构成受贿罪。一审判决认定的事实清楚,证据确实、充分,适用法律正确,量刑适当,审判程序合法,应予维持。据此,广西壮族自治区高级人民法院依法裁定驳回上诉,维持原判。

## 二、主要问题

如何认定公司改制后国家工作人员的身份?

## 三、裁判理由

根据在案证据,我们认为,应当认定本案被告人卫建峰在实施检察机关指控的有关犯罪行为期间属于国家工作人员,其利用职务便利索取或者收受他人贿赂的行为,应当构成受贿罪。对卫建峰行为的定性关键在于认定其是否属于国家工作人员身份。具体分析如下:

### (一)《意见》应当同步适用,与相关司法解释不存在冲突,不存在从旧兼从轻的适用问题

2010年"两高"出台的《意见》系专门对国家出资企业中有关人员职务犯罪问题作出的解释,其内容并没有改变之前"两高"有关司法解释中认定国家工作人员身份标准的规定,只是对于近年来司法机关办理此类案件中经常遇到的一些新情况、新问题,规定了更为明确的认定标准,其与之前相关司法解释的内容没有冲突,对国家工作人员的认定范围没有改变,亦与刑法第九十三条的规定相一致,不存在所谓从旧兼从轻的适用问题。因此,在"两高"有明确规范性文件规定的情况下,本案当然应当适用该《意见》。

### (二)卫建峰属于受国有主体委派在国有控股企业中从事管理工作的人员

中国铁建股份有限公司于2007年11月成立,由中国铁道建筑总公司(国有公司)独家发起设立。中国铁建股份有限公司于2008年3月上市扩股,吸纳社会公众资金,上市后国家持股61.33%,国有法人全国社会保障基金理事会

持股1.98%,社会公众持股36.69%,属于国家控股企业(国家出资企业)。

中铁二十五局集团有限公司于1985年成立,股东为中国铁道建筑总公司和广州铁路工程(集团)有限公司工会;2004年股东变更为中国铁道建筑总公司持股76.65%,中铁十五局集团有限公司持股11.56%,广州铁路工程公司工会持股11.79%;2007年5月,由中国铁道建筑总公司收购广州铁路工程(集团)有限公司工会出资股权,股东变更为中国铁道建筑总公司(持股88.44%)和中铁十五局集团有限公司(持股11.56%);2007年11月,中国铁建股份有限公司通过划转、收购有关股东的股权,持股100%,成为唯一股东。因此,中铁二十五局集团有限公司是中国铁建股份有限公司的全资子公司(二级公司),属于国家出资企业。

卫建峰担任中铁二十五局集团有限公司副总经理之前,其长期在中铁十二局集团公司工作,并于2003年起担任工程管理部部长,成为公司中层管理人员,后通过铁路系统内部招聘,调到中铁二十五局集团有限公司。

从卫建峰担任中铁二十五局集团有限公司副总经理的任命来看,其系由国有公司中国铁道建筑总公司决定并向中铁二十五局集团有限公司及其党委下达通知任命的,然后才由中铁二十五局集团有限公司履行聘任手续;2009年中铁二十五局集团有限公司又任命卫建峰兼任湘桂铁路扩能改造工程Ⅶ标工程指挥部指挥长。从卫建峰担任珠三角城际轨道交通有限公司副总经理的工作调动、职务任命过程看,其担任珠三角城际轨道交通有限公司筹备组副组长(副局级)系铁道部党组给广州铁路(集团)公司及其党委下发的任职通知,之后才由广东珠三角城际轨道交通有限公司聘任其为总经理。2004年中共中铁二十五局集团公司委员会文件《中铁二十五局集团有限公司党委工作若干规定》规定,公司党委隶属中国铁道建筑总公司党委领导,同时接受广东省委的领导;公司实行党管干部原则,党委会讨论决定集团公司所属单位领导班子成员的考核、任用和奖惩事项。卫建峰的职务从2004年12月任命后直至2010年8月调任珠三角城际轨道有限公司,其职务没有发生变动。证据显示,中国铁建股份有限公司对下属二级公司董事会、经理层的领导任免,要经过中铁建党委组织的考察、征求党委常委及纪检部门意见,并经公司党委常委会讨论决定。卫建峰没有重新任命,是中国铁建股份有限公司党委认可了原提名和任命手续。因此,卫建峰担任中铁二十五局集团有限公司副总经理,受国有投资主体委派代表国有股东一方行使管理职权的性质在中国铁建股份有限公司上市后并未发生改变。卫建峰的《干部任免审批表》显示,其担任湘桂铁路扩能改造工程Ⅶ标工程指挥部指挥长,是中铁二十五局党委组织干部部呈报二十五局集团公司同意任命的,后才以中铁二十五局集团公司的名义下发的任免通知。

此外,中铁二十五局2009年度、2010年度卫建峰的《干部任免审批表》证实,卫建峰作为中铁二十五局集团有限公司副总经理,由中国共产党中铁二十五局集团组织干部部、中国共产党铁道部党组考核。

从以上卫建峰的任职、考核情况看,可以得出卫建峰从2004年起,一直是由国家机关负责管理的副局级干部,属于党管干部,其任职源起要么来自于国有公司,要么来自于国家机关,其在有关公司中的任职应当属于受国有主体委派,符合《意见》第六条规定的经国家机关、国有公司提名、推荐、任命在国有控股企业中从事管理工作的人员,具有国家工作人员身份。

(三)卫建峰在兼任湘桂铁路扩能改造工程Ⅶ标工程指挥部指挥长期间的工作属于从事公务

本案被告人卫建峰所担任的职务,最初是经中国铁道建筑总公司提名的,属于受国有公司的委派在国有控股公司中从事管理工作。中国铁建股份有限公司是国有控股公司,其成立后卫建峰的职务保持不变,属于职务延续,卫建峰受国有投资主体委派代表国有股东一方行使管理职权的性质并未发生改变。另外,根据2011年中共中国铁建股份有限公司制发的《中国铁建股份有限公司企业领导人员管理暂行办法》的规定,该公司二级公司(中铁二十五局集团公司属于二级公司)担任领导职务的人员(包括总经理、副总经理)的选任,民主推荐结果应当向股份公司党委汇报,研究确定考察对象,之后由党委组织考察提出选用建议,再提交公司党委常委会讨论决定;逐步建立企业领导人员责任追究制度,企业领导人员有“因管理不善,造成国有资产严重流失的”等情形,视情况给予经济处罚、组织处理、党纪政纪处分,涉嫌违法犯罪的,依法移交司法机关。卫建峰在担任中铁二十五局集团有限公司副总经理的职务期间,作为公司高层管理人员,当然负有监督、管理、经营国有资产的职责，属于国家工作人员。

根据2009年10月26日《关于调整集团公司经理层领导工作分工的通知》，卫建峰副总经理负责南宁铁路局范围内在建项目、对湘桂线(南局段)项目行使直接组织指挥权，协管施工管理部、安全管理部；同时，根据《关于成立"中铁二十五局湘桂铁路扩改工程Ⅶ标指挥部"及启用印章的通知》，卫建峰作为湘桂铁路扩能改造工程Ⅶ标工程指挥长还兼任党工委书记。至于卫建峰兼任的中铁二十五局集团有限公司湘桂铁路扩能改造工程Ⅶ标工程指挥部指挥长，虽然是临时性职务，但并不影响其是否从事公务的认定，其该职务是否属于从事公务，应当从其具体工作职责进行分析。

《中铁二十五局湘桂铁路扩改工程Ⅶ标指挥部指挥长职责》第二条明确规定："指挥长是工程项目管理的第一责任人，根据合同对项目实施过程行使全面管理职权。"据此，指挥长作为工程指挥部的"一把手"，对工程项目的施工生产进度、工程质量监管、工程成本控制及价款结算等所有工作均具有领导职责，这其中必然包括对中铁二十五局所持国有股份对应的国有资产的经营、监管责任，购料款、工程款的拨付决定权作为其职权之一。而本案中行贿人送钱给卫建峰的主要原因是为了能让卫建峰及时拨付购料款和工程款。因此，卫建峰作为湘桂铁路扩改工程Ⅶ标指挥部指挥长，系国有控股公司临时机构的"一把手"，同时其还兼任指挥部的党工委书记，主持党工委的全面工作，其从事的工作具有公务性质，符合《意见》第六条规定的经国家出资企业中负有管理、监督国有资产职责的组织研究决定，代表其在国有控股公司及其分支机构中从事组织、领导、监督、经营、管理工作的人员，应当认定为国家工作人员。

综上，被告人卫建峰在国家出资企业中作为高层管理人员，所任职务系经国家出资企业中负有管理、监督国有资产职责的组织研究决定，从事组织、领导、监督、经营、管理的工作，应当认定为国家工作人员。本案一、二审法院将其利用职务便利收受贿赂的行为定性为受贿罪是正确的。

(撰稿：最高人民法院刑二庭　康　瑛

审编：最高人民法院刑二庭　王晓东)

[第 1019 号]

# 凌吉敏受贿案

——以明显高于市场的价格向请托人出租房屋，所收取的租金与市场价格的差额是否应当认定为受贿数额

## 一、基本案情

被告人凌吉敏，男，1958 年 7 月 25 日出生，原系人力资源和社会保障部养老保险司待遇处副处长。2012 年 7 月 24 日因涉嫌犯受贿罪被逮捕。

北京市东城区检察院以被告人凌吉敏犯受贿罪，向东城区人民法院提起公诉。

被告人凌吉敏对指控的事实不持异议，但辩称其没有利用职务之便为吉林省扶余华侨农场(以下简称扶余华侨农场)谋取利益，房租高于平均的市场价是因为承租对象和房屋用途与一般住宅不同。

被告人凌吉敏的辩护人基于以下理由提出凌吉敏的行为不构成受贿罪：(1)凌吉敏没有为扶余华侨农场直接分配专项补贴的职权，且事后的租房行为与之前制定专项补助政策并没有必然的因果关系；(2)扶余华侨农场通过较高的租金租赁房屋并不排除有事后答谢的意思，但凌吉敏没有与其事先约定、承诺或者达成默契；(3)凌吉敏不知道扶余华侨农场改变专项资金的用途，亦没有监督职责。

北京市东城区人民法院经公开审理查明：2003 年至 2011 年，被告人凌吉敏担任人力资源和社会保障部养老保险司待遇处副处长，负责对农垦企业基本养老保险专项转移支付资金进行分配、监督。在此期间，凌吉敏利用职务便利，将其房产以明显高于市场的价格租赁给吉林省扶余华侨农场，以

此方式收受该农场贿赂款人民币(以下币种同)633 864 元。案发后赃款已全部退缴。

北京市东城区人民法院认为,被告人凌吉敏的供述、亲笔供词、证人证言、相关书证均证实凌吉敏有负责制定养老保险专项补助政策、分配养老保险专项补助资金以及监督该项政策实施的职务便利。凌吉敏明知扶余华侨农场有与其职务相关的请托事项,仍然以明显高于市场的价格向请托方出租房屋收取贿赂,应当以受贿罪论处,依法应予惩处。鉴于被告人家属代为退缴全部赃款,可以对凌吉敏从轻处罚。据此,依照《中华人民共和国刑法》第三百八十五条第一款、第三百八十六条、第三百八十三条、第六十四条之规定,东城区人民法院以被告人凌吉敏犯受贿罪,判处有期徒刑十年。在案扣押的人民币六十三万三千八百六十四元,予以没收。

一审宣判后,被告人凌吉敏不服,向北京市第二中级人民法院提出上诉。凌吉敏的上诉理由及其辩护人的辩护意见是:凌吉敏没有利用职务上的便利为扶余华侨农场谋取利益,将房屋租赁给扶余华侨农场是双方自愿的市场行为,房屋租金公平、合理,其行为不构成犯罪。

北京市第二中级人民法院经审理认为,人力资源和社会保障部养老保险司出具的证明、说明等书证证实,上诉人凌吉敏作为人力资源和社会保障部养老保险司待遇处副处长,具有制定养老保险专项补助政策、分配养老保险专项补助资金以及监督该项政策实施的职务便利。凌吉敏在明知扶余华侨农场有与其职务行为相关的请托事项的情况下,仍然以明显高于市场的价格向请托方出租自有房屋,其房屋租金高于市场价格的部分,应当认定为凌吉敏变相收取的贿赂款,构成受贿罪,依法应予惩处。一审法院根据凌吉敏犯罪的事实、犯罪的性质、情节及对于社会的危害程度所作出的定罪正确,量刑适当,审判程序合法。据此,依照《中华人民共和国刑事诉讼法》第二百二十五条第一款第一项之规定,北京市第二中级人民法院裁定驳回上诉,维持原判。

## 二、主要问题

1. 明知他人有与自己职务相关的请托事项,仍然将自己房屋以明显高于市场的价格租给请托人的,是否可以认定为利用职务便利为他人谋取利益?

2. 以明显高于市场的租赁价格将房屋出租给请托人,是否属于变相收受贿赂?

## 三、裁判理由

### (一)明知他人有与自己职务相关的请托事项,仍然将自己房屋以明显高于市场的价格租给请托人的,视为承诺为他人谋取利益

利用职务便利为他人谋取利益是收受型受贿犯罪的构成要件之一,包含两个方面:为他人谋取利益以及谋取利益与行为人职务相关。首先,要准确理解"为他人谋取利益"。为他人谋取利益是一个行为过程,包括主观故意的发生即行贿、受贿双方形成合意,具体的谋取利益行为即利用职务便利实际为他人谋取利益和最终的结果即行贿人因受贿人的职务行为谋取到了利益三个部分。只要具备其中一个部分,就可以认定具备了为他人谋取利益的构成要件。最高人民法院2003年印发的《全国法院审理经济犯罪案件工作座谈会纪要》明确指出,为他人谋取利益包括承诺、实施和实现三个阶段的行为,只要具有其中一个阶段的行为,就应认定为他人谋取利益。值得注意的是,实施牟利行为并不一定要经过承诺或者合意阶段。国家工作人员在正常工作中,通过职务行为为他人谋利后,获利人为感谢而送与财物,国家工作人员予以收受的,尽管事前获利人没有专门请托国家工作人员利用职务为其谋利,双方没有就谋利和收送财物进行共谋,也不影响受贿罪的成立。之前国家工作人员正常的履职行为同样符合受贿罪中"利用职务便利为他人谋取利益"的构成要件。

承诺可以是明示的方式,也可以是默示的方式。明示的方式就是当请托人请托时,明确答应帮忙办事。默示的方式是当请托人请托时,国家工作人员不明确表态是否帮忙,但通过行为可以判断出其态度,如收下了请托人的财物。按照前述《全国法院审理经济犯罪工作座谈会纪要》的规定,"明知他人有具体请托事项而收受其财物的,视为承诺为他人谋取利益"。

其次,要全面把握谋取利益与职务行为的相关性。受贿罪的一个典型

特征就是权钱交易。“权”就是“职务”,整个受贿犯罪行为都是围绕国家工作人员的职务行为展开的。受贿人为行贿人谋取的利益必须与其职权有关,也就是利用了职务上的便利,但职务便利不要求必须在自己工作的职责范围内具体主管、负责、承办某项公共事务,也不必是自己的本职工作。如果处在职权的控制、制约、影响范围内,也可以认定为存在职务便利;通过自己职权控制、制约、影响的其他国家工作人员的行为来完成,也属于利用职务便利为他人谋取利益。如担任单位领导职务的,通过单位内部的下属(不论是否属于自己的主管部门)或者下级单位的国家工作人员的职务为他人谋取利益。

谋取利益的行为方式可以是积极的作为,也可以是消极的不作为。作为就是按照请托人的请托,利用职务便利,为请托人实施牟利行为;不作为就是发现请托人的行为存在违规之处,负有调查处理责任的国家工作人员有意不履行自己的职责,不查处请托人的违规行为,从而实现请托人的利益。谋取利益的行为可以是非正常履职行为,即谋取不正当利益,也可以是正常履职行为;可以是决定性行为,也可以是非决定性行为。国家工作人员的职务行为可能只是请托人谋取利益过程中所经的一个环节,如需要层层审批的行政事务,最终的批准权可能在于某个领导,但在交由领导审批前,也需要经过各部门相关人员的审查。虽然这种审查只是工作程序中的一个环节,并不能最终决定事项是否批准,但这一审查程序同样是这些人员的职务行为。

本案中,当作为请托方的扶余华侨农场提出让被告人凌吉敏帮忙申请补贴的请托事项时,凌吉敏当时未明确表态。当归侨、难侨与离退人员生活补贴下发至扶余华侨农场后,扶余华侨农场未按要求用于发放离退人员的养老金,而是将上述补贴违规用于缴纳在职职工的养老保险。凌吉敏作为负责农垦企业(包括扶余华侨农场)参加养老保险有关政策的制定和后续专项资金分配工作的人员,负有监管资金使用的职责,发现问题后应当及时纠正。但在此过程中,凌吉敏明知扶余华侨农场有与其职权相关的请托事项,仍然以明显高于市场的价格向扶余华侨农场出租自己的房屋,实质上是收受请托人的财物,可以视为凌吉敏默示同意为扶余华侨农场谋取利益。

（二）以明显高于市场的价格让请托人租赁其房屋，实质上是一种变相收受请托人财物的行为，属于采取交易形式变相收受贿赂

最高人民法院、最高人民检察院于2007年联合下发的《关于办理受贿刑事案件适用法律若干问题的意见》（以下简称《意见》）明确了实践中出现的几种新类型收受财物的方式及数额认定标准，其中在"关于以交易形式收受贿赂问题"中，明确了三种交易方式：以明显低于市场的价格向请托人购买房屋、汽车等物品的；以明显高于市场的价格向请托人出售房屋、汽车等物品的；以其他交易形式非法收受请托人财物的。

对于前两种方式比较容易理解，明显低于市场价格购买和明显高于市场价格出售这两种行为形式上是一种市场买卖行为，系双方自愿处置财产，看似合法合理，但从内容看，这两种行为明显违背市场交易规律，低价买入和高价卖出对买卖的相对方都是不利的，在正常的市场交易中都不会出现。因此，这两种行为表面上是平等的交易，实质上包含了一种权钱交易。请托人之所以接受这样的交易价格，不是因为物有所值，而是因为其中包含了国家工作人员利用职务便利为请托人谋取利益的对价，超出市场价格的差额就是"权钱交易"的价格。对于"以其他交易形式非法收受请托人财物"，《意见》虽然没有如前两种行为方式限制"明显低于"、"明显高于"的条件，但在具体认定时，仍然需要比较具体交易行为与正常市场交易行为的差距。对于明显违背市场交易规律，国家工作人员由此获取了非法利益的，可以认定为"以其他交易形式非法收受请托人财物"。而收受财物的具体数额，应当为实际支付的价格与交易时当地市场价格的差额。

本案中，2003年至2011年间，被告人凌吉敏将房屋出租给扶余华侨农场，其中2003年至2009年每年租金10万元，2010年、2011年每年租金12万元，9年间共计收取租金94万元。而按照价格认证中心的鉴定意见，该房屋在上述时间段的市场租金总计只有306 136元。凌吉敏实际收取的租金是市场同期租金的3倍多，明显高于市场价格，故这种"租赁"表面是一种市场交易行为，实际属于"以其他交易形式非法收受请托人财物"，非法收受的财物数额为实际支付价格与交易时当地市场价格的差额，即633 864元。

综上,被告人凌吉敏在明知扶余华侨农场有与其职权相关的请托事项,以明显高于市场价格的租金向请托人出租房屋,属于变相收受请托人的财物,其行为构成受贿罪,受贿数额为实际收取的租金与市场租金的差额。

(撰稿:北京市第二中级人民法院　谭劲松
审编:最高人民法院刑五庭　马　岩)

[第 1020 号]

# 刘凯受贿案

## ——因受贿案发后又主动交代用受贿款向他人行贿事实，使其他贿赂案件得以侦破的，是否构成立功

### 一、基本案情

被告人刘凯，男，1971 年 9 月 15 日出生，原系江苏省徐州市恒达路桥工程有限公司(以下简称恒达公司)经理。2012 年 12 月 28 日因涉嫌犯受贿罪被逮捕。

徐州市贾汪区人民检察院以被告人刘凯犯受贿罪，向贾汪区人民法院提起公诉。

徐州市贾汪区人民法院经公开审理查明：2004 年至 2008 年间，被告人刘凯利用担任恒达公司经理的职务之便，收受乔文焕、庞宏等人财物，共计价值人民币(以下币种同)18.5 万元，在支付货款、租赁费等方面为乔文焕、庞宏等人谋取利益。刘凯到案后退回赃款 15 万元，如实供述司法机关没有掌握的其他受贿事实，并主动交代了其向张海行贿的事实。

徐州市贾汪区人民法院认为，被告人刘凯身为国家工作人员，利用职务之便，非法收受他人财物共计价值 18.5 万元，并为他人谋取利益，其行为构成受贿罪。刘凯具有坦白、退赃等情节，依法可以从轻处罚。刘凯被采取强制措施后主动交代行贿事实，由此破获他人受贿案件，不符合立功的法律规定，不构成立功。据此，依照《中华人民共和国刑法》第三百八十五条第一款、第三百八十六条、第三百八十三条、第九十三条第二款、第六十四条、第六十七条第三款之规定，贾汪区人民法院以被告人刘凯犯受贿罪，判处有期徒刑十年。

一审宣判后，被告人刘凯提出上诉。刘凯及其辩护人基于以下理由提

请法庭对刘凯减轻处罚：刘凯为司法机关查获其他贿赂犯罪提供线索，具有立功表现；刘凯到案后如实供述其犯罪行为并主动退赃。

徐州市中级人民法院经审理认为，被告人刘凯供述其使用部分受贿款向他人行贿，必然要供述对方收受其贿赂的犯罪事实，不属于检举揭发他人犯罪，不能认定为立功。原判决认定事实清楚，证据确实、充分，定罪准确，量刑适当，审判程序合法。据此，依照《中华人民共和国刑事诉讼法》第二百二十五条第一项之规定，徐州市中级人民法院于 2013 年 7 月 19 日裁定驳回上诉，维持原判。

## 二、主要问题

因受贿案发后又主动交代用受贿款向他人行贿事实，使其他贿赂案件得以侦破的，是否构成立功？

## 三、裁判理由

本案在审理过程中，关于被告人刘凯主动交代向他人行贿事实，司法机关由此破获其他贿赂案件，由此刘凯是否构成立功形成两种不同意见：一种意见认为，刘凯向司法机关供述自己向本案以外的其他国家工作人员行贿，提供了得以侦破其他贿赂案件的线索，应当认定为具有立功表现。另一种意见认为，刘凯具有受贿和行贿两个事实，公诉机关已因其在行贿事实案发前如实供述行贿事实而对该事实不起诉，其提供的他人收受其贿赂的线索，属于对行贿事实如实供述，不应再被重复评价为立功。

我们同意后一种意见。具体从以下两个层面进行分析：

### （一）因涉嫌受贿到案后如实供述所收受财物的使用情况的，不属于其对受贿犯罪事实的如实供述范围，由此又涉嫌其他犯罪或者揭发他人犯罪的，可能构成自首、立功

立功是司法实践中比较常见，同时也是司法认定上容易产生争议的问题。行为人因涉嫌某种犯罪到案后，供述该罪事实时又供述了与该罪具有一定关联性的其他事实，甚至因此揭发他人犯罪的，如何判断行为人的供述是否超出了其对前罪如实供述的必要范围，后续供述能否构成自首或者立

功,是实务中的难点。总体来说,应当以齐备犯罪构成要件包含的全部构成要件要素为标准,来界定行为人对某一犯罪的供述是否完整、充分。行为人实施犯罪的某些情节又涉及本人或者他人的其他犯罪的,如这些情节没有超出该罪的犯罪构成,则仍然属于对该罪的如实供述,因行为人的供述又破获本人或者他人的其他犯罪的,不构成自首或者立功。由于此类情节本身属于该罪犯罪事实的组成部分,与该罪密不可分,如不如实供述此类情节,该罪的基本犯罪事实就不可能完全查清。例如,依法配枪的人员,因涉嫌非法出租、出借枪支到案后,其供述非法出租、出借枪支事实时必然要交代出租、出借枪支的对象,即使因此提供他人非法持有枪支的犯罪线索,破获了其他案件,也不构成立功。在非法买卖假发票、假币、毒品等违禁品的犯罪中,这一点表现得尤为明显,参与非法交易的一方到案后,如实供述对方情况的,仍然属于对其本人实施的非法交易行为的供述范围。贿赂犯罪也具有这样的特点,供述受贿事实,必须交代行贿人的情况;供述行贿事实,同样必须交代受贿人的情况。除对贿赂的提供人、收受人必须交代外,如有利用职权牟利情节,行为人对牟利情节的供述亦属于对贿赂犯罪基本事实的供述。最高人民法院于2010年出台的《关于处理自首和立功若干具体问题的意见》规定:“虽然如实供述的其他罪行的罪名与司法机关已掌握犯罪的罪名不同,但如实供述的其他犯罪与司法机关已掌握的犯罪属选择性罪名或者在法律、事实上密切关联,如因受贿被采取强制措施后,又交代因受贿为他人谋取利益行为,构成滥用职权罪的,应认定为同种罪行。”根据上述规定,行为人供述的犯罪与司法机关已掌握的犯罪在“法律、事实上密切关联”的,所供犯罪不构成自首,对该规定的精神可以结合犯罪构成来理解、把握。

但是,如果行为人因涉嫌犯罪到案后,供述该罪事实时又供述了超出该罪犯罪构成要件相关事实的,其后续供述构成自首或者立功。行为人在供述犯罪事实时,可能会对案发起因、赃物处理等不属于犯罪构成要件的情节一并供述,此时其供述如涉及本人其他犯罪或者他人犯罪情况,可能构成自首或者立功。例如,行为人在供述故意杀人事实时,供称其与被害人多年前共同绑架他人,后因怕被害人揭发而杀害被害人,其构成绑架罪的自首。在受贿犯罪中,行为人受贿后对贿赂款物的具体使用情况,并不属于受贿罪的构成要素,使用贿赂款物涉及其他犯罪的,对该情节的交代可能构成自首或者立功。本案中,被告人刘凯因涉嫌受贿罪被捕后,交代自己使用部分受贿款向其上级领导张海行贿,刘凯对行贿事实的供述,已超出其对受贿犯罪承担的如实供述范围。考虑到司法机关根据该线索已侦破张海受贿一案,刘凯确已具备构成自首或者立功的可能条件。

(二)主动供述行贿事实并由此破获他人受贿案件的,其中揭发他人受贿犯罪的内容属于如实供述行贿事实的一部分,可构成行贿罪的自首,不构成立功

贿赂犯罪属于对合犯,实施贿赂行为的双方互为实现特定犯罪的必要条件。无论是行贿罪还是受贿罪,其客观方面的要件都必然包含财物转移的全过程,均涉及双方当事人。根据前面的分析,行为人供述行贿事实的,必然供述对方的受贿事实,否则其供述的行贿事实就不完整,达不到如实供述的要求。故其对他人受贿犯罪的揭发,并未超出其对行贿犯罪承担的如实供述范围,不能另外构成立功。

本案中,被告人刘凯因涉嫌受贿到案后供述了自己的受贿事实,同时主动交代了自己使用部分受贿款向他人行贿的事实。刘凯主动供述行贿事实同时产生了两方面的积极作用:一方面,其主动交代了司法机关尚未掌握的行贿事实,司法机关据此查明该事实,节约了司法资源;另一方面,司法机关根据其供述侦破了他人受贿的案件,其供述具有揭发他人犯罪的效果。刘凯主动供述行贿事实,可以认定其构成行贿罪的自首。虽然其自首行为客观上具有揭发他人犯罪的作用,但不能再认定其构成立功,否则就是对同一行为的重复评价。刘凯除了具有行贿罪自首情节,同时,还符合刑法第三百九十条条第二款关于“行贿人在被追诉前主动交代行贿行为的,可以减轻处罚或者免除处罚”的规定。公诉机关根据该款规定,已对其所犯行贿罪不予起诉,这是对其所犯行贿罪具有自首情节的充分肯定评价,人民法院在审判阶段自然不能再将该情节重复评价为立功。据此,一、二审法院均认定被告人刘凯不构成立功,是正确的。

**(撰稿:江苏省徐州市中级人民法院　邱学锋　庄　彬**

**审编:最高人民法院刑五庭　马　岩)**

## 中华人民共和国主席令

### 第九号

《中华人民共和国环境保护法》已由中华人民共和国第十二届全国人民代表大会常务委员会第八次会议于2014年4月24日修订通过，现将修订后的《中华人民共和国环境保护法》公布，自2015年1月1日起施行。

中华人民共和国主席 习近平

2014年4月24日

# 中华人民共和国环境保护法

（1989年12月26日第七届全国人民代表大会常务委员会第十一次会议通过　2014年4月24日第十二届全国人民代表大会常务委员会第八次会议修订）

### 第一章　总　　则

**第一条**　为保护和改善环境，防治污染和其他公害，保障公众健康，推进生态文明建设，促进经济社会可持续发展，制定本法。

**第二条**　本法所称环境，是指影响人类生存和发展的各种天然的和经过人工改造的自然因素的总体，包括大气、水、海洋、土地、矿藏、森林、草原、湿地、野生生物、自然遗迹、人文遗迹、自然保护区、风景名胜区、城市和乡村等。

**第三条** 本法适用于中华人民共和国领域和中华人民共和国管辖的其他海域。

**第四条** 保护环境是国家的基本国策。

国家采取有利于节约和循环利用资源、保护和改善环境、促进人与自然和谐的经济、技术政策和措施,使经济社会发展与环境保护相协调。

**第五条** 环境保护坚持保护优先、预防为主、综合治理、公众参与、损害担责的原则。

**第六条** 一切单位和个人都有保护环境的义务。

地方各级人民政府应当对本行政区域的环境质量负责。

企业事业单位和其他生产经营者应当防止、减少环境污染和生态破坏,对所造成的损害依法承担责任。

公民应当增强环境保护意识,采取低碳、节俭的生活方式,自觉履行环境保护义务。

**第七条** 国家支持环境保护科学技术研究、开发和应用,鼓励环境保护产业发展,促进环境保护信息化建设,提高环境保护科学技术水平。

**第八条** 各级人民政府应当加大保护和改善环境、防治污染和其他公害的财政投入,提高财政资金的使用效益。

**第九条** 各级人民政府应当加强环境保护宣传和普及工作,鼓励基层群众性自治组织、社会组织、环境保护志愿者开展环境保护法律法规和环境保护知识的宣传,营造保护环境的良好风气。

教育行政部门、学校应当将环境保护知识纳入学校教育内容,培养学生的环境保护意识。

新闻媒体应当开展环境保护法律法规和环境保护知识的宣传,对环境违法行为进行舆论监督。

**第十条** 国务院环境保护主管部门,对全国环境保护工作实施统一监督管理;县级以上地方人民政府环境保护主管部门,对本行政区域环境保护工作实施统一监督管理。

县级以上人民政府有关部门和军队环境保护部门,依照有关法律的规定对资源保护和污染防治等环境保护工作实施监督管理。

**第十一条** 对保护和改善环境有显著成绩的单位和个人,由人民政府给予奖励。

**第十二条** 每年6月5日为环境日。

## 第二章 监督管理

**第十三条** 县级以上人民政府应当将环境保护工作纳入国民经济和社会发展规划。

国务院环境保护主管部门会同有关部门,根据国民经济和社会发展规划编制国家环境保护规划,报国务院批准并公布实施。

县级以上地方人民政府环境保护主管部门会同有关部门,根据国家环境保护规划的要求,编制本行政区域的环境保护规划,报同级人民政府批准并公布实施。

环境保护规划的内容应当包括生态保护和污染防治的目标、任务、保障措施等,并与主体功能区规划、土地利用总体规划和城乡规划等相衔接。

**第十四条** 国务院有关部门和省、自治区、直辖市人民政府组织制定经济、技术政策,应当充分考虑对环境的影响,听取有关方面和专家的意见。

**第十五条** 国务院环境保护主管部门制定国家环境质量标准。

省、自治区、直辖市人民政府对国家环境质量标准中未作规定的项目,可以制定地方环境质量标准;对国家环境质量标准中已作规定的项目,可以制定严于国家环境质量标准的地方环境质量标准。地方环境质量标准应当报国务院环境保护主管部门备案。

国家鼓励开展环境基准研究。

**第十六条** 国务院环境保护主管部门根据国家环境质量标准和国家经济、技术条件,制定国家污染物排放标准。

省、自治区、直辖市人民政府对国家污染物排放标准中未作规定的项目,可以制定地方污染物排放标准;对国家污染物排放标准中已作规定的项目,可以制定严于国家污染物排放标准的地方污染物排放标准。地方污染物排放标准应当报国务院环境保护主管部门备案。

**第十七条** 国家建立、健全环境监测制度。国务院环境保护主管部门制定监测规范，会同有关部门组织监测网络，统一规划国家环境质量监测站(点)的设置，建立监测数据共享机制，加强对环境监测的管理。

有关行业、专业等各类环境质量监测站(点)的设置应当符合法律法规规定和监测规范的要求。

监测机构应当使用符合国家标准的监测设备，遵守监测规范。监测机构及其负责人对监测数据的真实性和准确性负责。

**第十八条** 省级以上人民政府应当组织有关部门或者委托专业机构，对环境状况进行调查、评价，建立环境资源承载能力监测预警机制。

**第十九条** 编制有关开发利用规划，建设对环境有影响的项目，应当依法进行环境影响评价。

未依法进行环境影响评价的开发利用规划，不得组织实施；未依法进行环境影响评价的建设项目，不得开工建设。

**第二十条** 国家建立跨行政区域的重点区域、流域环境污染和生态破坏联合防治协调机制，实行统一规划、统一标准、统一监测、统一的防治措施。

前款规定以外的跨行政区域的环境污染和生态破坏的防治，由上级人民政府协调解决，或者由有关地方人民政府协商解决。

**第二十一条** 国家采取财政、税收、价格、政府采购等方面的政策和措施，鼓励和支持环境保护技术装备、资源综合利用和环境服务等环境保护产业的发展。

**第二十二条** 企业事业单位和其他生产经营者，在污染物排放符合法定要求的基础上，进一步减少污染物排放的，人民政府应当依法采取财政、税收、价格、政府采购等方面的政策和措施予以鼓励和支持。

**第二十三条** 企业事业单位和其他生产经营者，为改善环境，依照有关规定转产、搬迁、关闭的，人民政府应当予以支持。

**第二十四条** 县级以上人民政府环境保护主管部门及其委托的环境监察机构和其他负有环境保护监督管理职责的部门，有权对排放污染物的企业事业单位和其他生产经营者进行现场检查。被检查者应当如实反映情况,提供必要的资料。实施现场检查的部门、机构及其工作人员应当为被检查者保守商业秘密。

**第二十五条** 企业事业单位和其他生产经营者违反法律法规规定排放污染物,造成或者可能造成严重污染的,县级以上人民政府环境保护主管部门和其他负有环境保护监督管理职责的部门,可以查封、扣押造成污染物排放的设施、设备。

**第二十六条** 国家实行环境保护目标责任制和考核评价制度。县级以上人民政府应当将环境保护目标完成情况纳入对本级人民政府负有环境保护监督管理职责的部门及其负责人和下级人民政府及其负责人的考核内容,作为对其考核评价的重要依据。考核结果应当向社会公开。

**第二十七条** 县级以上人民政府应当每年向本级人民代表大会或者人民代表大会常务委员会报告环境状况和环境保护目标完成情况,对发生的重大环境事件应当及时向本级人民代表大会常务委员会报告,依法接受监督。

## 第三章 保护和改善环境

**第二十八条** 地方各级人民政府应当根据环境保护目标和治理任务,采取有效措施,改善环境质量。

未达到国家环境质量标准的重点区域、流域的有关地方人民政府,应当制定限期达标规划,并采取措施按期达标。

**第二十九条** 国家在重点生态功能区、生态环境敏感区和脆弱区等区域划定生态保护红线,实行严格保护。

各级人民政府对具有代表性的各种类型的自然生态系统区域,珍稀、濒危的野生动植物自然分布区域,重要的水源涵养区域,具有重大科学文化价值的地质构造、著名溶洞和化石分布区、冰川、火山、温泉等自然遗迹,以及人文遗迹、古树名木,应当采取措施予以保护,严禁破坏。

**第三十条** 开发利用自然资源,应当合理开发,保护生物多样性,保障生态安全,依法制定有关生态保护和恢复治理方案并予以实施。

引进外来物种以及研究、开发和利用生物技术,应当采取措施,防止对生物多样性的破坏。

**第三十一条** 国家建立、健全生态保护补偿制度。

国家加大对生态保护地区的财政转移支付力度。有关地方人民政府应当落实生态保护补偿资金,确保其用于生态保护补偿。

国家指导受益地区和生态保护地区人民政府通过协商或者按照市场规则进行生态保护补偿。

**第三十二条** 国家加强对大气、水、土壤等的保护,建立和完善相应的调查、监测、评估和修复制度。

**第三十三条** 各级人民政府应当加强对农业环境的保护,促进农业环境保护新技术的使用,加强对农业污染源的监测预警,统筹有关部门采取措施,防治土壤污染和土地沙化、盐渍化、贫瘠化、石漠化、地面沉降以及防治植被破坏、水土流失、水体富营养化、水源枯竭、种源灭绝等生态失调现象,推广植物病虫害的综合防治。

县级、乡级人民政府应当提高农村环境保护公共服务水平,推动农村环境综合整治。

**第三十四条** 国务院和沿海地方各级人民政府应当加强对海洋环境的保护。向海洋排放污染物、倾倒废弃物,进行海岸工程和海洋工程建设,应当符合法律法规规定和有关标准,防止和减少对海洋环境的污染损害。

**第三十五条** 城乡建设应当结合当地自然环境的特点,保护植被、水域和自然景观,加强城市园林、绿地和风景名胜区的建设与管理。

**第三十六条** 国家鼓励和引导公民、法人和其他组织使用有利于保护环境的产品和再生产品,减少废弃物的产生。

国家机关和使用财政资金的其他组织应当优先采购和使用节能、节水、节材等有利于保护环境的产品、设备和设施。

**第三十七条** 地方各级人民政府应当采取措施,组织对生活废弃物的分类处置、回收利用。

**第三十八条** 公民应当遵守环境保护法律法规,配合实施环境保护措施,按照规定对生活废弃物进行分类放置,减少日常生活对环境造成的损害。

**第三十九条** 国家建立、健全环境与健康监测、调查和风险评估制度；鼓励和组织开展环境质量对公众健康影响的研究，采取措施预防和控制与环境污染有关的疾病。

## 第四章 防治污染和其他公害

**第四十条** 国家促进清洁生产和资源循环利用。

国务院有关部门和地方各级人民政府应当采取措施，推广清洁能源的生产和使用。

企业应当优先使用清洁能源，采用资源利用率高、污染物排放量少的工艺、设备以及废弃物综合利用技术和污染物无害化处理技术，减少污染物的产生。

**第四十一条** 建设项目中防治污染的设施，应当与主体工程同时设计、同时施工、同时投产使用。防治污染的设施应当符合经批准的环境影响评价文件的要求，不得擅自拆除或者闲置。

**第四十二条** 排放污染物的企业事业单位和其他生产经营者，应当采取措施，防治在生产建设或者其他活动中产生的废气、废水、废渣、医疗废物、粉尘、恶臭气体、放射性物质以及噪声、振动、光辐射、电磁辐射等对环境的污染和危害。

排放污染物的企业事业单位，应当建立环境保护责任制度，明确单位负责人和相关人员的责任。

重点排污单位应当按照国家有关规定和监测规范安装使用监测设备，保证监测设备正常运行，保存原始监测记录。

严禁通过暗管、渗井、渗坑、灌注或者篡改、伪造监测数据，或者不正常运行防治污染设施等逃避监管的方式违法排放污染物。

**第四十三条** 排放污染物的企业事业单位和其他生产经营者，应当按照国家有关规定缴纳排污费。排污费应当全部专项用于环境污染防治，任何单位和个人不得截留、挤占或者挪作他用。

依照法律规定征收环境保护税的，不再征收排污费。

**第四十四条** 国家实行重点污染物排放总量控制制度。重点污染物排放总量控制指标由国务院下达，省、自治区、直辖市人民政府分解落实。企业事业单位在执行国家和地方污染物排放标准的同时，应当遵守分解落实到本单位的重点污染物排放总量控制指标。

对超过国家重点污染物排放总量控制指标或者未完成国家确定的环境质量目标的地区，省级以上人民政府环境保护主管部门应当暂停审批其新增重点污染物排放总量的建设项目环境影响评价文件。

**第四十五条** 国家依照法律规定实行排污许可管理制度。

实行排污许可管理的企业事业单位和其他生产经营者应当按照排污许可证的要求排放污染物；未取得排污许可证的，不得排放污染物。

**第四十六条** 国家对严重污染环境的工艺、设备和产品实行淘汰制度。任何单位和个人不得生产、销售或者转移、使用严重污染环境的工艺、设备和产品。

禁止引进不符合我国环境保护规定的技术、设备、材料和产品。

**第四十七条** 各级人民政府及其有关部门和企业事业单位，应当依照《中华人民共和国突发事件应对法》的规定，做好突发环境事件的风险控制、应急准备、应急处置和事后恢复等工作。

县级以上人民政府应当建立环境污染公共监测预警机制，组织制定预警方案；环境受到污染，可能影响公众健康和环境安全时，依法及时公布预警信息，启动应急措施。

企业事业单位应当按照国家有关规定制定突发环境事件应急预案，报环境保护主管部门和有关部门备案。在发生或者可能发生突发环境事件时，企业事业单位应当立即采取措施处理，及时通报可能受到危害的单位和居民，并向环境保护主管部门和有关部门报告。

突发环境事件应急处置工作结束后，有关人民政府应当立即组织评估事件造成的环境影响和损失，并及时将评估结果向社会公布。

**第四十八条** 生产、储存、运输、销售、使用、处置化学物品和含有放射性物质的物品，应当遵守国家有关规定，防止污染环境。

**第四十九条** 各级人民政府及其农业等有关部门和机构应当指导农业生产经营者科学种植和养殖，科学合理施用农药、化肥等农业投入品，科学处置农用薄膜、农作物秸秆等农业废弃物,防止农业面源污染。

禁止将不符合农用标准和环境保护标准的固体废物、废水施入农田。施用农药、化肥等农业投入品及进行灌溉,应当采取措施,防止重金属和其他有毒有害物质污染环境。

畜禽养殖场、养殖小区、定点屠宰企业等的选址、建设和管理应当符合有关法律法规规定。从事畜禽养殖和屠宰的单位和个人应当采取措施,对畜禽粪便、尸体和污水等废弃物进行科学处置,防止污染环境。

县级人民政府负责组织农村生活废弃物的处置工作。

**第五十条** 各级人民政府应当在财政预算中安排资金,支持农村饮用水水源地保护、生活污水和其他废弃物处理、畜禽养殖和屠宰污染防治、土壤污染防治和农村工矿污染治理等环境保护工作。

**第五十一条** 各级人民政府应当统筹城乡建设污水处理设施及配套管网,固体废物的收集、运输和处置等环境卫生设施,危险废物集中处置设施、场所以及其他环境保护公共设施,并保障其正常运行。

**第五十二条** 国家鼓励投保环境污染责任保险。

## 第五章 信息公开和公众参与

**第五十三条** 公民、法人和其他组织依法享有获取环境信息、参与和监督环境保护的权利。

各级人民政府环境保护主管部门和其他负有环境保护监督管理职责的部门,应当依法公开环境信息、完善公众参与程序,为公民、法人和其他组织参与和监督环境保护提供便利。

**第五十四条** 国务院环境保护主管部门统一发布国家环境质量、重点污染源监测信息及其他重大环境信息。省级以上人民政府环境保护主管部门定期发布环境状况公报。

县级以上人民政府环境保护主管部门和其他负有环境保护监督管理职责的部门,应当依法公开环境质量、环境监测、突发环境事件以及环境行政许可、行政处罚、排污费的征收和使用情况等信息。

县级以上地方人民政府环境保护主管部门和其他负有环境保护监督管

理职责的部门,应当将企业事业单位和其他生产经营者的环境违法信息记入社会诚信档案,及时向社会公布违法者名单。

**第五十五条** 重点排污单位应当如实向社会公开其主要污染物的名称、排放方式、排放浓度和总量、超标排放情况,以及防治污染设施的建设和运行情况,接受社会监督。

**第五十六条** 对依法应当编制环境影响报告书的建设项目,建设单位应当在编制时向可能受影响的公众说明情况,充分征求意见。

负责审批建设项目环境影响评价文件的部门在收到建设项目环境影响报告书后,除涉及国家秘密和商业秘密的事项外,应当全文公开;发现建设项目未充分征求公众意见的,应当责成建设单位征求公众意见。

**第五十七条** 公民、法人和其他组织发现任何单位和个人有污染环境和破坏生态行为的,有权向环境保护主管部门或者其他负有环境保护监督管理职责的部门举报。

公民、法人和其他组织发现地方各级人民政府、县级以上人民政府环境保护主管部门和其他负有环境保护监督管理职责的部门不依法履行职责的,有权向其上级机关或者监察机关举报。

接受举报的机关应当对举报人的相关信息予以保密,保护举报人的合法权益。

**第五十八条** 对污染环境、破坏生态,损害社会公共利益的行为,符合下列条件的社会组织可以向人民法院提起诉讼:

(一)依法在设区的市级以上人民政府民政部门登记;

(二)专门从事环境保护公益活动连续五年以上且无违法记录。

符合前款规定的社会组织向人民法院提起诉讼,人民法院应当依法受理。

提起诉讼的社会组织不得通过诉讼牟取经济利益。

## 第六章 法律责任

**第五十九条** 企业事业单位和其他生产经营者违法排放污染物,受到罚款处罚,被责令改正,拒不改正的,依法作出处罚决定的行政机关可以自责令改正之日的次日起,按照原处罚数额按日连续处罚。

前款规定的罚款处罚,依照有关法律法规按照防治污染设施的运行成本、违法行为造成的直接损失或者违法所得等因素确定的规定执行。

地方性法规可以根据环境保护的实际需要,增加第一款规定的按日连续处罚的违法行为的种类。

**第六十条** 企业事业单位和其他生产经营者超过污染物排放标准或者超过重点污染物排放总量控制指标排放污染物的,县级以上人民政府环境保护主管部门可以责令其采取限制生产、停产整治等措施;情节严重的,报经有批准权的人民政府批准,责令停业、关闭。

**第六十一条** 建设单位未依法提交建设项目环境影响评价文件或者环境影响评价文件未经批准,擅自开工建设的,由负有环境保护监督管理职责的部门责令停止建设,处以罚款,并可以责令恢复原状。

**第六十二条** 违反本法规定,重点排污单位不公开或者不如实公开环境信息的,由县级以上地方人民政府环境保护主管部门责令公开,处以罚款,并予以公告。

**第六十三条** 企业事业单位和其他生产经营者有下列行为之一,尚不构成犯罪的,除依照有关法律法规规定予以处罚外,由县级以上人民政府环境保护主管部门或者其他有关部门将案件移送公安机关,对其直接负责的主管人员和其他直接责任人员,处十日以上十五日以下拘留;情节较轻的,处五日以上十日以下拘留:

(一)建设项目未依法进行环境影响评价,被责令停止建设,拒不执行的;

(二)违反法律规定,未取得排污许可证排放污染物,被责令停止排污,拒不执行的;

(三)通过暗管、渗井、渗坑、灌注或者篡改、伪造监测数据,或者不正常运行防治污染设施等逃避监管的方式违法排放污染物的;

(四)生产、使用国家明令禁止生产、使用的农药,被责令改正,拒不改正的。

**第六十四条** 因污染环境和破坏生态造成损害的,应当依照《中华人民共和国侵权责任法》的有关规定承担侵权责任。

**第六十五条** 环境影响评价机构、环境监测机构以及从事环境监测设备和防治污染设施维护、运营的机构,在有关环境服务活动中弄虚作假,对造成的环境污染和生态破坏负有责任的,除依照有关法律法规规定予以处罚外,还应当与造成环境污染和生态破坏的其他责任者承担连带责任。

**第六十六条** 提起环境损害赔偿诉讼的时效期间为三年,从当事人知道或者应当知道其受到损害时起计算。

**第六十七条** 上级人民政府及其环境保护主管部门应当加强对下级人民政府及其有关部门环境保护工作的监督。发现有关工作人员有违法行为,依法应当给予处分的,应当向其任免机关或者监察机关提出处分建议。

依法应当给予行政处罚,而有关环境保护主管部门不给予行政处罚的,上级人民政府环境保护主管部门可以直接作出行政处罚的决定。

**第六十八条** 地方各级人民政府、县级以上人民政府环境保护主管部门和其他负有环境保护监督管理职责的部门有下列行为之一的,对直接负责的主管人员和其他直接责任人员给予记过、记大过或者降级处分;造成严重后果的,给予撤职或者开除处分,其主要负责人应当引咎辞职:

(一)不符合行政许可条件准予行政许可的;

(二)对环境违法行为进行包庇的;

(三)依法应当作出责令停业、关闭的决定而未作出的;

(四)对超标排放污染物、采用逃避监管的方式排放污染物、造成环境事故以及不落实生态保护措施造成生态破坏等行为,发现或者接到举报未及时查处的;

(五)违反本法规定,查封、扣押企业事业单位和其他生产经营者的设施、设备的;

(六)篡改、伪造或者指使篡改、伪造监测数据的;

(七)应当依法公开环境信息而未公开的;

(八)将征收的排污费截留、挤占或者挪作他用的;

(九)法律法规规定的其他违法行为。

**第六十九条** 违反本法规定,构成犯罪的,依法追究刑事责任。

## 第七章 附 则

**第七十条** 本法自2015年1月1日起施行。

# 中华人民共和国主席令

## 第十二号

《全国人民代表大会常务委员会关于修改〈中华人民共和国预算法〉的决定》已由中华人民共和国第十二届全国人民代表大会常务委员会第十次会议于2014年8月31日通过,现予公布,自2015年1月1日起施行。

中华人民共和国主席　习近平

2014年8月31日

# 全国人民代表大会常务委员会关于修改《中华人民共和国预算法》的决定

(2014年8月31日第十二届全国人民代表大会常务委员会第十次会议通过)

第十二届全国人民代表大会常务委员会第十次会议决定对《中华人民共和国预算法》作如下修改:

一、将第一条修改为:"为了规范政府收支行为,强化预算约束,加强对预算的管理和监督,建立健全全面规范、公开透明的预算制度,保障经济社会的健康发展,根据宪法,制定本法。"

二、增加一条,作为第二条:"预算、决算的编制、审查、批准、监督,以及预算的执行和调整,依照本法规定执行。”

三、将第二条改为第三条,删去第二款。

将第五条第一款、第二款改为第三条第二款、第三款,修改为:“全国预算由中央预算和地方预算组成。地方预算由各省、自治区、直辖市总预算组成。

“地方各级总预算由本级预算和汇总的下一级总预算组成;下一级只有本级预算的,下一级总预算即指下一级的本级预算。没有下一级预算的,总预算即指本级预算。”

四、将第三条改为第十二条,修改为:“各级预算应当遵循统筹兼顾、勤俭节约、量力而行、讲求绩效和收支平衡的原则。

“各级政府应当建立跨年度预算平衡机制。”

五、增加一条,作为第四条:“预算由预算收入和预算支出组成。

“政府的全部收入和支出都应当纳入预算。”

六、增加一条,作为第五条:“预算包括一般公共预算、政府性基金预算、国有资本经营预算、社会保险基金预算。

“一般公共预算、政府性基金预算、国有资本经营预算、社会保险基金预算应当保持完整、独立。政府性基金预算、国有资本经营预算、社会保险基金预算应当与一般公共预算相衔接。”

七、将第四条改为第六条,修改为:“一般公共预算是对以税收为主体的财政收入,安排用于保障和改善民生、推动经济社会发展、维护国家安全、维持国家机构正常运转等方面的收支预算。

“中央一般公共预算包括中央各部门(含直属单位,下同)的预算和中央对地方的税收返还、转移支付预算。

“中央一般公共预算收入包括中央本级收入和地方向中央的上解收入。中央一般公共预算支出包括中央本级支出、中央对地方的税收返还和转移支付。”

八、将第五条第三款、第四款改为第七条,修改为:“地方各级一般公共预算包括本级各部门(含直属单位,下同)的预算和税收返还、转移支付预算。

“地方各级一般公共预算收入包括地方本级收入、上级政府对本级政府的税收返还和转移支付、下级政府的上解收入。地方各级一般公共预算支出包括地方本级支出、对上级政府的上解支出、对下级政府的税收返还和转移支付。”

**九**、将第六条改为第八条，修改为：“各部门预算由本部门及其所属各单位预算组成”，相应删去第七条。

**十**、增加一条，作为第九条：“政府性基金预算是对依照法律、行政法规的规定在一定期限内向特定对象征收、收取或者以其他方式筹集的资金，专项用于特定公共事业发展的收支预算。

“政府性基金预算应当根据基金项目收入情况和实际支出需要，按基金项目编制，做到以收定支。”

**十一**、增加一条，作为第十条：“国有资本经营预算是对国有资本收益作出支出安排的收支预算。

“国有资本经营预算应当按照收支平衡的原则编制，不列赤字，并安排资金调入一般公共预算。”

**十二**、增加一条，作为第十一条：“社会保险基金预算是对社会保险缴款、一般公共预算安排和其他方式筹集的资金，专项用于社会保险的收支预算。

“社会保险基金预算应当按照统筹层次和社会保险项目分别编制，做到收支平衡。”

**十三**、将第九条改为第十三条，修改为：“经人民代表大会批准的预算，非经法定程序，不得调整。各级政府、各部门、各单位的支出必须以经批准的预算为依据，未列入预算的不得支出。”

**十四**、增加一条，作为第十四条：“经本级人民代表大会或者本级人民代表大会常务委员会批准的预算、预算调整、决算、预算执行情况的报告及报表，应当在批准后二十日内由本级政府财政部门向社会公开，并对本级政府财政转移支付安排、执行的情况以及举借债务的情况等重要事项作出说明。

“经本级政府财政部门批复的部门预算、决算及报表，应当在批复后二十日内由各部门向社会公开，并对部门预算、决算中机关运行经费的安排、使用情况等重要事项作出说明。

“各级政府、各部门、各单位应当将政府采购的情况及时向社会公开。

“本条前三款规定的公开事项，涉及国家秘密的除外。”

**十五**、增加一条，作为第十六条："国家实行财政转移支付制度。财政转移支付应当规范、公平、公开，以推进地区间基本公共服务均等化为主要目标。

"财政转移支付包括中央对地方的转移支付和地方上级政府对下级政府的转移支付，以为均衡地区间基本财力、由下级政府统筹安排使用的一般性转移支付为主体。

"按照法律、行政法规和国务院的规定可以设立专项转移支付，用于办理特定事项。建立健全专项转移支付定期评估和退出机制。市场竞争机制能够有效调节的事项不得设立专项转移支付。

"上级政府在安排专项转移支付时，不得要求下级政府承担配套资金。但是，按照国务院的规定应当由上下级政府共同承担的事项除外。"

**十六**、增加一条，作为第十七条："各级预算的编制、执行应当建立健全相互制约、相互协调的机制。"

**十七**、将第十三条改为第二十一条，第二款、第三款修改为："县级以上地方各级人民代表大会常务委员会监督本级总预算的执行；审查和批准本级预算的调整方案；审查和批准本级决算；撤销本级政府和下一级人民代表大会及其常务委员会关于预算、决算的不适当的决定、命令和决议。

"乡、民族乡、镇的人民代表大会审查和批准本级预算和本级预算执行情况的报告；监督本级预算的执行；审查和批准本级预算的调整方案；审查和批准本级决算；撤销本级政府关于预算、决算的不适当的决定和命令。"

**十八**、增加一条，作为第二十二条："全国人民代表大会财政经济委员会对中央预算草案初步方案及上一年预算执行情况、中央预算调整初步方案和中央决算草案进行初步审查，提出初步审查意见。

"省、自治区、直辖市人民代表大会有关专门委员会对本级预算草案初步方案及上一年预算执行情况、本级预算调整初步方案和本级决算草案进行初步审查，提出初步审查意见。

"设区的市、自治州人民代表大会有关专门委员会对本级预算草案初步方案及上一年预算执行情况、本级预算调整初步方案和本级决算草案进行初步审查，提出初步审查意见，未设立专门委员会的，由本级人民代表大会常务委员会有关工作机构研究提出意见。

"县、自治县、不设区的市、市辖区人民代表大会常务委员会对本级预算草案初步方案及上一年预算执行情况进行初步审查，提出初步审查意见。县、自治县、不设区的市、市辖区人民代表大会常务委员会有关工作机构对本级预算调整初步方案和本级决算草案研究提出意见。

"设区的市、自治州以上各级人民代表大会有关专门委员会进行初步审查、常务委员会有关工作机构研究提出意见时，应当邀请本级人民代表大会代表参加。

"对依照本条第一款至第四款规定提出的意见，本级政府财政部门应当将处理情况及时反馈。

"依照本条第一款至第四款规定提出的意见以及本级政府财政部门反馈的处理情况报告，应当印发本级人民代表大会代表。

"全国人民代表大会常务委员会和省、自治区、直辖市、设区的市、自治州人民代表大会常务委员会有关工作机构，依照本级人民代表大会常务委员会的决定，协助本级人民代表大会财政经济委员会或者有关专门委员会承担审查预算草案、预算调整方案、决算草案和监督预算执行等方面的具体工作。"

**十九、**将第十五条改为第二十四条，增加一款，作为第三款："经省、自治区、直辖市政府批准，乡、民族乡、镇本级预算草案、预算调整方案、决算草案，可以由上一级政府代编，并依照本法第二十一条的规定报乡、民族乡、镇的人民代表大会审查和批准。"

**二十、**将第十七条、第十八条合并，作为第二十六条第一款、第二款。

**二十一、**将第十九条改为第二十七条，修改为："一般公共预算收入包括各项税收收入、行政事业性收费收入、国有资源（资产）有偿使用收入、转移性收入和其他收入。

"一般公共预算支出按照其功能分类，包括一般公共服务支出，外交、公共安全、国防支出，农业、环境保护支出，教育、科技、文化、卫生、体育支出，社会保障及就业支出和其他支出。

"一般公共预算支出按照其经济性质分类，包括工资福利支出、商品和服务支出、资本性支出和其他支出。"

**二十二**、增加一条,作为第二十八条:“政府性基金预算、国有资本经营预算和社会保险基金预算的收支范围,按照法律、行政法规和国务院的规定执行。”

**二十三**、删去第二十条。

**二十四**、将第二十一条改为第二十九条,修改为:“中央预算与地方预算有关收入和支出项目的划分、地方向中央上解收入、中央对地方税收返还或者转移支付的具体办法,由国务院规定,报全国人民代表大会常务委员会备案。”

**二十五**、删去第二十二条。

**二十六**、将第二十四条改为第三十一条第二款。

将第三十五条改为第三十一条第一款,修改为:“国务院应当及时下达关于编制下一年预算草案的通知。编制预算草案的具体事项由国务院财政部门部署。”

**二十七**、将第二十五条改为第三十二条,修改为:“各级预算应当根据年度经济社会发展目标、国家宏观调控总体要求和跨年度预算平衡的需要,参考上一年预算执行情况、有关支出绩效评价结果和本年度收支预测,按照规定程序征求各方面意见后,进行编制。

“各级政府依据法定权限作出决定或者制定行政措施,凡涉及增加或者减少财政收入或者支出的,应当在预算批准前提出并在预算草案中作出相应安排。

“各部门、各单位应当按照国务院财政部门制定的政府收支分类科目、预算支出标准和要求,以及绩效目标管理等预算编制规定,根据其依法履行职能和事业发展的需要以及存量资产情况,编制本部门、本单位预算草案。

“前款所称政府收支分类科目,收入分为类、款、项、目;支出按其功能分类分为类、款、项,按其经济性质分类分为类、款。”

**二十八**、删去第二十六条。

**二十九**、将第二十七条改为第三十四条,修改为:“中央一般公共预算中必需的部分资金,可以通过举借国内和国外债务等方式筹措,举借债务应当控制适当的规模,保持合理的结构。

"对中央一般公共预算中举借的债务实行余额管理,余额的规模不得超过全国人民代表大会批准的限额。

"国务院财政部门具体负责对中央政府债务的统一管理。"

三十、将第二十八条改为第三十五条,修改为:"地方各级预算按照量入为出、收支平衡的原则编制,除本法另有规定外,不列赤字。

"经国务院批准的省、自治区、直辖市的预算中必需的建设投资的部分资金,可以在国务院确定的限额内,通过发行地方政府债券举借债务的方式筹措。举借债务的规模,由国务院报全国人民代表大会或者全国人民代表大会常务委员会批准。省、自治区、直辖市依照国务院下达的限额举借的债务,列入本级预算调整方案,报本级人民代表大会常务委员会批准。举借的债务应当有偿还计划和稳定的偿还资金来源,只能用于公益性资本支出,不得用于经常性支出。

"除前款规定外,地方政府及其所属部门不得以任何方式举借债务。

"除法律另有规定外,地方政府及其所属部门不得为任何单位和个人的债务以任何方式提供担保。

"国务院建立地方政府债务风险评估和预警机制、应急处置机制以及责任追究制度。国务院财政部门对地方政府债务实施监督。"

三十一、将第二十九条改为第三十六条,修改为:"各级预算收入的编制,应当与经济社会发展水平相适应,与财政政策相衔接。

"各级政府、各部门、各单位应当依照本法规定,将所有政府收入全部列入预算,不得隐瞒、少列。"

三十二、将第三十条改为第三十七条,修改为:"各级预算支出应当依照本法规定,按其功能和经济性质分类编制。

"各级预算支出的编制,应当贯彻勤俭节约的原则,严格控制各部门、各单位的机关运行经费和楼堂馆所等基本建设支出。

"各级一般公共预算支出的编制,应当统筹兼顾,在保证基本公共服务合理需要的前提下,优先安排国家确定的重点支出。"

三十三、增加一条,作为第三十八条:"一般性转移支付应当按照国务院规定的基本标准和计算方法编制。专项转移支付应当分地区、分项目编制。

“县级以上各级政府应当将对下级政府的转移支付预计数提前下达下级政府。

“地方各级政府应当将上级政府提前下达的转移支付预计数编入本级预算。”

**三十四**、将第三十一条改为第三十九条,修改为:“中央预算和有关地方预算中应当安排必要的资金,用于扶助革命老区、民族地区、边疆地区、贫困地区发展经济社会建设事业。”

**三十五**、将第三十二条改为第四十条,修改为:“各级一般公共预算应当按照本级一般公共预算支出额的百分之一至百分之三设置预备费,用于当年预算执行中的自然灾害等突发事件处理增加的支出及其他难以预见的开支。”

**三十六**、将第三十三条改为第四十一条,修改为:“各级一般公共预算按照国务院的规定可以设置预算周转金,用于本级政府调剂预算年度内季节性收支差额。

“各级一般公共预算按照国务院的规定可以设置预算稳定调节基金,用于弥补以后年度预算资金的不足。”

**三十七**、将第三十四条改为第四十二条,修改为:“各级政府上一年预算的结转资金,应当在下一年用于结转项目的支出;连续两年未用完的结转资金,应当作为结余资金管理。

“各部门、各单位上一年预算的结转、结余资金按照国务院财政部门的规定办理。”

**三十八**、将第三十六条改为第三十三条。

**三十九**、将第三十七条改为第四十四条,修改为:“国务院财政部门应当在每年全国人民代表大会会议举行的四十五日前,将中央预算草案的初步方案提交全国人民代表大会财政经济委员会进行初步审查。

“省、自治区、直辖市政府财政部门应当在本级人民代表大会会议举行的三十日前,将本级预算草案的初步方案提交本级人民代表大会有关专门委员会进行初步审查。

“设区的市、自治州政府财政部门应当在本级人民代表大会会议举行的三十日前，将本级预算草案的初步方案提交本级人民代表大会有关专门委员会进行初步审查，或者送交本级人民代表大会常务委员会有关工作机构征求意见。

“县、自治县、不设区的市、市辖区政府应当在本级人民代表大会会议举行的三十日前，将本级预算草案的初步方案提交本级人民代表大会常务委员会进行初步审查。”

**四十、**增加一条，作为第四十五条：“县、自治县、不设区的市、市辖区、乡、民族乡、镇的人民代表大会举行会议审查预算草案前，应当采用多种形式，组织本级人民代表大会代表，听取选民和社会各界的意见。”

**四十一、**增加一条，作为第四十六条：“报送各级人民代表大会审查和批准的预算草案应当细化。本级一般公共预算支出，按其功能分类应当编列到项；按其经济性质分类，基本支出应当编列到款。本级政府性基金预算、国有资本经营预算、社会保险基金预算支出，按其功能分类应当编列到项。”

**四十二、**将第三十八条改为第四十七条，修改为：“国务院在全国人民代表大会举行会议时，向大会作关于中央和地方预算草案以及中央和地方预算执行情况的报告。

“地方各级政府在本级人民代表大会举行会议时，向大会作关于总预算草案和总预算执行情况的报告。”

**四十三、**将第三十九条改为第四十三条，将第二款中的“政府预算”修改为“预算”。

**四十四、**增加一条，作为第四十八条：“全国人民代表大会和地方各级人民代表大会对预算草案及其报告、预算执行情况的报告重点审查下列内容：

“（一）上一年预算执行情况是否符合本级人民代表大会预算决议的要求；

“（二）预算安排是否符合本法的规定；

“（三）预算安排是否贯彻国民经济和社会发展的方针政策，收支政策是否切实可行；

“（四）重点支出和重大投资项目的预算安排是否适当；

“（五）预算的编制是否完整，是否符合本法第四十六条的规定；

“(六)对下级政府的转移性支出预算是否规范、适当;

“(七)预算安排举借的债务是否合法、合理,是否有偿还计划和稳定的偿还资金来源;

“(八)与预算有关重要事项的说明是否清晰。”

**四十五**、增加一条,作为第四十九条:“全国人民代表大会财政经济委员会向全国人民代表大会主席团提出关于中央和地方预算草案及中央和地方预算执行情况的审查结果报告。

“省、自治区、直辖市、设区的市、自治州人民代表大会有关专门委员会,县、自治县、不设区的市、市辖区人民代表大会常务委员会,向本级人民代表大会主席团提出关于总预算草案及上一年总预算执行情况的审查结果报告。

“审查结果报告应当包括下列内容:

“(一)对上一年预算执行和落实本级人民代表大会预算决议的情况作出评价;

“(二)对本年度预算草案是否符合本法的规定,是否可行作出评价;

“(三)对本级人民代表大会批准预算草案和预算报告提出建议;

“(四)对执行年度预算、改进预算管理、提高预算绩效、加强预算监督等提出意见和建议。”

**四十六**、将第四十二条改为第五十二条,修改为:“各级预算经本级人民代表大会批准后,本级政府财政部门应当在二十日内向本级各部门批复预算。各部门应当在接到本级政府财政部门批复的本部门预算后十五日内向所属各单位批复预算。

“中央对地方的一般性转移支付应当在全国人民代表大会批准预算后三十日内正式下达。中央对地方的专项转移支付应当在全国人民代表大会批准预算后九十日内正式下达。

“省、自治区、直辖市政府接到中央一般性转移支付和专项转移支付后,应当在三十日内正式下达到本行政区域县级以上各级政府。

“县级以上地方各级预算安排对下级政府的一般性转移支付和专项转移支付,应当分别在本级人民代表大会批准预算后的三十日和六十日内正式下达。

“对自然灾害等突发事件处理的转移支付，应当及时下达预算；对据实结算等特殊项目的转移支付，可以分期下达预算，或者先预付后结算。

“县级以上各级政府财政部门应当将批复本级各部门的预算和批复下级政府的转移支付预算，抄送本级人民代表大会财政经济委员会、有关专门委员会和常务委员会有关工作机构。”

**四十七、**将第四十三条改为第五十三条，增加一款，作为第二款：“各部门、各单位是本部门、本单位的预算执行主体，负责本部门、本单位的预算执行，并对执行结果负责。”

**四十八、**将第四十四条改为第五十四条，修改为：“预算年度开始后，各级预算草案在本级人民代表大会批准前，可以安排下列支出：

“（一）上一年度结转的支出；

“（二）参照上一年同期的预算支出数额安排必须支付的本年度部门基本支出、项目支出，以及对下级政府的转移性支出；

“（三）法律规定必须履行支付义务的支出，以及用于自然灾害等突发事件处理的支出。

“根据前款规定安排支出的情况，应当在预算草案的报告中作出说明。

“预算经本级人民代表大会批准后，按照批准的预算执行。”

**四十九、**将第四十五条改为第五十五条，修改为：“预算收入征收部门和单位，必须依照法律、行政法规的规定，及时、足额征收应征的预算收入。不得违反法律、行政法规规定，多征、提前征收或者减征、免征、缓征应征的预算收入，不得截留、占用或者挪用预算收入。

“各级政府不得向预算收入征收部门和单位下达收入指标。”

**五十、**将第四十六条改为第五十六条，修改为：“政府的全部收入应当上缴国家金库（以下简称国库），任何部门、单位和个人不得截留、占用、挪用或者拖欠。

“对于法律有明确规定或者经国务院批准的特定专用资金，可以依照国务院的规定设立财政专户。”

**五十一、**将第四十七条改为第五十七条，第二款修改为：“各级政府、各部门、各单位的支出必须按照预算执行,不得虚假列支。"

增加一款,作为第三款:"各级政府、各部门、各单位应当对预算支出情况开展绩效评价。"

**五十二**、增加一条,作为第五十八条:"各级预算的收入和支出实行收付实现制。

"特定事项按照国务院的规定实行权责发生制的有关情况,应当向本级人民代表大会常务委员会报告。"

**五十三**、将第四十八条改为第五十九条,第三款至第五款修改为:"各级国库应当按照国家有关规定,及时准确地办理预算收入的收纳、划分、留解、退付和预算支出的拨付。

"各级国库库款的支配权属于本级政府财政部门。除法律、行政法规另有规定外,未经本级政府财政部门同意,任何部门、单位和个人都无权冻结、动用国库库款或者以其他方式支配已入国库的库款。

"各级政府应当加强对本级国库的管理和监督,按照国务院的规定完善国库现金管理,合理调节国库资金余额。"

**五十四**、增加一条,作为第六十条:"已经缴入国库的资金,依照法律、行政法规的规定或者国务院的决定需要退付的,各级政府财政部门或者其授权的机构应当及时办理退付。按照规定应当由财政支出安排的事项,不得用退库处理。"

**五十五**、增加一条,作为第六十一条:"国家实行国库集中收缴和集中支付制度,对政府全部收入和支出实行国库集中收付管理。"

**五十六**、将第五十条改为第六十三条,修改为:"各部门、各单位应当加强对预算收入和支出的管理,不得截留或者动用应当上缴的预算收入,不得擅自改变预算支出的用途。"

**五十七**、将第五十二条改为第六十五条,修改为:"各级预算周转金由本级政府财政部门管理,不得挪作他用。"

**五十八**、增加一条,作为第六十六条:"各级一般公共预算年度执行中有超收收入的,只能用于冲减赤字或者补充预算稳定调节基金。

"各级一般公共预算的结余资金,应当补充预算稳定调节基金。

“省、自治区、直辖市一般公共预算年度执行中出现短收，通过调入预算稳定调节基金、减少支出等方式仍不能实现收支平衡的，省、自治区、直辖市政府报本级人民代表大会或者其常务委员会批准，可以增列赤字，报国务院财政部门备案，并应当在下一年度预算中予以弥补。”

**五十九、**将第五十三条改为第六十七条，修改为：“经全国人民代表大会批准的中央预算和经地方各级人民代表大会批准的地方各级预算，在执行中出现下列情况之一的，应当进行预算调整：

“（一）需要增加或者减少预算总支出的；

“（二）需要调入预算稳定调节基金的；

“（三）需要调减预算安排的重点支出数额的；

“（四）需要增加举借债务数额的。”

**六十、**增加一条，作为第六十八条：“在预算执行中，各级政府一般不制定新的增加财政收入或者支出的政策和措施，也不制定减少财政收入的政策和措施；必须作出并需要进行预算调整的，应当在预算调整方案中作出安排。”

**六十一、**将第五十四条改为第六十九条，修改为：“在预算执行中，各级政府对于必须进行的预算调整，应当编制预算调整方案。预算调整方案应当说明预算调整的理由、项目和数额。

“在预算执行中，由于发生自然灾害等突发事件，必须及时增加预算支出的，应当先动支预备费；预备费不足支出的，各级政府可以先安排支出，属于预算调整的，列入预算调整方案。

“国务院财政部门应当在全国人民代表大会常务委员会举行会议审查和批准预算调整方案的三十日前，将预算调整初步方案送交全国人民代表大会财政经济委员会进行初步审查。

“省、自治区、直辖市政府财政部门应当在本级人民代表大会常务委员会举行会议审查和批准预算调整方案的三十日前，将预算调整初步方案送交本级人民代表大会有关专门委员会进行初步审查。

“设区的市、自治州政府财政部门应当在本级人民代表大会常务委员会举行会议审查和批准预算调整方案的三十日前，将预算调整初步方案送交本级人民代表大会有关专门委员会进行初步审查,或者送交本级人民代表大会常务委员会有关工作机构征求意见。

“县、自治县、不设区的市、市辖区政府财政部门应当在本级人民代表大会常务委员会举行会议审查和批准预算调整方案的三十日前,将预算调整初步方案送交本级人民代表大会常务委员会有关工作机构征求意见。

“中央预算的调整方案应当提请全国人民代表大会常务委员会审查和批准。县级以上地方各级预算的调整方案应当提请本级人民代表大会常务委员会审查和批准;乡、民族乡、镇预算的调整方案应当提请本级人民代表大会审查和批准。未经批准,不得调整预算。”

**六十二**、将第五十五条改为第七十条,第一款修改为:“经批准的预算调整方案,各级政府应当严格执行。未经本法第六十九条规定的程序,各级政府不得作出预算调整的决定。”

**六十三**、将第五十六条改为第七十一条,修改为:“在预算执行中,地方各级政府因上级政府增加不需要本级政府提供配套资金的专项转移支付而引起的预算支出变化,不属于预算调整。

“接受增加专项转移支付的县级以上地方各级政府应当向本级人民代表大会常务委员会报告有关情况;接受增加专项转移支付的乡、民族乡、镇政府应当向本级人民代表大会报告有关情况。”

**六十四**、将第五十七条改为第七十二条,修改为:“各部门、各单位的预算支出应当按照预算科目执行。严格控制不同预算科目、预算级次或者项目间的预算资金的调剂,确需调剂使用的,按照国务院财政部门的规定办理。”

**六十五**、将第六十条改为第七十五条,修改为:“编制决算草案,必须符合法律、行政法规,做到收支真实、数额准确、内容完整、报送及时。

“决算草案应当与预算相对应,按预算数、调整预算数、决算数分别列出。一般公共预算支出应当按其功能分类编列到项,按其经济性质分类编列到款。”

**六十六**、将第六十二条改为第七十七条,第一款、第二款修改为:“国务院财政部门编制中央决算草案,经国务院审计部门审计后,报国务院审定,由国务院提请全国人民代表大会常务委员会审查和批准。

“县级以上地方各级政府财政部门编制本级决算草案，经本级政府审计部门审计后，报本级政府审定，由本级政府提请本级人民代表大会常务委员会审查和批准。”

**六十七**、增加一条，作为第七十八条：“国务院财政部门应当在全国人民代表大会常务委员会举行会议审查和批准中央决算草案的三十日前，将上一年度中央决算草案提交全国人民代表大会财政经济委员会进行初步审查。

“省、自治区、直辖市政府财政部门应当在本级人民代表大会常务委员会举行会议审查和批准本级决算草案的三十日前，将上一年度本级决算草案提交本级人民代表大会有关专门委员会进行初步审查。

“设区的市、自治州政府财政部门应当在本级人民代表大会常务委员会举行会议审查和批准本级决算草案的三十日前，将上一年度本级决算草案提交本级人民代表大会有关专门委员会进行初步审查，或者送交本级人民代表大会常务委员会有关工作机构征求意见。

“县、自治县、不设区的市、市辖区政府财政部门应当在本级人民代表大会常务委员会举行会议审查和批准本级决算草案的三十日前，将上一年度本级决算草案送交本级人民代表大会常务委员会有关工作机构征求意见。

“全国人民代表大会财政经济委员会和省、自治区、直辖市、设区的市、自治州人民代表大会有关专门委员会，向本级人民代表大会常务委员会提出关于本级决算草案的审查结果报告。”

**六十八**、增加一条，作为第七十九条：“县级以上各级人民代表大会常务委员会和乡、民族乡、镇人民代表大会对本级决算草案，重点审查下列内容：

“(一)预算收入情况；

“(二)支出政策实施情况和重点支出、重大投资项目资金的使用及绩效情况；

“(三)结转资金的使用情况；

“(四)资金结余情况；

“(五)本级预算调整及执行情况；

“(六)财政转移支付安排执行情况;

“(七)经批准举借债务的规模、结构、使用、偿还等情况;

“(八)本级预算周转金规模和使用情况;

“(九)本级预备费使用情况;

“(十)超收收入安排情况,预算稳定调节基金的规模和使用情况;

“(十一)本级人民代表大会批准的预算决议落实情况;

“(十二)其他与决算有关的重要情况。

“县级以上各级人民代表大会常务委员会应当结合本级政府提出的上一年度预算执行和其他财政收支的审计工作报告,对本级决算草案进行审查。”

**六十九**、将第六十三条改为第八十条,修改为:“各级决算经批准后,财政部门应当在二十日内向本级各部门批复决算。各部门应当在接到本级政府财政部门批复的本部门决算后十五日内向所属单位批复决算。”

**七十**、将第六十四条改为第八十一条,修改为:“地方各级政府应当将经批准的决算及下一级政府上报备案的决算汇总,报上一级政府备案。

“县级以上各级政府应当将下一级政府报送备案的决算汇总后,报本级人民代表大会常务委员会备案。”

**七十一**、将第六十九条改为第八十六条,修改为:“国务院和县级以上地方各级政府应当在每年六月至九月期间向本级人民代表大会常务委员会报告预算执行情况。”

**七十二**、将第七十一条改为第八十八条,修改为:“各级政府财政部门负责监督检查本级各部门及其所属各单位预算的编制、执行,并向本级政府和上一级政府财政部门报告预算执行情况。”

**七十三**、将第七十二条改为第八十九条,修改为:“县级以上政府审计部门依法对预算执行、决算实行审计监督。

“对预算执行和其他财政收支的审计工作报告应当向社会公开。”

**七十四**、增加一条,作为第九十条:“政府各部门负责监督检查所属各单位的预算执行,及时向本级政府财政部门反映本部门预算执行情况,依法纠正违反预算的行为。”

**七十五**、增加一条,作为第九十一条:“公民、法人或者其他组织发现有违反本法的行为,可以依法向有关国家机关进行检举、控告。

“接受检举、控告的国家机关应当依法进行处理,并为检举人、控告人保密。任何单位或者个人不得压制和打击报复检举人、控告人。”

**七十六**、将第七十三条至第七十五条改为第九十二条至第九十五条,修改为:“第九十二条　各级政府及有关部门有下列行为之一的,责令改正,对负有直接责任的主管人员和其他直接责任人员追究行政责任:

“(一)未依照本法规定,编制、报送预算草案、预算调整方案、决算草案和部门预算、决算以及批复预算、决算的;

“(二)违反本法规定,进行预算调整的;

“(三)未依照本法规定对有关预算事项进行公开和说明的;

“(四)违反规定设立政府性基金项目和其他财政收入项目的;

“(五)违反法律、法规规定使用预算预备费、预算周转金、预算稳定调节基金、超收收入的;

“(六)违反本法规定开设财政专户的。

“第九十三条　各级政府及有关部门、单位有下列行为之一的,责令改正,对负有直接责任的主管人员和其他直接责任人员依法给予降级、撤职、开除的处分:

“(一)未将所有政府收入和支出列入预算或者虚列收入和支出的;

“(二)违反法律、行政法规的规定,多征、提前征收或者减征、免征、缓征应征预算收入的;

“(三)截留、占用、挪用或者拖欠应当上缴国库的预算收入的;

“(四)违反本法规定,改变预算支出用途的;

“(五)擅自改变上级政府专项转移支付资金用途的;

“(六)违反本法规定拨付预算支出资金,办理预算收入收纳、划分、留解、退付,或者违反本法规定冻结、动用国库库款或者以其他方式支配已入国库库款的。

“第九十四条　各级政府、各部门、各单位违反本法规定举借债务或者为他人债务提供担保,或者挪用重点支出资金,或者在预算之外及超预算标准建设楼堂馆所的,责令改正,对负有直接责任的主管人员和其他直接责任人员给予撤职、开除的处分。

"第九十五条　各级政府有关部门、单位及其工作人员有下列行为之一的，责令改正，追回骗取、使用的资金，有违法所得的没收违法所得，对单位给予警告或者通报批评；对负有直接责任的主管人员和其他直接责任人员依法给予处分：

"（一）违反法律、法规的规定，改变预算收入上缴方式的；

"（二）以虚报、冒领等手段骗取预算资金的；

"（三）违反规定扩大开支范围、提高开支标准的；

"（四）其他违反财政管理规定的行为。"

**七十七**、增加一条，作为第九十六条："本法第九十二条、第九十三条、第九十四条、第九十五条所列违法行为，其他法律对其处理、处罚另有规定的，依照其规定。

"违反本法规定，构成犯罪的，依法追究刑事责任。"

**七十八**、删去第七十六条。

**七十九**、增加一条，作为第九十七条："各级政府财政部门应当按年度编制以权责发生制为基础的政府综合财务报告，报告政府整体财务状况、运行情况和财政中长期可持续性，报本级人民代表大会常务委员会备案。"

**八十**、将第七十八条改为第九十八条，将第七十七条改为第九十九条。

**八十一**、增加一条，作为第一百条："省、自治区、直辖市人民代表大会或者其常务委员会根据本法，可以制定有关预算审查监督的决定或者地方性法规。"

**八十二**、将第五十一条、第五十八条、第六十六条中的"政府预算"修改为"预算"。

本决定自2015年1月1日起施行。

《中华人民共和国预算法》根据本决定作相应修改，重新公布。

# 中华人民共和国主席令

## 第十三号

《全国人民代表大会常务委员会关于修改〈中华人民共和国安全生产法〉的决定》已由中华人民共和国第十二届全国人民代表大会常务委员会第十次会议于2014年8月31日通过,现予公布,自2014年12月1日起施行。

中华人民共和国主席　习近平

2014年8月31日

# 全国人民代表大会常务委员会关于修改《中华人民共和国安全生产法》的决定

(2014年8月31日第十二届全国人民代表大会常务委员会第十次会议通过)

第十二届全国人民代表大会常务委员会第十次会议决定对《中华人民共和国安全生产法》作如下修改:

一、将第三条修改为:“安全生产工作应当以人为本,坚持安全发展,坚持安全第一、预防为主、综合治理的方针,强化和落实生产经营单位的主体责任,建立生产经营单位负责、职工参与、政府监管、行业自律和社会监督的机制。”

二、将第四条修改为："生产经营单位必须遵守本法和其他有关安全生产的法律、法规，加强安全生产管理，建立、健全安全生产责任制和安全生产规章制度，改善安全生产条件，推进安全生产标准化建设，提高安全生产水平，确保安全生产。"

三、将第七条修改为："工会依法对安全生产工作进行监督。

"生产经营单位的工会依法组织职工参加本单位安全生产工作的民主管理和民主监督，维护职工在安全生产方面的合法权益。生产经营单位制定或者修改有关安全生产的规章制度，应当听取工会的意见。"

四、将第八条修改为："国务院和县级以上地方各级人民政府应当根据国民经济和社会发展规划制定安全生产规划，并组织实施。安全生产规划应当与城乡规划相衔接。

"国务院和县级以上地方各级人民政府应当加强对安全生产工作的领导，支持、督促各有关部门依法履行安全生产监督管理职责，建立健全安全生产工作协调机制，及时协调、解决安全生产监督管理中存在的重大问题。

"乡、镇人民政府以及街道办事处、开发区管理机构等地方人民政府的派出机关应当按照职责，加强对本行政区域内生产经营单位安全生产状况的监督检查，协助上级人民政府有关部门依法履行安全生产监督管理职责。"

五、将第九条修改为："国务院安全生产监督管理部门依照本法，对全国安全生产工作实施综合监督管理；县级以上地方各级人民政府安全生产监督管理部门依照本法，对本行政区域内安全生产工作实施综合监督管理。

"国务院有关部门依照本法和其他有关法律、行政法规的规定，在各自的职责范围内对有关行业、领域的安全生产工作实施监督管理；县级以上地方各级人民政府有关部门依照本法和其他有关法律、法规的规定，在各自的职责范围内对有关行业、领域的安全生产工作实施监督管理。

"安全生产监督管理部门和对有关行业、领域的安全生产工作实施监督管理的部门，统称负有安全生产监督管理职责的部门。"

六、增加一条，作为第十二条："有关协会组织依照法律、行政法规和章程，为生产经营单位提供安全生产方面的信息、培训等服务，发挥自律作用，促进生产经营单位加强安全生产管理。"

**七、**将第十二条改为第十三条，修改为："依法设立的为安全生产提供技术、管理服务的机构，依照法律、行政法规和执业准则，接受生产经营单位的委托为其安全生产工作提供技术、管理服务。

"生产经营单位委托前款规定的机构提供安全生产技术、管理服务的，保证安全生产的责任仍由本单位负责。"

**八、**将第十七条改为第十八条，增加一项，作为第三项："组织制定并实施本单位安全生产教育和培训计划"。

**九、**增加一条，作为第十九条："生产经营单位的安全生产责任制应当明确各岗位的责任人员、责任范围和考核标准等内容。

"生产经营单位应当建立相应的机制，加强对安全生产责任制落实情况的监督考核，保证安全生产责任制的落实。"

**十、**将第十八条改为第二十条，增加一款，作为第二款："有关生产经营单位应当按照规定提取和使用安全生产费用，专门用于改善安全生产条件。安全生产费用在成本中据实列支。安全生产费用提取、使用和监督管理的具体办法由国务院财政部门会同国务院安全生产监督管理部门征求国务院有关部门意见后制定。"

**十一、**将第十九条改为第二十一条，修改为："矿山、金属冶炼、建筑施工、道路运输单位和危险物品的生产、经营、储存单位，应当设置安全生产管理机构或者配备专职安全生产管理人员。

"前款规定以外的其他生产经营单位，从业人员超过一百人的，应当设置安全生产管理机构或者配备专职安全生产管理人员；从业人员在一百人以下的，应当配备专职或者兼职的安全生产管理人员。"

**十二、**增加一条，作为第二十二条："生产经营单位的安全生产管理机构以及安全生产管理人员履行下列职责：

"（一）组织或者参与拟订本单位安全生产规章制度、操作规程和生产安全事故应急救援预案；

"（二）组织或者参与本单位安全生产教育和培训，如实记录安全生产教育和培训情况；

"（三）督促落实本单位重大危险源的安全管理措施；

"(四)组织或者参与本单位应急救援演练;

"(五)检查本单位的安全生产状况,及时排查生产安全事故隐患,提出改进安全生产管理的建议;

"(六)制止和纠正违章指挥、强令冒险作业、违反操作规程的行为;

"(七)督促落实本单位安全生产整改措施。"

**十三**、增加一条,作为第二十三条:"生产经营单位的安全生产管理机构以及安全生产管理人员应当恪尽职守,依法履行职责。

"生产经营单位作出涉及安全生产的经营决策,应当听取安全生产管理机构以及安全生产管理人员的意见。

"生产经营单位不得因安全生产管理人员依法履行职责而降低其工资、福利等待遇或者解除与其订立的劳动合同。

"危险物品的生产、储存单位以及矿山、金属冶炼单位的安全生产管理人员的任免,应当告知主管的负有安全生产监督管理职责的部门。"

**十四**、将第二十条改为第二十四条,第二款修改为:"危险物品的生产、经营、储存单位以及矿山、金属冶炼、建筑施工、道路运输单位的主要负责人和安全生产管理人员,应当由主管的负有安全生产监督管理职责的部门对其安全生产知识和管理能力考核合格。考核不得收费。"

增加一款,作为第三款:"危险物品的生产、储存单位以及矿山、金属冶炼单位应当有注册安全工程师从事安全生产管理工作。鼓励其他生产经营单位聘用注册安全工程师从事安全生产管理工作。注册安全工程师按专业分类管理,具体办法由国务院人力资源和社会保障部门、国务院安全生产监督管理部门会同国务院有关部门制定。"

**十五**、将第二十一条改为第二十五条,修改为:"生产经营单位应当对从业人员进行安全生产教育和培训,保证从业人员具备必要的安全生产知识,熟悉有关的安全生产规章制度和安全操作规程,掌握本岗位的安全操作技能,了解事故应急处理措施,知悉自身在安全生产方面的权利和义务。未经安全生产教育和培训合格的从业人员,不得上岗作业。

"生产经营单位使用被派遣劳动者的,应当将被派遣劳动者纳入本单位从业人员统一管理,对被派遣劳动者进行岗位安全操作规程和安全操作技能的教育和培训。劳务派遣单位应当对被派遣劳动者进行必要的安全生产教育和培训。

“生产经营单位接收中等职业学校、高等学校学生实习的，应当对实习学生进行相应的安全生产教育和培训，提供必要的劳动防护用品。学校应当协助生产经营单位对实习学生进行安全生产教育和培训。

“生产经营单位应当建立安全生产教育和培训档案，如实记录安全生产教育和培训的时间、内容、参加人员以及考核结果等情况。”

**十六、**将第二十五条改为第二十九条，修改为：“矿山、金属冶炼建设项目和用于生产、储存、装卸危险物品的建设项目，应当按照国家有关规定进行安全评价。”

**十七、**将第二十七条改为第三十一条，修改为：“矿山、金属冶炼建设项目和用于生产、储存、装卸危险物品的建设项目的施工单位必须按照批准的安全设施设计施工，并对安全设施的工程质量负责。

“矿山、金属冶炼建设项目和用于生产、储存危险物品的建设项目竣工投入生产或者使用前，应当由建设单位负责组织对安全设施进行验收；验收合格后，方可投入生产和使用。安全生产监督管理部门应当加强对建设单位验收活动和验收结果的监督核查。”

**十八、**将第三十条改为第三十四条，修改为：“生产经营单位使用的危险物品的容器、运输工具，以及涉及人身安全、危险性较大的海洋石油开采特种设备和矿山井下特种设备，必须按照国家有关规定，由专业生产单位生产，并经具有专业资质的检测、检验机构检测、检验合格，取得安全使用证或者安全标志，方可投入使用。检测、检验机构对检测、检验结果负责。”

**十九、**将第三十一条改为第三十五条，修改为：“国家对严重危及生产安全的工艺、设备实行淘汰制度，具体目录由国务院安全生产监督管理部门会同国务院有关部门制定并公布。法律、行政法规对目录的制定另有规定的，适用其规定。

“省、自治区、直辖市人民政府可以根据本地区实际情况制定并公布具体目录，对前款规定以外的危及生产安全的工艺、设备予以淘汰。

“生产经营单位不得使用应当淘汰的危及生产安全的工艺、设备。”

**二十**、增加一条,作为第三十八条:“生产经营单位应当建立健全生产安全事故隐患排查治理制度,采取技术、管理措施,及时发现并消除事故隐患。事故隐患排查治理情况应当如实记录,并向从业人员通报。

“县级以上地方各级人民政府负有安全生产监督管理职责的部门应当建立健全重大事故隐患治理督办制度,督促生产经营单位消除重大事故隐患。”

**二十一**、将第三十五条改为第四十条,修改为:“生产经营单位进行爆破、吊装以及国务院安全生产监督管理部门会同国务院有关部门规定的其他危险作业,应当安排专门人员进行现场安全管理,确保操作规程的遵守和安全措施的落实。”

**二十二**、将第三十八条改为第四十三条,修改为:“生产经营单位的安全生产管理人员应当根据本单位的生产经营特点,对安全生产状况进行经常性检查;对检查中发现的安全问题,应当立即处理;不能处理的,应当及时报告本单位有关负责人,有关负责人应当及时处理。检查及处理情况应当如实记录在案。

“生产经营单位的安全生产管理人员在检查中发现重大事故隐患,依照前款规定向本单位有关负责人报告,有关负责人不及时处理的,安全生产管理人员可以向主管的负有安全生产监督管理职责的部门报告,接到报告的部门应当依法及时处理。”

**二十三**、将第四十一条改为第四十六条,第二款修改为:“生产经营项目、场所发包或者出租给其他单位的,生产经营单位应当与承包单位、承租单位签订专门的安全生产管理协议,或者在承包合同、租赁合同中约定各自的安全生产管理职责;生产经营单位对承包单位、承租单位的安全生产工作统一协调、管理,定期进行安全检查,发现安全问题的,应当及时督促整改。”

**二十四**、将第四十三条改为第四十八条,增加一款,作为第二款:“国家鼓励生产经营单位投保安全生产责任保险。”

**二十五**、增加一条,作为第五十八条:“生产经营单位使用被派遣劳动者的,被派遣劳动者享有本法规定的从业人员的权利,并应当履行本法规定的从业人员的义务。”

**二十六、**将第五十三条改为第五十九条，修改为："县级以上地方各级人民政府应当根据本行政区域内的安全生产状况，组织有关部门按照职责分工，对本行政区域内容易发生重大生产安全事故的生产经营单位进行严格检查。

"安全生产监督管理部门应当按照分类分级监督管理的要求，制定安全生产年度监督检查计划，并按照年度监督检查计划进行监督检查，发现事故隐患，应当及时处理。"

**二十七、**将第五十六条改为第六十二条，第一款修改为："安全生产监督管理部门和其他负有安全生产监督管理职责的部门依法开展安全生产行政执法工作，对生产经营单位执行有关安全生产的法律、法规和国家标准或者行业标准的情况进行监督检查，行使以下职权：

"（一）进入生产经营单位进行检查，调阅有关资料，向有关单位和人员了解情况；

"（二）对检查中发现的安全生产违法行为，当场予以纠正或者要求限期改正；对依法应当给予行政处罚的行为，依照本法和其他有关法律、行政法规的规定作出行政处罚决定；

"（三）对检查中发现的事故隐患，应当责令立即排除；重大事故隐患排除前或者排除过程中无法保证安全的，应当责令从危险区域内撤出作业人员，责令暂时停产停业或者停止使用相关设施、设备；重大事故隐患排除后，经审查同意，方可恢复生产经营和使用；

"（四）对有根据认为不符合保障安全生产的国家标准或者行业标准的设施、设备、器材以及违法生产、储存、使用、经营、运输的危险物品予以查封或者扣押，对违法生产、储存、使用、经营危险物品的作业场所予以查封，并依法作出处理决定。"

**二十八、**增加一条，作为第六十七条："负有安全生产监督管理职责的部门依法对存在重大事故隐患的生产经营单位作出停产停业、停止施工、停止使用相关设施或者设备的决定，生产经营单位应当依法执行，及时消除事故隐患。生产经营单位拒不执行，有发生生产安全事故的现实危险的，在保证安全的前提下，经本部门主要负责人批准，负有安全生产监督管理职责的部门可以采取通知有关单位停止供电、停止供应民用爆炸物品等措施,强制生产经营单位履行决定。通知应当采用书面形式,有关单位应当予以配合。

“负有安全生产监督管理职责的部门依照前款规定采取停止供电措施,除有危及生产安全的紧急情形外,应当提前二十四小时通知生产经营单位。生产经营单位依法履行行政决定、采取相应措施消除事故隐患的,负有安全生产监督管理职责的部门应当及时解除前款规定的措施。”

**二十九**、增加一条,作为第七十五条:“负有安全生产监督管理职责的部门应当建立安全生产违法行为信息库,如实记录生产经营单位的安全生产违法行为信息;对违法行为情节严重的生产经营单位,应当向社会公告,并通报行业主管部门、投资主管部门、国土资源主管部门、证券监督管理机构以及有关金融机构。”

**三十**、增加一条,作为第七十六条:“国家加强生产安全事故应急能力建设,在重点行业、领域建立应急救援基地和应急救援队伍,鼓励生产经营单位和其他社会力量建立应急救援队伍,配备相应的应急救援装备和物资,提高应急救援的专业化水平。

“国务院安全生产监督管理部门建立全国统一的生产安全事故应急救援信息系统,国务院有关部门建立健全相关行业、领域的生产安全事故应急救援信息系统。”

**三十一**、增加一条,作为第七十八条:“生产经营单位应当制定本单位生产安全事故应急救援预案,与所在地县级以上地方人民政府组织制定的生产安全事故应急救援预案相衔接,并定期组织演练。”

**三十二**、将第六十九条改为第七十九条,修改为:“危险物品的生产、经营、储存单位以及矿山、金属冶炼、城市轨道交通运营、建筑施工单位应当建立应急救援组织;生产经营规模较小的,可以不建立应急救援组织,但应当指定兼职的应急救援人员。

“危险物品的生产、经营、储存、运输单位以及矿山、金属冶炼、城市轨道交通运营、建筑施工单位应当配备必要的应急救援器材、设备和物资,并进行经常性维护、保养,保证正常运转。”

**三十三**、将第七十二条改为第八十二条,第一款修改为:“有关地方人民政府和负有安全生产监督管理职责的部门的负责人接到生产安全事故报告后,应当按照生产安全事故应急救援预案的要求立即赶到事故现场,组织事故抢救。”

增加二款,作为第二款、第三款:“参与事故抢救的部门和单位应当服从统一指挥,加强协同联动,采取有效的应急救援措施,并根据事故救援的需要采取警戒、疏散等措施,防止事故扩大和次生灾害的发生,减少人员伤亡和财产损失。

“事故抢救过程中应当采取必要措施,避免或者减少对环境造成的危害。”

**三十四**、将第七十三条改为第八十三条,修改为:“事故调查处理应当按照科学严谨、依法依规、实事求是、注重实效的原则,及时、准确地查清事故原因,查明事故性质和责任,总结事故教训,提出整改措施,并对事故责任者提出处理意见。事故调查报告应当依法及时向社会公布。事故调查和处理的具体办法由国务院制定。

“事故发生单位应当及时全面落实整改措施,负有安全生产监督管理职责的部门应当加强监督检查。”

**三十五**、将第七十七条改为第八十七条,第一款增加一项,作为第四项:“在监督检查中发现重大事故隐患,不依法及时处理的”。

增加一款,作为第二款:“负有安全生产监督管理职责的部门的工作人员有前款规定以外的滥用职权、玩忽职守、徇私舞弊行为的,依法给予处分;构成犯罪的,依照刑法有关规定追究刑事责任。”

**三十六**、将第七十九条改为第八十九条,修改为:“承担安全评价、认证、检测、检验工作的机构,出具虚假证明的,没收违法所得;违法所得在十万元以上的,并处违法所得二倍以上五倍以下的罚款;没有违法所得或者违法所得不足十万元的,单处或者并处十万元以上二十万元以下的罚款;对其直接负责的主管人员和其他直接责任人员处二万元以上五万元以下的罚款;给他人造成损害的,与生产经营单位承担连带赔偿责任;构成犯罪的,依照刑法有关规定追究刑事责任。

“对有前款违法行为的机构,吊销其相应资质。”

**三十七**、将第八十条改为第九十条,修改为:“生产经营单位的决策机构、主要负责人或者个人经营的投资人不依照本法规定保证安全生产所必需的资金投入,致使生产经营单位不具备安全生产条件的,责令限期改正,提供必需的资金;逾期未改正的,责令生产经营单位停产停业整顿。

“有前款违法行为,导致发生生产安全事故的,对生产经营单位的主要负责人给予撤职处分,对个人经营的投资人处二万元以上二十万元以下的罚款;构成犯罪的,依照刑法有关规定追究刑事责任。”

**三十八**、将第八十一条改为第九十一条,修改为:“生产经营单位的主要负责人未履行本法规定的安全生产管理职责的,责令限期改正;逾期未改正的,处二万元以上五万元以下的罚款,责令生产经营单位停产停业整顿。

“生产经营单位的主要负责人有前款违法行为,导致发生生产安全事故的,给予撤职处分;构成犯罪的,依照刑法有关规定追究刑事责任。

“生产经营单位的主要负责人依照前款规定受刑事处罚或者撤职处分的,自刑罚执行完毕或者受处分之日起,五年内不得担任任何生产经营单位的主要负责人;对重大、特别重大生产安全事故负有责任的,终身不得担任本行业生产经营单位的主要负责人。”

**三十九**、增加一条,作为第九十二条:“生产经营单位的主要负责人未履行本法规定的安全生产管理职责,导致发生生产安全事故的,由安全生产监督管理部门依照下列规定处以罚款:

“(一)发生一般事故的,处上一年年收入百分之三十的罚款;

“(二)发生较大事故的,处上一年年收入百分之四十的罚款;

“(三)发生重大事故的,处上一年年收入百分之六十的罚款;

“(四)发生特别重大事故的,处上一年年收入百分之八十的罚款。”

**四十**、增加一条,作为第九十三条:“生产经营单位的安全生产管理人员未履行本法规定的安全生产管理职责的,责令限期改正;导致发生生产安全事故的,暂停或者撤销其与安全生产有关的资格;构成犯罪的,依照刑法有关规定追究刑事责任。”

**四十一**、将第八十二条改为第九十四条,修改为:“生产经营单位有下列行为之一的,责令限期改正,可以处五万元以下的罚款;逾期未改正的,责令停产停业整顿，并处五万元以上十万元以下的罚款，对其直接负责的主管人员和其他直接责任人员处一万元以上二万元以下的罚款：

“（一）未按照规定设置安全生产管理机构或者配备安全生产管理人员的；

“（二）危险物品的生产、经营、储存单位以及矿山、金属冶炼、建筑施工、道路运输单位的主要负责人和安全生产管理人员未按照规定经考核合格的；

“（三）未按照规定对从业人员、被派遣劳动者、实习学生进行安全生产教育和培训，或者未按照规定如实告知有关的安全生产事项的；

“（四）未如实记录安全生产教育和培训情况的；

“（五）未将事故隐患排查治理情况如实记录或者未向从业人员通报的；

“（六）未按照规定制定生产安全事故应急救援预案或者未定期组织演练的；

“（七）特种作业人员未按照规定经专门的安全作业培训并取得相应资格，上岗作业的。”

**四十二**、将第八十三条改为第九十五条、第九十六条，修改为：

“第九十五条　生产经营单位有下列行为之一的，责令停止建设或者停产停业整顿，限期改正；逾期未改正的，处五十万元以上一百万元以下的罚款，对其直接负责的主管人员和其他直接责任人员处二万元以上五万元以下的罚款；构成犯罪的，依照刑法有关规定追究刑事责任：

“（一）未按照规定对矿山、金属冶炼建设项目或者用于生产、储存、装卸危险物品的建设项目进行安全评价的；

“（二）矿山、金属冶炼建设项目或者用于生产、储存、装卸危险物品的建设项目没有安全设施设计或者安全设施设计未按照规定报经有关部门审查同意的；

“（三）矿山、金属冶炼建设项目或者用于生产、储存、装卸危险物品的建设项目的施工单位未按照批准的安全设施设计施工的；

“（四）矿山、金属冶炼建设项目或者用于生产、储存危险物品的建设项目竣工投入生产或者使用前，安全设施未经验收合格的。

“第九十六条 生产经营单位有下列行为之一的,责令限期改正,可以处五万元以下的罚款;逾期未改正的,处五万元以上二十万元以下的罚款,对其直接负责的主管人员和其他直接责任人员处一万元以上二万元以下的罚款;情节严重的,责令停产停业整顿;构成犯罪的,依照刑法有关规定追究刑事责任:

“(一)未在有较大危险因素的生产经营场所和有关设施、设备上设置明显的安全警示标志的;

“(二)安全设备的安装、使用、检测、改造和报废不符合国家标准或者行业标准的;

“(三)未对安全设备进行经常性维护、保养和定期检测的;

“(四)未为从业人员提供符合国家标准或者行业标准的劳动防护用品的;

“(五)危险物品的容器、运输工具,以及涉及人身安全、危险性较大的海洋石油开采特种设备和矿山井下特种设备未经具有专业资质的机构检测、检验合格,取得安全使用证或者安全标志,投入使用的;

“(六)使用应当淘汰的危及生产安全的工艺、设备的。”

**四十三**、将第八十四条改为第九十七条,修改为:“未经依法批准,擅自生产、经营、运输、储存、使用危险物品或者处置废弃危险物品的,依照有关危险物品安全管理的法律、行政法规的规定予以处罚;构成犯罪的,依照刑法有关规定追究刑事责任。”

**四十四**、将第八十五条改为第九十八条,修改为:“生产经营单位有下列行为之一的,责令限期改正,可以处十万元以下的罚款;逾期未改正的,责令停产停业整顿,并处十万元以上二十万元以下的罚款,对其直接负责的主管人员和其他直接责任人员处二万元以上五万元以下的罚款;构成犯罪的,依照刑法有关规定追究刑事责任:

“(一)生产、经营、运输、储存、使用危险物品或者处置废弃危险物品,未建立专门安全管理制度、未采取可靠的安全措施的;

“(二)对重大危险源未登记建档,或者未进行评估、监控,或者未制定应急预案的;

“(三)进行爆破、吊装以及国务院安全生产监督管理部门会同国务院有关部门规定的其他危险作业,未安排专门人员进行现场安全管理的;

“(四)未建立事故隐患排查治理制度的。”

**四十五**、增加一条,作为第九十九条:“生产经营单位未采取措施消除事故隐患的,责令立即消除或者限期消除;生产经营单位拒不执行的,责令停产停业整顿,并处十万元以上五十万元以下的罚款,对其直接负责的主管人员和其他直接责任人员处二万元以上五万元以下的罚款。”

**四十六**、将第八十六条改为第一百条,修改为:“生产经营单位将生产经营项目、场所、设备发包或者出租给不具备安全生产条件或者相应资质的单位或者个人的,责令限期改正,没收违法所得;违法所得十万元以上的,并处违法所得二倍以上五倍以下的罚款;没有违法所得或者违法所得不足十万元的,单处或者并处十万元以上二十万元以下的罚款;对其直接负责的主管人员和其他直接责任人员处一万元以上二万元以下的罚款;导致发生生产安全事故给他人造成损害的,与承包方、承租方承担连带赔偿责任。

“生产经营单位未与承包单位、承租单位签订专门的安全生产管理协议或者未在承包合同、租赁合同中明确各自的安全生产管理职责,或者未对承包单位、承租单位的安全生产统一协调、管理的,责令限期改正,可以处五万元以下的罚款,对其直接负责的主管人员和其他直接责任人员可以处一万元以下的罚款;逾期未改正的,责令停产停业整顿。”

**四十七**、增加一条,作为第一百零五条:“违反本法规定,生产经营单位拒绝、阻碍负有安全生产监督管理职责的部门依法实施监督检查的,责令改正;拒不改正的,处二万元以上二十万元以下的罚款;对其直接负责的主管人员和其他直接责任人员处一万元以上二万元以下的罚款;构成犯罪的,依照刑法有关规定追究刑事责任。”

**四十八**、将第九十一条改为第一百零六条,修改为:“生产经营单位的主要负责人在本单位发生生产安全事故时,不立即组织抢救或者在事故调查处理期间擅离职守或者逃匿的,给予降级、撤职的处分,并由安全生产监督管理部门处上一年年收入百分之六十至百分之一百的罚款;对逃匿的处十五日以下拘留;构成犯罪的,依照刑法有关规定追究刑事责任。

“生产经营单位的主要负责人对生产安全事故隐瞒不报、谎报或者迟报的,依照前款规定处罚。”

**四十九**、增加一条,作为第一百零九条:“发生生产安全事故,对负有责任的生产经营单位除要求其依法承担相应的赔偿等责任外,由安全生产监督管理部门依照下列规定处以罚款:

“(一)发生一般事故的,处二十万元以上五十万元以下的罚款;

“(二)发生较大事故的,处五十万元以上一百万元以下的罚款;

“(三)发生重大事故的,处一百万元以上五百万元以下的罚款;

“(四)发生特别重大事故的,处五百万元以上一千万元以下的罚款;情节特别严重的,处一千万元以上二千万元以下的罚款。”

**五十**、将第九十四条改为第一百一十条,修改为:“本法规定的行政处罚,由安全生产监督管理部门和其他负有安全生产监督管理职责的部门按照职责分工决定。予以关闭的行政处罚由负有安全生产监督管理职责的部门报请县级以上人民政府按照国务院规定的权限决定;给予拘留的行政处罚由公安机关依照治安管理处罚法的规定决定。”

**五十一**、增加一条,作为第一百一十三条:“本法规定的生产安全一般事故、较大事故、重大事故、特别重大事故的划分标准由国务院规定。

“国务院安全生产监督管理部门和其他负有安全生产监督管理职责的部门应当根据各自的职责分工,制定相关行业、领域重大事故隐患的判定标准。”

**五十二**、对部分条文作了以下修改:

(一)将第一条中的“为了加强安全生产监督管理”修改为“为了加强安全生产工作”,“促进经济发展”修改为“促进经济社会持续健康发展”。

(二)在第二条中的“民用航空安全”后增加“以及核与辐射安全、特种设备安全”。

(三)将第十一条中的“提高职工的安全生产意识”修改为“增强全社会的安全生产意识”。

(四)将第二十三条第一款中的“取得特种作业操作资格证书”修改为“取得相应资格”。

（五）将第二十三条第二款、第三十三条第二款、第六十六条、第七十六条中的“负责安全生产监督管理的部门”修改为“安全生产监督管理部门”。

（六）将第二十六条第二款中的“矿山建设项目和用于生产、储存危险物品的建设项目”修改为“矿山、金属冶炼建设项目和用于生产、储存、装卸危险物品的建设项目”。

（七）将第三十四条第二款、第八十八条第二项中的“封闭、堵塞”修改为“锁闭、封堵”。

（八）将第四十二条中的“重大生产安全事故”修改为“生产安全事故”，将第六十八条中的“特大生产安全事故应急救援预案”修改为“生产安全事故应急救援预案”。

（九）将第四十三条、第四十四条第一款、第四十八条中的“工伤社会保险”修改为“工伤保险”。

（十）将第三章章名修改为“从业人员的安全生产权利义务”。

（十一）将第五十四条中的“依照本法第九条规定对安全生产负有监督管理职责的部门（以下统称负有安全生产监督管理职责的部门）”修改为“负有安全生产监督管理职责的部门”。

（十二）将第六十七条中的“安全生产宣传教育”修改为“安全生产公益宣传教育”。

（十三）将第七十条第二款、第七十一条、第九十二条中的“拖延不报”修改为“迟报”。

（十四）将第七十七条、第七十八条、第九十二条中的“行政处分”修改为“处分”。

（十五）将第八十七条、第八十八条中的“责令限期改正”修改为“责令限期改正，可以处五万元以下的罚款，对其直接负责的主管人员和其他直接责任人员可以处一万元以下的罚款”。

（十六）删去第八十八条中的“造成严重后果”，删去第九十条中的“造成重大事故”。

本决定自2014年12月1日起施行。

《中华人民共和国安全生产法》根据本决定作相应修改，重新公布。

# 中华人民共和国主席令

## 第十四号

《全国人民代表大会常务委员会关于修改〈中华人民共和国保险法〉等五部法律的决定》已由中华人民共和国第十二届全国人民代表大会常务委员会第十次会议于2014年8月31日通过,现予公布,自公布之日起施行。

中华人民共和国主席　习近平

2014年8月31日

# 全国人民代表大会常务委员会关于修改《中华人民共和国保险法》等五部法律的决定

(2014年8月31日第十二届全国人民代表大会常务委员会第十次会议通过)

第十二届全国人民代表大会常务委员会第十次会议决定：

**一、对《中华人民共和国保险法》作出修改**

(一)将第八十二条中的"有《中华人民共和国公司法》第一百四十七条规定的情形"修改为"有《中华人民共和国公司法》第一百四十六条规定的情形"。

(二)将第八十五条修改为:“保险公司应当聘用专业人员,建立精算报告制度和合规报告制度。”

## 二、对《中华人民共和国证券法》作出修改

(一)将第八十九条第一款中的“事先向国务院证券监督管理机构报送”修改为“公告”,第一款第八项中的“报送”修改为“公告”。

删去第二款。

(二)删去第九十条第一款。

(三)将第九十一条修改为:“在收购要约确定的承诺期限内,收购人不得撤销其收购要约。收购人需要变更收购要约的,必须及时公告,载明具体变更事项。”

(四)将第一百零八条、第一百三十一条第二款中的“有《中华人民共和国公司法》第一百四十七条规定的情形”修改为“有《中华人民共和国公司法》第一百四十六条规定的情形”。

(五)删去第二百一十三条中的“报送上市公司收购报告书”和“或者擅自变更收购要约”。

## 三、对《中华人民共和国注册会计师法》作出修改

(一)将第二十五条第一款修改为:“设立会计师事务所,由省、自治区、直辖市人民政府财政部门批准。”

(二)将第四十四条修改为:“外国人申请参加中国注册会计师全国统一考试和注册,按照互惠原则办理。”

“外国会计师事务所需要在中国境内临时办理有关业务的,须经有关的省、自治区、直辖市人民政府财政部门批准。”

## 四、对《中华人民共和国政府采购法》作出修改

(一)将第十九条第一款中的“经国务院有关部门或者省级人民政府有关部门认定资格的”修改为“集中采购机构以外的”。

(二)删去第七十一条第三项。

（三）将第七十八条中的“依法取消其进行相关业务的资格”修改为“在一至三年内禁止其代理政府采购业务”。

## 五、对《中华人民共和国气象法》作出修改

将第二十一条修改为：“新建、扩建、改建建设工程，应当避免危害气象探测环境；确实无法避免的，建设单位应当事先征得省、自治区、直辖市气象主管机构的同意，并采取相应的措施后，方可建设。”

本决定自公布之日起施行。

《中华人民共和国保险法》、《中华人民共和国证券法》、《中华人民共和国注册会计师法》、《中华人民共和国政府采购法》、《中华人民共和国气象法》根据本决定作相应修改，重新公布。

# 中华人民共和国主席令

## 第十五号

《全国人民代表大会常务委员会关于修改〈中华人民共和国行政诉讼法〉的决定》已由中华人民共和国第十二届全国人民代表大会常务委员会第十一次会议于2014年11月1日通过，现予公布，自2015年5月1日起施行。

中华人民共和国主席　习近平

2014年11月1日

# 全国人民代表大会常务委员会关于修改《中华人民共和国行政诉讼法》的决定

（2014年11月1日第十二届全国人民代表大会常务委员会第十一次会议通过）

第十二届全国人民代表大会常务委员会第十一次会议决定对《中华人民共和国行政诉讼法》作如下修改：

**一**、将第一条修改为："为保证人民法院公正、及时审理行政案件，解决行政争议，保护公民、法人和其他组织的合法权益，监督行政机关依法行使职权，根据宪法，制定本法。"

**二**、第二条增加一款,作为第二款:“前款所称行政行为,包括法律、法规、规章授权的组织作出的行政行为。”

**三**、增加一条,作为第三条:“人民法院应当保障公民、法人和其他组织的起诉权利,对应当受理的行政案件依法受理。

“行政机关及其工作人员不得干预、阻碍人民法院受理行政案件。

“被诉行政机关负责人应当出庭应诉。不能出庭的,应当委托行政机关相应的工作人员出庭。”

**四**、将第十一条改为第十二条,将第一款修改为:“人民法院受理公民、法人或者其他组织提起的下列诉讼:

“(一)对行政拘留、暂扣或者吊销许可证和执照、责令停产停业、没收违法所得、没收非法财物、罚款、警告等行政处罚不服的;

“(二)对限制人身自由或者对财产的查封、扣押、冻结等行政强制措施和行政强制执行不服的;

“(三)申请行政许可,行政机关拒绝或者在法定期限内不予答复,或者对行政机关作出的有关行政许可的其他决定不服的;

“(四)对行政机关作出的关于确认土地、矿藏、水流、森林、山岭、草原、荒地、滩涂、海域等自然资源的所有权或者使用权的决定不服的;

“(五)对征收、征用决定及其补偿决定不服的;

“(六)申请行政机关履行保护人身权、财产权等合法权益的法定职责,行政机关拒绝履行或者不予答复的;

“(七)认为行政机关侵犯其经营自主权或者农村土地承包经营权、农村土地经营权的;

“(八)认为行政机关滥用行政权力排除或者限制竞争的;

“(九)认为行政机关违法集资、摊派费用或者违法要求履行其他义务的;

“(十)认为行政机关没有依法支付抚恤金、最低生活保障待遇或者社会保险待遇的;

“(十一)认为行政机关不依法履行、未按照约定履行或者违法变更、解除政府特许经营协议、土地房屋征收补偿协议等协议的;

“（十二）认为行政机关侵犯其他人身权、财产权等合法权益的。”

**五**、将第十四条改为第十五条，修改为：“中级人民法院管辖下列第一审行政案件：

“（一）对国务院部门或者县级以上地方人民政府所作的行政行为提起诉讼的案件；

“（二）海关处理的案件；

“（三）本辖区内重大、复杂的案件；

“（四）其他法律规定由中级人民法院管辖的案件。”

**六**、将第十七条改为第十八条，修改为：“行政案件由最初作出行政行为的行政机关所在地人民法院管辖。经复议的案件，也可以由复议机关所在地人民法院管辖。

“经最高人民法院批准，高级人民法院可以根据审判工作的实际情况，确定若干人民法院跨行政区域管辖行政案件。”

**七**、将第二十条改为第二十一条，修改为：“两个以上人民法院都有管辖权的案件，原告可以选择其中一个人民法院提起诉讼。原告向两个以上有管辖权的人民法院提起诉讼的，由最先立案的人民法院管辖。”

**八**、将第二十一条改为第二十二条，修改为：“人民法院发现受理的案件不属于本院管辖的，应当移送有管辖权的人民法院，受移送的人民法院应当受理。受移送的人民法院认为受移送的案件按照规定不属于本院管辖的，应当报请上级人民法院指定管辖，不得再自行移送。”

**九**、将第二十三条改为第二十四条，修改为：“上级人民法院有权审理下级人民法院管辖的第一审行政案件。

“下级人民法院对其管辖的第一审行政案件，认为需要由上级人民法院审理或者指定管辖的，可以报请上级人民法院决定。”

**十**、将第二十四条改为第二十五条，将第一款修改为：“行政行为的相对人以及其他与行政行为有利害关系的公民、法人或者其他组织，有权提起诉讼。”

**十一**、将第二十五条改为第二十六条，将第二款修改为：“经复议的案件，复议机关决定维持原行政行为的，作出原行政行为的行政机关和复议机关是共同被告;复议机关改变原行政行为的,复议机关是被告。”

增加一款,作为第三款:“复议机关在法定期限内未作出复议决定,公民、法人或者其他组织起诉原行政行为的,作出原行政行为的行政机关是被告;起诉复议机关不作为的,复议机关是被告。”

将第四款改为第五款,修改为:“行政机关委托的组织所作的行政行为,委托的行政机关是被告。”

将第五款改为第六款,修改为:“行政机关被撤销或者职权变更的,继续行使其职权的行政机关是被告。”

**十二**、将第二十六条改为第二十七条,修改为:“当事人一方或者双方为二人以上,因同一行政行为发生的行政案件,或者因同类行政行为发生的行政案件、人民法院认为可以合并审理并经当事人同意的,为共同诉讼。”

**十三**、增加一条,作为第二十八条:“当事人一方人数众多的共同诉讼,可以由当事人推选代表人进行诉讼。代表人的诉讼行为对其所代表的当事人发生效力,但代表人变更、放弃诉讼请求或者承认对方当事人的诉讼请求,应当经被代表的当事人同意。”

**十四**、将第二十七条改为第二十九条,修改为:“公民、法人或者其他组织同被诉行政行为有利害关系但没有提起诉讼,或者同案件处理结果有利害关系的,可以作为第三人申请参加诉讼,或者由人民法院通知参加诉讼。

“人民法院判决第三人承担义务或者减损第三人权益的,第三人有权依法提起上诉。”

**十五**、将第二十九条改为第三十一条,修改为:“当事人、法定代理人,可以委托一至二人作为诉讼代理人。

“下列人员可以被委托为诉讼代理人:

“(一)律师、基层法律服务工作者;

“(二)当事人的近亲属或者工作人员;

“(三)当事人所在社区、单位以及有关社会团体推荐的公民。”

**十六**、将第三十条改为第三十二条,修改为:“代理诉讼的律师,有权按照规定查阅、复制本案有关材料,有权向有关组织和公民调查,收集与本案有关的证据。对涉及国家秘密、商业秘密和个人隐私的材料,应当依照法律规定保密。

“当事人和其他诉讼代理人有权按照规定查阅、复制本案庭审材料，但涉及国家秘密、商业秘密和个人隐私的内容除外。”

**十七**、将第三十一条改为第三十三条，修改为：“证据包括：

“（一）书证；

“（二）物证；

“（三）视听资料；

“（四）电子数据；

“（五）证人证言；

“（六）当事人的陈述；

“（七）鉴定意见；

“（八）勘验笔录、现场笔录。

“以上证据经法庭审查属实，才能作为认定案件事实的根据。”

**十八**、将第三十二条改为第三十四条，增加一款，作为第二款：“被告不提供或者无正当理由逾期提供证据，视为没有相应证据。但是，被诉行政行为涉及第三人合法权益，第三人提供证据的除外。”

**十九**、将第三十三条改为第三十五条，修改为：“在诉讼过程中，被告及其诉讼代理人不得自行向原告、第三人和证人收集证据。”

**二十**、增加三条，作为第三十六条、第三十七条、第三十八条：

“第三十六条　被告在作出行政行为时已经收集了证据，但因不可抗力等正当事由不能提供的，经人民法院准许，可以延期提供。

“原告或者第三人提出了其在行政处理程序中没有提出的理由或者证据的，经人民法院准许，被告可以补充证据。

“第三十七条　原告可以提供证明行政行为违法的证据。原告提供的证据不成立的，不免除被告的举证责任。

“第三十八条　在起诉被告不履行法定职责的案件中，原告应当提供其向被告提出申请的证据。但有下列情形之一的除外：

“（一）被告应当依职权主动履行法定职责的；

“（二）原告因正当理由不能提供证据的。

"在行政赔偿、补偿的案件中,原告应当对行政行为造成的损害提供证据。因被告的原因导致原告无法举证的,由被告承担举证责任。"

**二十一**、将第三十四条改为两条,作为第三十九条、第四十条,修改为:

"第三十九条　人民法院有权要求当事人提供或者补充证据。

"第四十条　人民法院有权向有关行政机关以及其他组织、公民调取证据。但是,不得为证明行政行为的合法性调取被告作出行政行为时未收集的证据。"

**二十二**、增加一条,作为第四十一条:"与本案有关的下列证据,原告或者第三人不能自行收集的,可以申请人民法院调取:

"(一)由国家机关保存而须由人民法院调取的证据;

"(二)涉及国家秘密、商业秘密和个人隐私的证据;

"(三)确因客观原因不能自行收集的其他证据。"

**二十三**、增加一条,作为第四十三条:"证据应当在法庭上出示,并由当事人互相质证。对涉及国家秘密、商业秘密和个人隐私的证据,不得在公开开庭时出示。

"人民法院应当按照法定程序,全面、客观地审查核实证据。对未采纳的证据应当在裁判文书中说明理由。

"以非法手段取得的证据,不得作为认定案件事实的根据。"

**二十四**、将第三十七条改为第四十四条,修改为:"对属于人民法院受案范围的行政案件,公民、法人或者其他组织可以先向行政机关申请复议,对复议决定不服的,再向人民法院提起诉讼;也可以直接向人民法院提起诉讼。

"法律、法规规定应当先向行政机关申请复议,对复议决定不服再向人民法院提起诉讼的,依照法律、法规的规定。"

**二十五**、将第三十八条改为第四十五条,修改为:"公民、法人或者其他组织不服复议决定的,可以在收到复议决定书之日起十五日内向人民法院提起诉讼。复议机关逾期不作决定的,申请人可以在复议期满之日起十五日内向人民法院提起诉讼。法律另有规定的除外。"

**二十六**、将第三十九条改为第四十六条,修改为:"公民、法人或者其他组织组织直接向人民法院提起诉讼的,应当自知道或者应当知道作出行政行为之日起六个月内提出。法律另有规定的除外。

“因不动产提起诉讼的案件自行政行为作出之日起超过二十年,其他案件自行政行为作出之日起超过五年提起诉讼的,人民法院不予受理。”

**二十七、**增加一条,作为第四十七条:“公民、法人或者其他组织申请行政机关履行保护其人身权、财产权等合法权益的法定职责,行政机关在接到申请之日起两个月内不履行的,公民、法人或者其他组织可以向人民法院提起诉讼。法律、法规对行政机关履行职责的期限另有规定的,从其规定。

“公民、法人或者其他组织在紧急情况下请求行政机关履行保护其人身权、财产权等合法权益的法定职责,行政机关不履行的,提起诉讼不受前款规定期限的限制。”

**二十八、**将第四十条改为第四十八条,修改为:“公民、法人或者其他组织因不可抗力或者其他不属于其自身的原因耽误起诉期限的,被耽误的时间不计算在起诉期限内。

“公民、法人或者其他组织因前款规定以外的其他特殊情况耽误起诉期限的,在障碍消除后十日内,可以申请延长期限,是否准许由人民法院决定。”

**二十九、**将第四十一条改为第四十九条,将第一项修改为:“(一)原告是符合本法第二十五条规定的公民、法人或者其他组织;”

**三十、**增加一条,作为第五十条:“起诉应当向人民法院递交起诉状,并按照被告人数提出副本。

“书写起诉状确有困难的,可以口头起诉,由人民法院记入笔录,出具注明日期的书面凭证,并告知对方当事人。”

**三十一、**将第四十二条改为两条,作为第五十一条、第五十二条,修改为:

“第五十一条　人民法院在接到起诉状时对符合本法规定的起诉条件的,应当登记立案。

“对当场不能判定是否符合本法规定的起诉条件的,应当接收起诉状,出具注明收到日期的书面凭证,并在七日内决定是否立案。不符合起诉条件的,作出不予立案的裁定。裁定书应当载明不予立案的理由。原告对裁定不服的,可以提起上诉。

"起诉状内容欠缺或者有其他错误的,应当给予指导和释明,并一次性告知当事人需要补正的内容。不得未经指导和释明即以起诉不符合条件为由不接收起诉状。

"对于不接收起诉状、接收起诉状后不出具书面凭证,以及不一次性告知当事人需要补正的起诉状内容的,当事人可以向上级人民法院投诉,上级人民法院应当责令改正,并对直接负责的主管人员和其他直接责任人员依法给予处分。

"第五十二条　人民法院既不立案,又不作出不予立案裁定的,当事人可以向上一级人民法院起诉。上一级人民法院认为符合起诉条件的,应当立案、审理,也可以指定其他下级人民法院立案、审理。"

**三十二**、增加一条,作为第五十三条:"公民、法人或者其他组织认为行政行为所依据的国务院部门和地方人民政府及其部门制定的规范性文件不合法,在对行政行为提起诉讼时,可以一并请求对该规范性文件进行审查。

"前款规定的规范性文件不含规章。"

**三十三**、将第七章分为五节,增加节名,规定:"第一节　一般规定",内容为第五十四条至第六十六条;"第二节　第一审普通程序",内容为第六十七条至第八十一条;"第三节　简易程序",内容为第八十二条至第八十四条;"第四节　第二审程序",内容为第八十五条至第八十九条;"第五节　审判监督程序",内容为第九十条至第九十三条。

**三十四**、将第四十三条改为第六十七条,将第一款修改为:"人民法院应当在立案之日起五日内,将起诉状副本发送被告。被告应当在收到起诉状副本之日起十五日内向人民法院提交作出行政行为的证据和所依据的规范性文件,并提出答辩状。人民法院应当在收到答辩状之日起五日内,将答辩状副本发送原告。"

**三十五**、将第四十四条改为第五十六条,修改为:"诉讼期间,不停止行政行为的执行。但有下列情形之一的,裁定停止执行:

"(一)被告认为需要停止执行的;

“(二)原告或者利害关系人申请停止执行,人民法院认为该行政行为的执行会造成难以弥补的损失,并且停止执行不损害国家利益、社会公共利益的;

“(三)人民法院认为该行政行为的执行会给国家利益、社会公共利益造成重大损害的;

“(四)法律、法规规定停止执行的。

“当事人对停止执行或者不停止执行的裁定不服的,可以申请复议一次。”

**三十六**、将第四十五条改为第五十四条,增加一款,作为第二款:“涉及商业秘密的案件,当事人申请不公开审理的,可以不公开审理。”

**三十七**、将第四十七条改为第五十五条,将第四款修改为:“院长担任审判长时的回避,由审判委员会决定;审判人员的回避,由院长决定;其他人员的回避,由审判长决定。当事人对决定不服的,可以申请复议一次。”

**三十八**、增加一条,作为第五十七条:“人民法院对起诉行政机关没有依法支付抚恤金、最低生活保障金和工伤、医疗社会保险金的案件,权利义务关系明确、不先予执行将严重影响原告生活的,可以根据原告的申请,裁定先予执行。

“当事人对先予执行裁定不服的,可以申请复议一次。复议期间不停止裁定的执行。”

**三十九**、将第四十八条改为第五十八条,修改为:“经人民法院传票传唤,原告无正当理由拒不到庭,或者未经法庭许可中途退庭的,可以按照撤诉处理;被告无正当理由拒不到庭,或者未经法庭许可中途退庭的,可以缺席判决。”

**四十**、将第四十九条改为第五十九条,修改为:“诉讼参与人或者其他人有下列行为之一的,人民法院可以根据情节轻重,予以训诫、责令具结悔过或者处一万元以下的罚款、十五日以下的拘留;构成犯罪的,依法追究刑事责任:

“(一)有义务协助调查、执行的人,对人民法院的协助调查决定、协助执行通知书,无故推拖、拒绝或者妨碍调查、执行的;

“（二）伪造、隐藏、毁灭证据或者提供虚假证明材料，妨碍人民法院审理案件的；

“（三）指使、贿买、胁迫他人作伪证或者威胁、阻止证人作证的；

“（四）隐藏、转移、变卖、毁损已被查封、扣押、冻结的财产的；

“（五）以欺骗、胁迫等非法手段使原告撤诉的；

“（六）以暴力、威胁或者其他方法阻碍人民法院工作人员执行职务，或者以哄闹、冲击法庭等方法扰乱人民法院工作秩序的；

“（七）对人民法院审判人员或者其他工作人员、诉讼参与人、协助调查和执行的人员恐吓、侮辱、诽谤、诬陷、殴打、围攻或者打击报复的。

“人民法院对有前款规定的行为之一的单位，可以对其主要负责人或者直接责任人员依照前款规定予以罚款、拘留；构成犯罪的，依法追究刑事责任。

“罚款、拘留须经人民法院院长批准。当事人不服的，可以向上一级人民法院申请复议一次。复议期间不停止执行。”

**四十一**、将第五十条改为第六十条，修改为：“人民法院审理行政案件，不适用调解。但是，行政赔偿、补偿以及行政机关行使法律、法规规定的自由裁量权的案件可以调解。

“调解应当遵循自愿、合法原则，不得损害国家利益、社会公共利益和他人合法权益。”

**四十二**、增加一条，作为第六十一条：“在涉及行政许可、登记、征收、征用和行政机关对民事争议所作的裁决的行政诉讼中，当事人申请一并解决相关民事争议的，人民法院可以一并审理。

“在行政诉讼中，人民法院认为行政案件的审理需以民事诉讼的裁判为依据的，可以裁定中止行政诉讼。”

**四十三**、将第五十三条改为第六十三条第三款，修改为：“人民法院审理行政案件，参照规章。”

**四十四**、增加两条，作为第六十四条、第六十五条：

“第六十四条　人民法院在审理行政案件中，经审查认为本法第五十三条规定的规范性文件不合法的，不作为认定行政行为合法的依据，并向制定机关提出处理建议。

“第六十五条　人民法院应当公开发生法律效力的判决书、裁定书,供公众查阅,但涉及国家秘密、商业秘密和个人隐私的内容除外。”

**四十五、**将第五十四条改为四条,作为第六十九条、第七十条、第七十二条、第七十七条,修改为:

“第六十九条　行政行为证据确凿,适用法律、法规正确,符合法定程序的,或者原告申请被告履行法定职责或者给付义务理由不成立的,人民法院判决驳回原告的诉讼请求。

“第七十条　行政行为有下列情形之一的,人民法院判决撤销或者部分撤销,并可以判决被告重新作出行政行为:

“(一)主要证据不足的;

“(二)适用法律、法规错误的;

“(三)违反法定程序的;

“(四)超越职权的;

“(五)滥用职权的;

“(六)明显不当的。

“第七十二条　人民法院经过审理,查明被告不履行法定职责的,判决被告在一定期限内履行。

“第七十七条　行政处罚明显不当,或者其他行政行为涉及对款额的确定、认定确有错误的,人民法院可以判决变更。

“人民法院判决变更,不得加重原告的义务或者减损原告的权益。但利害关系人同为原告,且诉讼请求相反的除外。”

**四十六、**增加七条,作为第七十三条、第七十四条、第七十五条、第七十六条、第七十八条、第七十九条、第八十条:

“第七十三条　人民法院经过审理,查明被告依法负有给付义务的,判决被告履行给付义务。

“第七十四条　行政行为有下列情形之一的,人民法院判决确认违法,但不撤销行政行为:

“(一)行政行为依法应当撤销,但撤销会给国家利益、社会公共利益造成重大损害的；

“（二）行政行为程序轻微违法，但对原告权利不产生实际影响的。

“行政行为有下列情形之一，不需要撤销或者判决履行的，人民法院判决确认违法：

“（一）行政行为违法，但不具有可撤销内容的；

“（二）被告改变原违法行政行为，原告仍要求确认原行政行为违法的；

“（三）被告不履行或者拖延履行法定职责，判决履行没有意义的。

“第七十五条　行政行为有实施主体不具有行政主体资格或者没有依据等重大且明显违法情形，原告申请确认行政行为无效的，人民法院判决确认无效。

“第七十六条　人民法院判决确认违法或者无效的，可以同时判决责令被告采取补救措施；给原告造成损失的，依法判决被告承担赔偿责任。

“第七十八条　被告不依法履行、未按照约定履行或者违法变更、解除本法第十二条第一款第十一项规定的协议的，人民法院判决被告承担继续履行、采取补救措施或者赔偿损失等责任。

“被告变更、解除本法第十二条第一款第十一项规定的协议合法，但未依法给予补偿的，人民法院判决给予补偿。

“第七十九条　复议机关与作出原行政行为的行政机关为共同被告的案件，人民法院应当对复议决定和原行政行为一并作出裁判。

“第八十条　人民法院对公开审理和不公开审理的案件，一律公开宣告判决。

“当庭宣判的，应当在十日内发送判决书；定期宣判的，宣判后立即发给判决书。

“宣告判决时，必须告知当事人上诉权利、上诉期限和上诉的人民法院。”

**四十七**、将第五十六条改为第六十六条，修改为：“人民法院在审理行政案件中，认为行政机关的主管人员、直接责任人员违法违纪的，应当将有关材料移送监察机关、该行政机关或者其上一级行政机关；认为有犯罪行为的，应当将有关材料移送公安、检察机关。

“人民法院对被告经传票传唤无正当理由拒不到庭，或者未经法庭许可中途退庭的，可以将被告拒不到庭或者中途退庭的情况予以公告，并可以向监察机关或者被告的上一级行政机关提出依法给予其主要负责人或者直接责任人员处分的司法建议。”

**四十八**、将第五十七条改为第八十一条，修改为：“人民法院应当在立案之日起六个月内作出第一审判决。有特殊情况需要延长的，由高级人民法院批准，高级人民法院审理第一审案件需要延长的，由最高人民法院批准。”

**四十九**、增加三条，作为第八十二条、第八十三条、第八十四条：

“第八十二条　人民法院审理下列第一审行政案件，认为事实清楚、权利义务关系明确、争议不大的，可以适用简易程序：

“（一）被诉行政行为是依法当场作出的；

“（二）案件涉及款额二千元以下的；

“（三）属于政府信息公开案件的。

“除前款规定以外的第一审行政案件，当事人各方同意适用简易程序的，可以适用简易程序。

“发回重审、按照审判监督程序再审的案件不适用简易程序。

“第八十三条　适用简易程序审理的行政案件，由审判员一人独任审理，并应当在立案之日起四十五日内审结。

“第八十四条　人民法院在审理过程中，发现案件不宜适用简易程序的，裁定转为普通程序。”

**五十**、将第五十九条改为第八十六条，修改为：“人民法院对上诉案件，应当组成合议庭，开庭审理。经过阅卷、调查和询问当事人，对没有提出新的事实、证据或者理由，合议庭认为不需要开庭审理的，也可以不开庭审理。”

**五十一**、增加一条，作为第八十七条：“人民法院审理上诉案件，应当对原审人民法院的判决、裁定和被诉行政行为进行全面审查。”

**五十二**、将第六十条改为第八十八条，修改为：“人民法院审理上诉案件，应当在收到上诉状之日起三个月内作出终审判决。有特殊情况需要延长的，由高级人民法院批准，高级人民法院审理上诉案件需要延长的，由最高人民法院批准。”

**五十三**、将第六十一条改为第八十九条，修改为：“人民法院审理上诉案件，按照下列情形，分别处理：

“（一）原判决、裁定认定事实清楚，适用法律、法规正确的，判决或者裁定驳回上诉，维持原判决、裁定；

“（二）原判决、裁定认定事实错误或者适用法律、法规错误的，依法改判、撤销或者变更；

“（三）原判决认定基本事实不清、证据不足的，发回原审人民法院重审，或者查清事实后改判；

“（四）原判决遗漏当事人或者违法缺席判决等严重违反法定程序的，裁定撤销原判决，发回原审人民法院重审。

“原审人民法院对发回重审的案件作出判决后，当事人提起上诉的，第二审人民法院不得再次发回重审。

“人民法院审理上诉案件，需要改变原审判决的，应当同时对被诉行政行为作出判决。”

**五十四**、将第六十二条改为第九十条，修改为：“当事人对已经发生法律效力的判决、裁定，认为确有错误的，可以向上一级人民法院申请再审，但判决、裁定不停止执行。”

**五十五**、增加一条，作为第九十一条：“当事人的申请符合下列情形之一的，人民法院应当再审：

“（一）不予立案或者驳回起诉确有错误的；

“（二）有新的证据，足以推翻原判决、裁定的；

“（三）原判决、裁定认定事实的主要证据不足、未经质证或者系伪造的；

“（四）原判决、裁定适用法律、法规确有错误的；

“（五）违反法律规定的诉讼程序，可能影响公正审判的；

“（六）原判决、裁定遗漏诉讼请求的；

“（七）据以作出原判决、裁定的法律文书被撤销或者变更的；

“（八）审判人员在审理该案件时有贪污受贿、徇私舞弊、枉法裁判行为的。”

**五十六、**将第六十三条改为第九十二条，修改为："各级人民法院院长对本院已经发生法律效力的判决、裁定，发现有本法第九十一条规定情形之一，或者发现调解违反自愿原则或者调解书内容违法，认为需要再审的，应当提交审判委员会讨论决定。

"最高人民法院对地方各级人民法院已经发生法律效力的判决、裁定，上级人民法院对下级人民法院已经发生法律效力的判决、裁定，发现有本法第九十一条规定情形之一，或者发现调解违反自愿原则或者调解书内容违法的，有权提审或者指令下级人民法院再审。"

**五十七、**将第六十四条改为第九十三条，修改为："最高人民检察院对各级人民法院已经发生法律效力的判决、裁定，上级人民检察院对下级人民法院已经发生法律效力的判决、裁定，发现有本法第九十一条规定情形之一，或者发现调解书损害国家利益、社会公共利益的，应当提出抗诉。

"地方各级人民检察院对同级人民法院已经发生法律效力的判决、裁定，发现有本法第九十一条规定情形之一，或者发现调解书损害国家利益、社会公共利益的，可以向同级人民法院提出检察建议，并报上级人民检察院备案；也可以提请上级人民检察院向同级人民法院提出抗诉。

"各级人民检察院对审判监督程序以外的其他审判程序中审判人员的违法行为，有权向同级人民法院提出检察建议。"

**五十八、**将第六十五条改为三条，作为第九十四条、第九十五条、第九十六条，修改为：

"第九十四条　当事人必须履行人民法院发生法律效力的判决、裁定、调解书。

"第九十五条　公民、法人或者其他组织拒绝履行判决、裁定、调解书的，行政机关或者第三人可以向第一审人民法院申请强制执行，或者由行政机关依法强制执行。

"第九十六条　行政机关拒绝履行判决、裁定、调解书的，第一审人民法院可以采取下列措施：

"（一）对应当归还的罚款或者应当给付的款额，通知银行从该行政机关的账户内划拨；

“(二)在规定期限内不履行的,从期满之日起,对该行政机关负责人按日处五十元至一百元的罚款;

“(三)将行政机关拒绝履行的情况予以公告;

“(四)向监察机关或者该行政机关的上一级行政机关提出司法建议。接受司法建议的机关,根据有关规定进行处理,并将处理情况告知人民法院;

“(五)拒不履行判决、裁定、调解书,社会影响恶劣的,可以对该行政机关直接负责的主管人员和其他直接责任人员予以拘留;情节严重,构成犯罪的,依法追究刑事责任。”

**五十九**、增加一条,作为第一百零一条:“人民法院审理行政案件,关于期间、送达、财产保全、开庭审理、调解、中止诉讼、终结诉讼、简易程序、执行等,以及人民检察院对行政案件受理、审理、裁判、执行的监督,本法没有规定的,适用《中华人民共和国民事诉讼法》的相关规定。”

**六十**、将本法相关条文中的“具体行政行为”修改为“行政行为”。

**六十一**、将第四十六条改为第六十八条,第五十五条改为第七十一条。删去第三十五条、第九章的章名、第六十七条、第六十八条、第六十九条、第七十二条。

本决定自2015年5月1日起施行。

《中华人民共和国行政诉讼法》根据本决定作相应修改,重新公布。

## 中华人民共和国主席令

### 第十六号

《中华人民共和国反间谍法》已由中华人民共和国第十二届全国人民代表大会常务委员会第十一次会议于2014年11月1日通过,现予公布,自公布之日起施行。

中华人民共和国主席　习近平

2014年11月1日

# 中华人民共和国反间谍法

(2014年11月1日第十二届全国人民代表大会常务委员会第十一次会议通过)

### 第一章　总　　则

**第一条**　为了防范、制止和惩治间谍行为,维护国家安全,根据宪法,制定本法。

**第二条**　反间谍工作坚持中央统一领导,坚持公开工作与秘密工作相结合、专门工作与群众路线相结合、积极防御、依法惩治的原则。

**第三条**　国家安全机关是反间谍工作的主管机关。

公安、保密行政管理等其他有关部门和军队有关部门按照职责分工,密切配合,加强协调,依法做好有关工作。

**第四条** 中华人民共和国公民有维护国家的安全、荣誉和利益的义务,不得有危害国家的安全、荣誉和利益的行为。

一切国家机关和武装力量、各政党和各社会团体及各企业事业组织,都有防范、制止间谍行为,维护国家安全的义务。

国家安全机关在反间谍工作中必须依靠人民的支持,动员、组织人民防范、制止危害国家安全的间谍行为。

**第五条** 反间谍工作应当依法进行,尊重和保障人权,保障公民和组织的合法权益。

**第六条** 境外机构、组织、个人实施或者指使、资助他人实施的,或者境内机构、组织、个人与境外机构、组织、个人相勾结实施的危害中华人民共和国国家安全的间谍行为,都必须受到法律追究。

**第七条** 国家对支持、协助反间谍工作的组织和个人给予保护,对有重大贡献的给予奖励。

## 第二章 国家安全机关在反间谍工作中的职权

**第八条** 国家安全机关在反间谍工作中依法行使侦查、拘留、预审和执行逮捕以及法律规定的其他职权。

**第九条** 国家安全机关的工作人员依法执行任务时,依照规定出示相应证件,有权查验中国公民或者境外人员的身份证明,向有关组织和人员调查、询问有关情况。

**第十条** 国家安全机关的工作人员依法执行任务时,依照规定出示相应证件,可以进入有关场所、单位;根据国家有关规定,经过批准,出示相应证件,可以进入限制进入的有关地区、场所、单位,查阅或者调取有关的档案、资料、物品。

**第十一条** 国家安全机关的工作人员在依法执行紧急任务的情况下,经出示相应证件,可以优先乘坐公共交通工具,遇交通阻碍时,优先通行。

国家安全机关因反间谍工作需要,按照国家有关规定,可以优先使用或者依法征用机关、团体、企业事业组织和个人的交通工具、通信工具、场地和建筑物，必要时，可以设置相关工作场所和设备、设施，任务完成后应当及时归还或者恢复原状，并依照规定支付相应费用；造成损失的，应当补偿。

**第十二条** 国家安全机关因侦察间谍行为的需要，根据国家有关规定，经过严格的批准手续，可以采取技术侦察措施。

**第十三条** 国家安全机关因反间谍工作需要，可以依照规定查验有关组织和个人的电子通信工具、器材等设备、设施。查验中发现存在危害国家安全情形的，国家安全机关应当责令其整改；拒绝整改或者整改后仍不符合要求的，可以予以查封、扣押。

对依照前款规定查封、扣押的设备、设施，在危害国家安全的情形消除后，国家安全机关应当及时解除查封、扣押。

**第十四条** 国家安全机关因反间谍工作需要，根据国家有关规定，可以提请海关、边防等检查机关对有关人员和资料、器材免检。有关检查机关应当予以协助。

**第十五条** 国家安全机关对用于间谍行为的工具和其他财物，以及用于资助间谍行为的资金、场所、物资，经设区的市级以上国家安全机关负责人批准，可以依法查封、扣押、冻结。

**第十六条** 国家安全机关根据反间谍工作需要，可以会同有关部门制定反间谍技术防范标准，指导有关部门落实反间谍技术防范措施，对存在隐患的部门，经过严格的批准手续，可以进行反间谍技术防范检查和检测。

**第十七条** 国家安全机关及其工作人员在工作中，应当严格依法办事，不得超越职权、滥用职权，不得侵犯组织和个人的合法权益。

国家安全机关及其工作人员依法履行反间谍工作职责获取的组织和个人的信息、材料，只能用于反间谍工作。对属于国家秘密、商业秘密和个人隐私的，应当保密。

**第十八条** 国家安全机关工作人员依法执行职务受法律保护。

## 第三章 公民和组织的义务和权利

**第十九条** 机关、团体和其他组织应当对本单位的人员进行维护国家安全的教育，动员、组织本单位的人员防范、制止间谍行为。

**第二十条** 公民和组织应当为反间谍工作提供便利或者其他协助。

因协助反间谍工作,本人或者其近亲属的人身安全面临危险的,可以向国家安全机关请求予以保护。国家安全机关应当会同有关部门依法采取保护措施。

**第二十一条** 公民和组织发现间谍行为,应当及时向国家安全机关报告;向公安机关等其他国家机关、组织报告的,相关国家机关、组织应当立即移送国家安全机关处理。

**第二十二条** 在国家安全机关调查了解有关间谍行为的情况、收集有关证据时,有关组织和个人应当如实提供,不得拒绝。

**第二十三条** 任何公民和组织都应当保守所知悉的有关反间谍工作的国家秘密。

**第二十四条** 任何个人和组织都不得非法持有属于国家秘密的文件、资料和其他物品。

**第二十五条** 任何个人和组织都不得非法持有、使用间谍活动特殊需要的专用间谍器材。专用间谍器材由国务院国家安全主管部门依照国家有关规定确认。

**第二十六条** 任何个人和组织对国家安全机关及其工作人员超越职权、滥用职权和其他违法行为,都有权向上级国家安全机关或者有关部门检举、控告。受理检举、控告的国家安全机关或者有关部门应当及时查清事实,负责处理,并将处理结果及时告知检举人、控告人。

对协助国家安全机关工作或者依法检举、控告的个人和组织,任何个人和组织不得压制和打击报复。

## 第四章 法律责任

**第二十七条** 境外机构、组织、个人实施或者指使、资助他人实施,或者境内机构、组织、个人与境外机构、组织、个人相勾结实施间谍行为,构成犯罪的,依法追究刑事责任。

实施间谍行为,有自首或者立功表现的,可以从轻、减轻或者免除处罚;有重大立功表现的,给予奖励。

**第二十八条** 在境外受胁迫或者受诱骗参加敌对组织、间谍组织，从事危害中华人民共和国国家安全的活动，及时向中华人民共和国驻外机构如实说明情况，或者入境后直接或者通过所在单位及时向国家安全机关、公安机关如实说明情况，并有悔改表现的，可以不予追究。

**第二十九条** 明知他人有间谍犯罪行为，在国家安全机关向其调查有关情况、收集有关证据时，拒绝提供的，由其所在单位或者上级主管部门予以处分，或者由国家安全机关处十五日以下行政拘留；构成犯罪的，依法追究刑事责任。

**第三十条** 以暴力、威胁方法阻碍国家安全机关依法执行任务的，依法追究刑事责任。

故意阻碍国家安全机关依法执行任务，未使用暴力、威胁方法，造成严重后果的，依法追究刑事责任；情节较轻的，由国家安全机关处十五日以下行政拘留。

**第三十一条** 泄露有关反间谍工作的国家秘密的，由国家安全机关处十五日以下行政拘留；构成犯罪的，依法追究刑事责任。

**第三十二条** 对非法持有属于国家秘密的文件、资料和其他物品的，以及非法持有、使用专用间谍器材的，国家安全机关可以依法对其人身、物品、住处和其他有关的地方进行搜查；对其非法持有的属于国家秘密的文件、资料和其他物品，以及非法持有、使用的专用间谍器材予以没收。非法持有属于国家秘密的文件、资料和其他物品，构成犯罪的，依法追究刑事责任；尚不构成犯罪的，由国家安全机关予以警告或者处十五日以下行政拘留。

**第三十三条** 隐藏、转移、变卖、损毁国家安全机关依法查封、扣押、冻结的财物的，或者明知是间谍活动的涉案财物而窝藏、转移、收购、代为销售或者以其他方法掩饰、隐瞒的，由国家安全机关追回。构成犯罪的，依法追究刑事责任。

**第三十四条** 境外人员违反本法的，可以限期离境或者驱逐出境。

**第三十五条** 当事人对行政处罚决定、行政强制措施决定不服的，可以自接到决定书之日起六十日内，向作出决定的上一级机关申请复议；对复议决定不服的，可以自接到复议决定书之日起十五日内向人民法院提起诉讼。

**第三十六条** 国家安全机关对依照本法查封、扣押、冻结的财物，应当妥善保管，并按照下列情形分别处理：

（一）涉嫌犯罪的，依照刑事诉讼法的规定处理；

（二）尚不构成犯罪，有违法事实的，对依法应当没收的予以没收，依法应当销毁的予以销毁；

（三）没有违法事实的，或者与案件无关的，应当解除查封、扣押、冻结，并及时返还相关财物；造成损失的，应当依法赔偿。

国家安全机关没收的财物，一律上缴国库。

**第三十七条** 国家安全机关工作人员滥用职权、玩忽职守、徇私舞弊，构成犯罪的，或者有非法拘禁、刑讯逼供、暴力取证、违反规定泄露国家秘密、商业秘密和个人隐私等行为，构成犯罪的，依法追究刑事责任。

## 第五章 附 则

**第三十八条** 本法所称间谍行为，是指下列行为：

（一）间谍组织及其代理人实施或者指使、资助他人实施，或者境内外机构、组织、个人与其相勾结实施的危害中华人民共和国国家安全的活动；

（二）参加间谍组织或者接受间谍组织及其代理人的任务的；

（三）间谍组织及其代理人以外的其他境外机构、组织、个人实施或者指使、资助他人实施，或者境内机构、组织、个人与其相勾结实施的窃取、刺探、收买或者非法提供国家秘密或者情报，或者策动、引诱、收买国家工作人员叛变的活动；

（四）为敌人指示攻击目标的；

（五）进行其他间谍活动的。

**第三十九条** 国家安全机关、公安机关依照法律、行政法规和国家有关规定，履行防范、制止和惩治间谍行为以外的其他危害国家安全行为的职责，适用本法的有关规定。

**第四十条** 本法自公布之日起施行。1993年2月22日第七届全国人民代表大会常务委员会第三十次会议通过的《中华人民共和国国家安全法》同时废止。

# 全国人民代表大会常务委员会关于《中华人民共和国民法通则》第九十九条第一款、《中华人民共和国婚姻法》第二十二条的解释

（2014 年 11 月 1 日第十二届全国人民代表大会常务委员会第十一次会议通过）

最高人民法院向全国人民代表大会常务委员会提出，为使人民法院正确理解和适用法律，请求对民法通则第九十九条第一款“公民享有姓名权，有权决定、使用和依照规定改变自己的姓名”和婚姻法第二十二条“子女可以随父姓，可以随母姓”的规定作法律解释，明确公民在父姓和母姓之外选取姓氏如何适用法律。

全国人民代表大会常务委员会讨论了上述规定的含义，认为：公民依法享有姓名权。公民行使姓名权属于民事活动，既应当依照民法通则第九十九条第一款和婚姻法第二十二条的规定，还应当遵守民法通则第七条的规定，即应当尊重社会公德，不得损害社会公共利益。在中华传统文化中，“姓名”中的“姓”，即姓氏，体现着血缘传承、伦理秩序和文化传统，公民选取姓氏涉及公序良俗。公民原则上随父姓或者母姓符合中华传统文化和伦理观念，符合绝大多数公民的意愿和实际做法。同时，考虑到社会实际情况，公民有正当理由的也可以选取其他姓氏。基于此，对民法通则第九十九条第一款、婚姻法第二十二条解释如下：

公民依法享有姓名权。公民行使姓名权，还应当尊重社会公德，不得损害社会公共利益。

公民原则上应当随父姓或者母姓。有下列情形之一的，可以在父姓和

母姓之外选取姓氏：

（一）选取其他直系长辈血亲的姓氏；

（二）因由法定扶养人以外的人扶养而选取扶养人姓氏；

（三）有不违反公序良俗的其他正当理由。

少数民族公民的姓氏可以从本民族的文化传统和风俗习惯。

现予公告。

# 最高人民法院　最高人民检察院　公安部
# 关于办理暴力恐怖和宗教极端刑事案件适用法律若干问题的意见

公通字〔2014〕34号

各省、自治区、直辖市高级人民法院，人民检察院，公安厅、局，新疆维吾尔自治区高级人民法院生产建设兵团分院，新疆生产建设兵团人民检察院、公安局：

近年来，我国部分地区发生的暴力恐怖案件表现形式呈现多样化，且均与宗教极端犯罪活动有直接关系，对国家安全、社会稳定、民族团结和人民群众生命财产安全造成了严重危害。为依法惩治暴力恐怖、宗教极端犯罪活动，有效防止暴力恐怖案件的发生，根据《刑法》和其他有关法律规定，现就办理暴力恐怖、宗教极端刑事案件适用法律的若干问题提出以下意见。

## 一、正确把握办理案件的基本原则

（一）坚持严格依法办案。坚持以事实为依据、以法律为准绳，全面审查犯罪嫌疑人、被告人的犯罪动机、主观目的、客观行为和危害后果，正确把握罪与非罪、此罪与彼罪、一罪与数罪的界限。严格依照法定程序，及时、全面收集、固定证据。对造成重大人员伤亡和财产损失，严重危害国家安全、公共安全、社会稳定和民族团结的重特大、敏感案件，坚持分工负责、互相配合、互相制约的刑事诉讼基本原则，做到既准确、及时固定证据、查明事实，又讲求办案效率。

（二）坚持宽严相济、区别对待。对犯罪嫌疑人、被告人的处理，要结合主观恶性大小、行为危害程度以及在案件中所起的作用等因素，切实做到区别对待。对组织、策划、实施暴力恐怖、宗教极端违法犯罪活动的首要分子、骨干成员、罪行重大者,以及曾因实施暴力恐怖、宗教极端违法犯罪活动受到行政、刑事处罚或者免予刑事处罚又实施暴力恐怖、宗教极端犯罪活动的,依法从重处罚。对具有自首、立功等法定从宽处罚情节的,依法从宽处罚。对情节较轻、危害不大、未造成严重后果,且认罪悔罪的初犯、偶犯,受裹胁蒙蔽参与犯罪、在犯罪中作用较小,以及其他犯罪情节轻微不需要判处刑罚的,可以依法免予刑事处罚。

(三)坚持执行宗教、民族政策。要严格区分宗教极端违法犯罪与正常宗教活动的区别,严格执行党和国家的宗教、民族政策,保护正常宗教活动,维护民族团结,严禁歧视信教群众和少数民族群众,严禁干涉公民信仰宗教和不信仰宗教的自由,尊重犯罪嫌疑人、被告人的人格尊严、宗教信仰和民族习俗。

**二、准确认定案件性质**

(一)为制造社会恐慌、危害公共安全或者胁迫国家机关、国际组织,组织、纠集他人,策划、实施下列行为之一,造成或者意图造成人员伤亡、重大财产损失、公共设施损坏、社会秩序混乱的,以组织、领导、参加恐怖组织罪定罪处罚:

1. 发起、建立恐怖活动组织或者以从事恐怖活动为目的的训练营地,进行恐怖活动体能、技能训练的;

2. 为组建恐怖活动组织、发展组织成员或者组织、策划、实施恐怖活动,宣扬、散布、传播宗教极端、暴力恐怖思想的;

3. 在恐怖活动组织成立以后,利用宗教极端、暴力恐怖思想控制组织成员,指挥组织成员进行恐怖活动的;

4. 对特定或者不特定的目标进行爆炸、放火、杀人、伤害、绑架、劫持、恐吓、投放危险物质及其他暴力活动的;

5. 制造、买卖、运输、储存枪支、弹药、爆炸物的;

6. 设计、制造、散发、邮寄、销售、展示含有暴力恐怖思想内容的标识、标志物、旗帜、徽章、服饰、器物、纪念品的;

7. 参与制定行动计划、准备作案工具等活动的。

组织、领导、参加恐怖活动组织，同时实施杀人、放火、爆炸、非法制造爆炸物、绑架、抢劫等犯罪的，以组织、领导、参加恐怖组织罪和故意杀人罪、放火罪、爆炸罪、非法制造爆炸物罪、绑架罪、抢劫罪等数罪并罚。

（二）参加或者纠集他人参加恐怖活动组织的，或者为参加恐怖活动组织、接受其训练，出境或者组织、策划、煽动、拉拢他人出境，或者在境内跨区域活动，进行犯罪准备行为的，以参加恐怖组织罪定罪处罚。

（三）实施下列行为之一，煽动分裂国家、破坏国家统一的，以煽动分裂国家罪定罪处罚：

1. 组织、纠集他人，宣扬、散布、传播宗教极端、暴力恐怖思想的；

2. 出版、印刷、复制、发行载有宣扬宗教极端、暴力恐怖思想内容的图书、期刊、音像制品、电子出版物或者制作、印刷、复制载有宣扬宗教极端、暴力恐怖思想内容的传单、图片、标语、报纸的；

3. 通过建立、开办、经营、管理网站、网页、论坛、电子邮件、博客、微博、即时通讯工具、群组、聊天室、网络硬盘、网络电话、手机应用软件及其他网络应用服务，或者利用手机、移动存储介质、电子阅读器等登载、张贴、复制、发送、播放、演示载有宗教极端、暴力恐怖思想内容的图书、文稿、图片、音频、视频、音像制品及相关网址，宣扬、散布、传播宗教极端、暴力恐怖思想的；

4. 制作、编译、编撰、编辑、汇编或者从境外组织、机构、个人、网站直接获取载有宣扬宗教极端、暴力恐怖思想内容的图书、文稿、图片、音像制品等，供他人阅读、观看、收听、出版、印刷、复制、发行、传播的；

5. 设计、制造、散发、邮寄、销售、展示含有宗教极端、暴力恐怖思想内容的标识、标志物、旗帜、徽章、服饰、器物、纪念品的；

6. 以其他方式宣扬宗教极端、暴力恐怖思想的。

实施上述行为，煽动民族仇恨、民族歧视，情节严重的，以煽动民族仇恨、民族歧视罪定罪处罚。同时构成煽动分裂国家罪的，依照处罚较重的规定定罪处罚。

（四）明知是恐怖活动组织或者实施恐怖活动人员而为其提供经费，或者提供器材、设备、交通工具、武器装备等物质条件,或者提供场所以及其他物质便利的,以资助恐怖活动罪定罪处罚。

通过收取宗教课税募捐,为暴力恐怖、宗教极端犯罪活动筹集经费的,以相应犯罪的共同犯罪定罪处罚;构成资助恐怖活动罪的,以资助恐怖活动罪定罪处罚。

(五)编造以发生爆炸威胁、生化威胁、放射威胁、劫持航空器威胁、重大灾情、重大疫情等严重威胁公共安全的事件为内容的虚假恐怖信息,或者明知是虚假恐怖信息而故意传播、散布,严重扰乱社会秩序的,以编造、故意传播虚假恐怖信息罪定罪处罚。

编造虚假信息,或者明知是编造的虚假信息,在信息网络上散布,或者组织、指使他人在信息网络上散布,造成公共秩序严重混乱,同时构成寻衅滋事罪和编造、故意传播虚假恐怖信息罪的,依照处罚较重的规定定罪处罚。

(六)明知图书、文稿、图片、音像制品、移动存储介质、电子阅读器中载有利用宗教极端、暴力恐怖思想煽动分裂国家、破坏国家统一或者煽动民族仇恨、民族歧视的内容,而提供仓储、邮寄、投递、运输、传输及其他服务的,以煽动分裂国家罪或者煽动民族仇恨、民族歧视罪的共同犯罪定罪处罚。

虽不明知图书、文稿、图片、音像制品、移动存储介质、电子阅读器中载有利用宗教极端、暴力恐怖思想煽动分裂国家、破坏国家统一或者煽动民族仇恨、民族歧视的内容,但出于营利或其他目的,违反国家规定,予以出版、印刷、复制、发行、传播或者提供仓储、邮寄、投递、运输、传输等服务的,按照其行为所触犯的具体罪名定罪处罚。

(七)网站、网页、论坛、电子邮件、博客、微博、即时通讯工具、群组、聊天室、网络硬盘、网络电话、手机应用软件及其他网络应用服务的建立、开办、经营、管理者,明知他人散布、宣扬利用宗教极端、暴力恐怖思想煽动分裂国家、破坏国家统一或者煽动民族仇恨、民族歧视的内容,允许或者放任他人在其网站、网页、论坛、电子邮件、博客、微博、即时通讯工具、群组、聊天室、网络硬盘、网络电话、手机应用软件及其他网络应用服务上发布的,以煽动分裂国家罪或者煽动民族仇恨、民族歧视罪的共同犯罪定罪处罚。

(八)以"异教徒"、"宗教叛徒"等为由,随意殴打、追逐、拦截、辱骂他人,扰乱社会秩序,情节恶劣的,以寻衅滋事罪定罪处罚。

实施前款行为,同时又构成故意伤害罪、妨害公务罪等其他犯罪的,依照处罚较重的规定定罪处罚。

(九)传授暴力恐怖或者其他犯罪技能、经验,依法不能认定为组织、领导、参加恐怖组织罪的,以传授犯罪方法罪定罪处罚。

为实现所教唆的犯罪,教唆者又传授犯罪方法的,择一重罪定罪处罚。

(十)对实施本意见规定行为但不构成犯罪的,依照治安管理、宗教事务管理以及互联网、印刷、出版管理等法律、法规,予以行政处罚或者进行教育、训诫,责令停止活动。对其持有的涉案物品依法予以收缴。

## 三、明确认定标准

(一)对涉案宣传品的内容不作鉴定,由公安机关全面审查并逐一标注或者摘录,与扣押、移交物品清单及涉案宣传品原件一并移送人民检察院审查。因涉及宗教专门知识或者语言文字等原因无法自行审查的,可商请宗教、民族、新闻出版等部门提供审读意见,经审查后与涉案宣传品原件一并移送人民检察院审查。需要对涉案宣传品出版、印刷、制作、发行的合法性进行鉴定的,由公安机关委托新闻出版主管部门出具鉴定意见。人民检察院、人民法院应当全面审查作为证据使用的涉案宣传品的内容。

(二)对是否"明知"的认定,应当结合案件具体情况,坚持重证据,重调查研究,以行为人实施的客观行为为基础,结合其一贯表现,具体行为、程度、手段、事后态度,以及年龄、认知和受教育程度、所从事的职业等综合判断。曾因实施暴力恐怖、宗教极端违法犯罪行为受到行政、刑事处罚、免予刑事处罚,或者被责令改正后又实施的,应当认定为明知。其他共同犯罪嫌疑人、被告人或者其他知情人供认、指证,行为人不承认其主观上"明知",但又不能作出合理解释的,依据其行为本身和认知程度,足以认定其确实"明知"或者应当"明知"的,应当认定为明知。

## 四、明确管辖原则

(一)对本意见规定的犯罪案件,一般由犯罪地公安机关管辖,犯罪嫌疑人居住地公安机关管辖更为适宜的,也可以由犯罪嫌疑人居住地公安机关管辖。对案件管辖有争议的,可以由共同的上级公安机关指定管辖;情况特殊的,上级公安机关可以指定其他公安机关管辖。跨省、区、市以及涉外案件需要指定管辖的,由公安部指定管辖。

(二)上级公安机关指定下级公安机关立案侦查的案件,需要逮捕犯罪嫌疑人的,由侦查该案件的公安机关提请同级人民检察院审查批准,人民检察院应当依法作出批准逮捕或者不批准逮捕的决定;需要移送审查起诉的,由侦查该案件的公安机关移送同级人民检察院审查起诉。

(三)人民检察院对于审查起诉的案件,按照《刑事诉讼法》的管辖规定,认为应当由上级人民检察院或者同级其他人民检察院起诉的,应当将案件移送有管辖权的人民检察院,同时通知移送审查起诉的公安机关。

最高人民法院　最高人民检察院　公安部

2014年9月9日

# 最高人民法院　最高人民检察院　公安部印发《关于规范毒品名称表述若干问题的意见》的通知

法〔2014〕224 号

各省、自治区、直辖市高级人民法院、人民检察院、公安厅(局),解放军军事法院、军事检察院,新疆维吾尔自治区高级人民法院生产建设兵团分院,新疆生产建设兵团人民检察院、公安局:

为进一步规范毒品犯罪案件办理工作,最高人民法院、最高人民检察院、公安部制定了《关于规范毒品名称表述若干问题的意见》。现印发给你们,请认真贯彻执行。执行中遇到的问题,请及时分别层报最高人民法院、最高人民检察院、公安部。

2014 年 8 月 20 日

## 关于规范毒品名称表述若干问题的意见

为进一步规范毒品犯罪案件办理工作,现对毒品犯罪案件起诉意见书、起诉书、刑事判决书、刑事裁定书中的毒品名称表述问题提出如下规范意见。

## 一、规范毒品名称表述的基本原则

（一）毒品名称表述应当以毒品的化学名称为依据，并与刑法、司法解释及相关规范性文件中的毒品名称保持一致。刑法、司法解释等没有规定的，可以参照《麻醉药品品种目录》《精神药品品种目录》中的毒品名称进行表述。

（二）对于含有二种以上毒品成分的混合型毒品，应当根据其主要毒品成分和具体形态认定毒品种类、确定名称。混合型毒品中含有海洛因、甲基苯丙胺的，一般应当以海洛因、甲基苯丙胺确定其毒品种类；不含海洛因、甲基苯丙胺，或者海洛因、甲基苯丙胺的含量极低的，可以根据其中定罪量刑数量标准较低且所占比例较大的毒品成分确定其毒品种类。混合型毒品成分复杂的，可以用括号注明其中所含的一至二种其他毒品成分。

（三）为体现与犯罪嫌疑人、被告人供述的对应性，对于犯罪嫌疑人、被告人供述的毒品常见俗称，可以在文书中第一次表述该类毒品时用括号注明。

## 二、几类毒品的名称表述

（一）含甲基苯丙胺成分的毒品

1. 对于含甲基苯丙胺成分的晶体状毒品，应当统一表述为甲基苯丙胺（冰毒），在下文中再次出现时可以直接表述为甲基苯丙胺。

2. 对于以甲基苯丙胺为主要毒品成分的片剂状毒品，应当统一表述为甲基苯丙胺片剂。如果犯罪嫌疑人、被告人供述为“麻古”“麻果”或者其他俗称的，可以在文书中第一次表述该类毒品时用括号注明，如表述为甲基苯丙胺片剂（俗称“麻古”）等。

3. 对于含甲基苯丙胺成分的液体、固液混合物、粉末等，应当根据其毒品成分和具体形态进行表述，如表述为含甲基苯丙胺成分的液体、含甲基苯丙胺成分的粉末等。

（二）含氯胺酮成分的毒品

1. 对于含氯胺酮成分的粉末状毒品，应当统一表述为氯胺酮。如果犯罪嫌疑人、被告人供述为“K粉”等俗称的，可以在文书中第一次表述该类毒品时用括号注明，如表述为氯胺酮（俗称“K粉”）等。

2. 对于以氯胺酮为主要毒品成分的片剂状毒品，应当统一表述为氯胺酮片剂。

3. 对于含氯胺酮成分的液体、固液混合物等，应当根据其毒品成分和具体形态进行表述，如表述为含氯胺酮成分的液体、含氯胺酮成分的固液混合物等。

（三）含 MDMA 等成分的毒品

对于以 MDMA、MDA、MDEA 等致幻性苯丙胺类兴奋剂为主要毒品成分的丸状、片剂状毒品，应当根据其主要毒品成分的中文化学名称和具体形态进行表述，并在文书中第一次表述该类毒品时用括号注明下文中使用的英文缩写简称，如表述为 3，4 – 亚甲二氧基甲基苯丙胺片剂（以下简称 MDMA 片剂）、3，4 – 亚甲二氧基苯丙胺片剂（以下简称 MDA 片剂）、3，4 – 亚甲二氧基乙基苯丙胺片剂（以下简称 MDEA 片剂）等。如果犯罪嫌疑人、被告人供述为“摇头丸”等俗称的，可以在文书中第一次表述该类毒品时用括号注明，如表述为 3，4 – 亚甲二氧基甲基苯丙胺片剂（以下简称 MDMA 片剂，俗称“摇头丸”）等。

（四）“神仙水”类毒品

对于俗称“神仙水”的液体状毒品，应当根据其主要毒品成分和具体形态进行表述。毒品成分复杂的，可以用括号注明其中所含的一至二种其他毒品成分，如表述为含氯胺酮（咖啡因、地西泮等）成分的液体等。如果犯罪嫌疑人、被告人供述为“神仙水”等俗称的，可以在文书中第一次表述该类毒品时用括号注明，如表述为含氯胺酮（咖啡因、地西泮等）成分的液体（俗称“神仙水”）等。

（五）大麻类毒品

对于含四氢大麻酚、大麻二酚、大麻酚等天然大麻素类成分的毒品，应当根据其外形特征分别表述为大麻叶、大麻脂、大麻油或者大麻烟等。

# 《关于规范毒品名称表述若干问题的意见》的理解与适用

高贵君　马　岩　李静然

为进一步规范毒品犯罪案件办理工作，最高人民法院、最高人民检察院、公安部于2014年8月20日联合发布了《关于规范毒品名称表述若干问题的意见》（法〔2014〕224号，以下简称《意见》）。为便于司法实践中准确理解和适用，现就《意见》的制定背景、起草思路及主要内容说明如下。

## 一、关于《意见》的制定背景

审判工作中发现，毒品犯罪案件法律文书中存在部分毒品名称表述不科学、不规范的问题，尤以新类型、混合型毒品的名称表述问题最为突出。规范表述毒品名称，既是促进毒品犯罪案件办理工作规范化的客观要求，也是准确认定毒品性质、依法准确定罪量刑的基础。为科学规范毒品名称表述，最高人民法院相关部门自2013年初以来开展了相关调研论证工作，通过研究大量毒品犯罪案件裁判文书、查阅相关专业资料、咨询有关专业人员意见，形成了规范毒品名称表述的初步意见。鉴于毒品名称规范问题涉及侦查、审查起诉、审判等刑事诉讼阶段，单由法院一家对毒品名称表述进行规范效果有限，经正式征求最高人民检察院、公安部意见，一致同意由三家联合制发规范性文件，对毒品名称表述进行统一规范，以促进毒品犯罪案件办理工作进一步规范化。在前期工作的基础上，最高人民法院、最高人民检察院、公安部相关部门共同对规范毒品名称表述的初步意见进行了深入研究，并召开座谈会专门听取了毒品鉴定专家和法律语言专家的意见。经多次修改、完善，最终形成并联合发布了《意见》。

## 二、关于《意见》的起草思路

当前毒品犯罪案件法律文书中，毒品名称表述主要存在以下问题：第一，较少使用规范的化学名称，多用俗称。如将含甲基苯丙胺成分的片剂状毒品表述为“麻古”或者“麻果”，将含氯胺酮成分的粉末状毒品表述为“K粉”等。第二，用单一的化学名称指代形态、成分有明显差异的毒品。如用甲基苯丙胺指代甲基苯丙胺含量明显不同的晶体和片剂状毒品等。第三，同一名称（主要是俗称）指代的混合型毒品有时并不相同。如“摇头丸”在有的案件中指代以MDMA为主要成分的毒品，在有的案件中又指代以氯胺酮为主要成分的毒品，在另一些案件中甚至指代不含毒品成分的丸状物品；“神仙水”在不同案件中指代的毒品成分也常常存在较大差异。

《意见》针对毒品名称表述存在的上述问题，明确了规范毒品名称表述的基本原则。同时，从实践情况看，毒品犯罪案件中迫切需要规范名称表述的主要是甲基苯丙胺、氯胺酮、“麻古”（又称“麻果”）、“摇头丸”、“神仙水”等新类型、混合型毒品，《意见》对这几类毒品的名称表述作出了具体规范。传统毒品海洛因等不存在名称表述不规范的问题。对于实践中较少出现的新类型毒品（如甲卡西酮、曲马多等），名称表述的规范性问题目前尚不突出。今后如发现其他需要规范的毒品名称表述问题，可以根据《意见》确定的基本原则加以规范。

从涉及的法律文书范围看，《意见》明确规定，需要规范毒品名称表述的法律文书主要是公安机关的起诉意见书、检察机关的起诉书与人民法院的刑事判决书、刑事裁定书，即侦查、审查起诉、审判阶段的终局性法律文书，也是主要向社会公开的法律文书。考虑到工作实际，对其他内部法律文书暂不做硬性要求，但也希望按照《意见》的要求规范表述毒品名称。

## 三、关于《意见》的主要内容

《意见》主要包括两个部分，第一部分规定了规范毒品名称表述的三条基本原则，第二部分对实践中反映较为突出的甲基苯丙胺、氯胺酮、“摇头丸”、“神仙水”等几类毒品的名称表述作了具体规范。

（一）规范毒品名称表述的基本原则

第一条基本原则确定，毒品名称表述应当以毒品的化学名称为依据，不再直接使用俗称。由于刑法、司法解释及相关规范性文件对部分毒品的化学名称规定与《麻醉药品品种目录》《精神药品品种目录》不尽一致，而前者更符合法律语言要求，故应优先以刑法、司法解释及相关规范性文件规定的毒品名称为表述依据。刑法、司法解释及相关规范性文件没有规定的，可以参照《麻醉药品品种目录》《精神药品品种目录》中的毒品名称进行表述。

第二条基本原则确定了混合型毒品的名称表述方法。混合型毒品的名称表述直接关系到毒品的种类认定和定罪量刑数量标准的确定。该原则规定，对于混合型毒品，应当以其中一种主要的毒品成分确定毒品种类，并根据其具体形态进行客观表述。司法实践中通常以定罪量刑数量标准较低（即处罚更重）的毒品成分确定混合型毒品的种类，2008年印发的《全国部分法院审理毒品犯罪案件工作座谈会纪要》也采用了这种做法，这不仅有利于从严惩处毒品犯罪分子，也便于司法操作。由于海洛因、甲基苯丙胺的定罪量刑标准低、社会危害大，混合型毒品中含有海洛因、甲基苯丙胺的，一般应当以海洛因、甲基苯丙胺确定其毒品种类。对于不含海洛因、甲基苯丙胺，或者海洛因、甲基苯丙胺的含量极低的（固体2%、液体0.005%以下，即痕量），以其他定罪量刑数量标准较低但含量并非极低的毒品成分确定其毒品种类。有两种以上毒品成分的定罪量刑数量标准较低且标准相同的，以其中所占比例较大的毒品成分确定其毒品种类。如片剂状混合型毒品中含有甲基苯丙胺和咖啡因成分的，如果甲基苯丙胺的含量并非极低，应当表述为甲基苯丙胺片剂；片剂状毒品中含有甲基苯丙胺、氯胺酮和咖啡因成分的，如果甲基苯丙胺的含量极低，而氯胺酮的含量并非极低的，应当表述为氯胺酮片剂。混合型毒品成分复杂的，可以用括号注明其中定罪量刑数量标准较低或者所占比例较大的一至二种毒品成分，以全面反映毒品性质，如表述为含氯胺酮（咖啡因、地西泮等）成分的液体。

第三条基本原则确定了毒品常见俗称的表述方法。实践中，多数犯罪嫌疑人、被告人并不了解毒品的规范化学名称和混合型毒品的具体成分，所供述的通常是毒品的俗称，如“麻古”“K粉”等。为防止犯罪嫌疑人、被告人及其辩护人对文书中认定的相关事实提出异议，也为了体现与犯罪嫌疑人、被告人供述的对应性，可以在文书中第一次表述该类毒品时用括号注明犯罪嫌疑人、被告人供述的毒品常见俗称，如表述为甲基苯丙胺片剂（俗称“麻古”）。

（二）几类毒品的名称表述

1. 含甲基苯丙胺成分的毒品

这方面，《意见》主要规定了含甲基苯丙胺成分的晶体状毒品，以甲基苯丙胺为主要成分的片剂状毒品，含甲基苯丙胺成分的液体、固液混合物、粉末等的名称表述问题。

（1）含甲基苯丙胺成分的晶体状毒品的名称表述。该类毒品的化学成分为甲基苯丙胺盐酸盐，实践中多称之为冰毒。冰毒是基于甲基苯丙胺盐酸盐的外观特征对其的一种称谓，来源于英文 ICE 的意译，并不是这种毒品的化学名称。刑法条文中虽有关于冰毒的表述，但相关司法解释和规范性文件中则很少使用，故将这种毒品直接表述为冰毒并不十分规范。同时，甲基苯丙胺存在盐和碱两种形态，甲基苯丙胺盐酸盐为晶体，甲基苯丙胺碱则为油状液体（实践中并不常见），因此也不宜用甲基苯丙胺单独指代晶体状的甲基苯丙胺盐酸盐。《意见》规定，将该类毒品表述为甲基苯丙胺，并用括号注明系冰毒，既反映了毒品的化学成分，又说明仅指晶体状的甲基苯丙胺盐酸盐，且与刑法对该类毒品的表述方式一致。根据案件具体情况，可以在文书中第一次出现时表述为甲基苯丙胺（冰毒），再次出现时直接表述为甲基苯丙胺，以使行文简洁。

（2）以甲基苯丙胺为主要成分的片剂状毒品的名称表述。该类毒品由甲基苯丙胺、咖啡因、香料、色素等成分混合而成，其中最主要的毒品成分为甲基苯丙胺。当前，法律文书中多将其表述为“麻古”或者“麻果”，也有的直接表述为甲基苯丙胺。经研究，以上两种表述方式都欠妥当，理由是：第一，“麻古”或者“麻果”来源于泰语音译，系犯罪分子对该类毒品的俗称，既不能体现其化学成分，也不是刑法、司法解释中使用的称谓。并且，各地表述存在差异，有的地区称之为“麻古”，有的地区称之为“麻果”，还有的地区称之为“缅果”。故不宜将该类毒品表述为“麻古”或者“麻果”等。第二，该类毒品中的甲基苯丙胺含量通常在5%～25%之间,大大低于晶体状的甲基苯丙胺(含量通常在50%～100%之间)。在数量相同的情况下,两者的有效毒品成分和社会危害存在一定差异。故不宜将该类毒品直接表述为甲基苯丙胺。近年来,国家禁毒委员会的官方文件中将该类毒品称为冰毒片剂,联合国毒品与犯罪问题办公室(UNODC)的官方文件中将其表述为"Methamphetamine tablet"(甲基苯丙胺片剂)。这种"主要毒品成分＋片剂"的表述方法既反映出混合型毒品中最主要的毒品成分,也体现出该类毒品在形态、含量上与晶体状甲基苯丙胺的区别,值得借鉴。而且,相对于冰毒片剂,甲基苯丙胺片剂的表述方法直接体现了毒品的化学成分,更为严谨和规范。由于犯罪嫌疑人、被告人多供述为"麻古""麻果"或者其他俗称,故可以在文书中第一次表述该类毒品时用括号注明,如表述为甲基苯丙胺片剂(俗称"麻古")等。

(3)含甲基苯丙胺成分的液体、固液混合物、粉末等的名称表述。在制造甲基苯丙胺(冰毒)犯罪案件中,除查获毒品成品外,往往还会查获大量含有甲基苯丙胺成分的液体、固液混合物、块状物、粉末状物等非常态物质。这些物质通常是制毒过程中产生的半成品、废液废料,也可能是用于加工甲基苯丙胺片剂的原料。由于有时难以准确界定上述物质的性质,故在法律文书中既不能将其直接等同于甲基苯丙胺成品,也不宜明确界定其属于毒品半成品、废液废料或者是加工原料,而应根据其毒品成分和具体形态进行客观表述,如表述为含甲基苯丙胺成分的液体、含甲基苯丙胺成分的粉末等。

2. 含氯胺酮成分的毒品

这方面,《意见》主要规定了含氯胺酮成分的粉末状毒品,以氯胺酮为主要成分的片剂状毒品,含氯胺酮成分的液体、固液混合物等的名称表述问题。

(1)含氯胺酮成分的粉末状毒品的名称表述。氯胺酮的外观为白色晶体粉末,实践中多将其表述为"K粉"或者"K"粉。对于常态粉末状的该类毒品,应统一使用其化学名称,表述为氯胺酮。如果犯罪嫌疑人、被告人供述为"K粉"等俗称的,可以在文书中第一次出现时用括号注明,如表述为氯胺酮(俗称"K粉")等。

(2)以氯胺酮为主要成分的片剂状毒品的名称表述。毒品市场上存在一些以氯胺酮为主要成分,同时添加其他毒品、非毒品成分的片剂状毒品。实践中对该类毒品的名称表述非常不规范,有的甚至表述为"摇头丸",混淆了不同毒品的性质。对于以氯胺酮为主要成分的片剂状毒品,也应当采用前述"主要毒品成分 + 片剂"的表述方法,统一表述为氯胺酮片剂。

(3)含氯胺酮成分的液体、固液混合物等的名称表述。在制造氯胺酮犯罪中,常常会查获含有氯胺酮成分的液体、固液混合物等。对于这些含有氯胺酮成分的非常态物质,应当根据其毒品成分和具体形态进行客观表述,如表述为含氯胺酮成分的液体、含氯胺酮成分的固液混合物等。

3. 含 MDMA 等成分的毒品

"摇头丸"是指以 3,4 - 亚甲二氧基甲基苯丙胺(MDMA)、3,4 - 亚甲二氧基苯丙胺(MDA)或者 3,4 - 亚甲二氧基乙基苯丙胺(MDEA)为主要成分的片剂、丸剂或胶囊类毒品。部分"摇头丸"中还掺杂有氯胺酮成分,属于致幻性苯丙胺类兴奋剂。近年来,我国实际查获"摇头丸"的案件数量不多,但实践中多将不含 MDMA、MDA、MDEA 等成分的丸状、片剂状毒品不加区分地称为"摇头丸",导致这一称谓被滥用,也给毒品的性质和数量认定带来困难,确有必要加以规范。根据规范毒品名称表述的基本原则,对于此类混合型毒品,应当根据其主要毒品成分和具体形态认定毒品种类、确定名称。按照法律语言的要求,文书中不宜直接使用其主要毒品成分的英文名称缩写,而应使用中文化学名称。但是,此类毒品的中文化学名称较为复杂,在文书中反复出现会影响表述的简洁性,故可以在第一次表述该类毒品时在中文化学名称后注明其英文缩写简称,下文中使用其简称即可。如表述为 3,4 - 亚甲二氧基甲基苯丙胺片剂(以下简称 MDMA 片剂)、3,4 - 亚甲二氧基苯丙胺片剂(以下简称 MDA 片剂)、3,4 - 亚甲二氧基乙基苯丙胺片剂(以下简称 MDEA 片剂)等。需要说明的是,对于 MDMA、MDA、MDEA 等毒品的中文化学名称,我们专门听取了公安部物证鉴定中心毒品检验技术处和国家毒品实验室有关专家的意见。专家指出,麻精药品品种目录及 2007 年"两高一部"联合制定的《办理毒品犯罪案件适用法律若干问题的意见》中对上述毒品的名称表述均不够规范,其中的二亚甲基双氧安非他命不仅指 MDMA,还涵盖了其他化学成分相近但不属于毒品的物质,如 5,6 - 亚甲二氧基甲基苯丙胺,故不宜采用。我们根据专家的一致意见,采用了3,4－亚甲二氧基甲基苯丙胺(MDMA)、3,4－亚甲二氧基苯丙胺(MDA)、3,4－亚甲二氧基乙基苯丙胺(MDEA)等更为规范、准确的化学名称。同样,如果犯罪嫌疑人、被告人供述为“摇头丸”等俗称的,可以在文书中第一次表述该类毒品时用括号注明,如表述为3,4－亚甲二氧基甲基苯丙胺片剂(以下简称MDMA片剂,俗称“摇头丸”)等。

4.“神仙水”类毒品

“神仙水”是一种新类型混合型毒品的俗称,近年来在全国各地均出现滥用情况,危害范围较广。“神仙水”本身没有固定的成分、含量标准,且在我国不同地区成分和含量差异较大。根据国家毒品实验室掌握的情况,“神仙水”以氯胺酮为主要成分,但含量不固定,同时添加咖啡因、地西泮、曲马多等多种毒品成分,个别还含有甲基苯丙胺或者MDMA。由于“神仙水”的称谓本身不具有代表性,随意使用该俗称会导致同一毒品名称在不同案件中指代的毒品成分不同,故应当根据该类毒品的主要毒品成分和具体形态确定名称。如果该类毒品中不含甲基苯丙胺成分或者甲基苯丙胺的含量极低,而所含其他毒品成分中氯胺酮的定罪量刑数量标准最低但含量并非极低的,应当将其表述为含氯胺酮成分的液体。必要时,可以注明其中所含的另外一至二种定罪量刑数量标准较低或者所占比例较大的毒品成分,如表述为含氯胺酮(地西泮、咖啡因等)成分的液体等。如果犯罪嫌疑人、被告人供述为“神仙水”等俗称的,可以在文书中第一次表述该类毒品时用括号注明,如表述为含氯胺酮(地西泮、咖啡因等)成分的液体(俗称“神仙水”)等。

5.大麻类毒品

大麻属于传统毒品。2000年《最高人民法院关于审理毒品案件定罪量刑标准有关问题的解释》对大麻油、大麻脂及大麻叶和大麻烟规定了不同的定罪量刑数量标准。实践中则反映难以区分上述四类物质,因而有必要对其名称表述加以规范。大麻叶是指大麻植物的叶、茎等;大麻植物的果实、花粉、叶、茎中均含有大麻脂,对大麻植物进行提取可以获得大麻脂(固体);从大麻脂中可以提炼出大麻油(液体);大麻烟则是指大麻植物做成的香烟。大麻类毒品中对神经系统起作用的主要成分为四氢大麻酚,也包括其降解产物大麻二酚和大麻酚等天然大麻素类物质。大麻植物的不同部位及利用大麻植物不同部位制取的不同大麻制品中，天然大麻素类物质的含量均有差别且不固定。因此，对于经鉴定含四氢大麻酚、大麻二酚、大麻酚等天然大麻素类物质的毒品，可以根据其外观分别表述为大麻叶、大麻脂、大麻油或者大麻烟等。

（作者单位：最高人民法院刑五庭）

# 《关于依法惩处涉医违法犯罪维护正常医疗秩序的意见》的理解与适用

高贵君　马　岩　方文军　曾　琳

为依法惩处涉医违法犯罪、维护正常医疗秩序、构建和谐医患关系，最高人民法院、最高人民检察院、公安部、司法部、国家卫生和计划生育委员会于2014年4月22日联合发布了《关于依法惩处涉医违法犯罪维护正常医疗秩序的意见》（法发〔2014〕5号，以下简称《意见》）。为便于司法实践中准确理解和适用该指导文件，现就《意见》的制定背景、起草思路和主要内容说明如下。

## 一、关于《意见》的制定背景

加强医药卫生事业建设，是实现人民群众病有所医、提高全民健康水平的重要社会建设工程。经过多年努力，我国医药卫生事业发展取得显著成就，覆盖城乡的医药卫生服务体系基本形成，疾病防治能力不断增强，医疗保障覆盖人群逐步扩大，卫生科技水平显著提高，人民群众健康水平明显改善，居民主要健康指标处于发展中国家前列。同时，随着经济发展和人民群众生活水平的提高，人们对改善医药卫生服务提出了更高的要求。工业化、城镇化、人口老龄化、疾病谱的变化和生态环境的变化等，也给医药卫生工作带来一系列新的严峻挑战。当前我国医疗服务能力、医疗保障水平与人民群众不断增长的医疗服务需求之间仍存在一定差距，导致一定范围内医患关系较为紧张。一段时期以来，多地相继发生暴力杀医、伤医以及在医疗机构聚众滋事等违法犯罪行为。如浙江温岭第一人民医院杀医案、黑龙江齐齐哈尔北钢医院杀医案、广东广州伊丽莎白妇产医院打砸案等。此类恶性案件严重扰乱了正常医疗秩序，侵害了人民群众的合法利益，引发社会广泛关注。为构建安全和谐的医疗环境，切实保障医务人员、就诊患者的合法权益，中央综治办会同最高人民法院、最高人民检察院、公安部、司法部、国家卫生计生委等11个部门，决定自2013年12月起，在全国范围内开展为期一年的维护医疗秩序打击涉医违法犯罪专项行动，其中一项重要措施是完善打击涉医违法犯罪的法律法规。2014年3月，第十二届全国人民代表大会二次会议和全国政协十二届二次会议期间，部分全国人大代表、政协委员提交了关于加大打击伤医事件法律惩处力度的建议和提案，要求司法机关尽快出台相关规范性文件，明确从严打击涉医违法犯罪的依据。为回应社会关切，按照专项行动方案部署，最高人民法院会同最高人民检察院、公安部、司法部、国家卫生计生委，经深入调查研究，广泛征求各方意见，联合制定了《意见》。

## 二、关于《意见》的起草思路

涉医违法犯罪是医患矛盾突出的集中表现，成因复杂，既有医疗保障体制不够健全、医疗资源分配不够均衡带来的患者就医感受较差的问题；也有医疗本身具有局限性、风险性，而患者就医期望值过高的问题；还有医患双方缺乏信任和有效沟通，纠纷发生后处理不当，导致矛盾激化，乃至发生违法犯罪的问题。减少医疗纠纷和涉医违法犯罪，根本上在于深化医药卫生体制改革，提高医疗保障水平，均衡医疗资源分配。但深化医药卫生体制改革是一项涉及面广、任务艰巨的宏大社会系统工程，需要经过较长时间的努力和探索，才能逐步取得成效。当务之急是采取切实有效的措施，遏制涉医违法犯罪的多发态势，为深化医药卫生体制改革创造相对和谐、健康的社会环境。综上考虑，《意见》在起草思路上注重标本兼治，一方面强调公检法机关要坚决依法打击各类涉医违法犯罪，通过明确故意杀医、伤医、扰乱医疗秩序等六类常见涉医违法犯罪行为的处罚依据，解决实践中比较突出的打击不力、怠于执法的问题；另一方面强调卫生计生行政部门要指导医疗机构并会同司法行政机关等部门，积极预防和妥善处理医疗纠纷，畅通患者救济渠道，引导患者运用投诉、调解、诉讼等多种方式理性维权，及时化解医患矛盾,从源头上预防和减少涉医违法犯罪的发生。

## 三、关于《意见》的主要内容

《意见》共四部分内容,一是充分认识依法惩处涉医违法犯罪、维护正常医疗秩序的重要性;二是严格依法惩处六类常见涉医违法犯罪行为;三是积极采取措施,预防和妥善处理医疗纠纷;四是建立健全协调配合工作机制。其中,第二部分涉及惩处涉医违法犯罪的法律适用问题,第三部分涉及从源头上预防和减少涉医违法犯罪问题,是《意见》的主要内容,故这里重点说明。

### (一)严肃追究、坚决打击涉医违法犯罪行为

《意见》第二部分规定,对涉医违法犯罪行为,要依法严肃追究、坚决打击。具体体现在:一是要"及时"打击,避免消极执法。公安机关接到报警后,应当及时出警、快速处置,需要追究刑事责任的,及时立案侦查;人民检察院应当及时依法批捕、起诉;人民法院应当加快审理进度。二是要"依法"打击,确保办案质量。侦查机关应当全面、客观地收集、调取证据;检察机关对重大涉医犯罪案件要加强法律监督,必要时可以派员适时介入侦查活动,对收集证据、适用法律提出意见;人民法院应当全面查明案件事实,依法准确定罪量刑。三是要"从严"打击,突出打击重点。对于犯罪手段残忍、主观恶性深、人身危险性大的被告人或者社会影响恶劣的涉医犯罪行为,要依法从严惩处。

需要说明的是,尽管《意见》未明确规定办理涉医犯罪案件要坚持贯彻宽严相济刑事政策,但宽严相济政策作为我国一项基本刑事政策,也应适用于此类案件的办理。对于犯罪情节较轻,或者具有自首、坦白、取得被害方谅解等法定、酌定从宽处罚情节的被告人,也应依法从宽处罚。

### (二)准确适用法律,依法惩处六类常见涉医违法犯罪行为

1. 关于《意见》第二部分第一项

该项规定:"在医疗机构内殴打医务人员或者故意伤害医务人员身体、故意损毁公私财物,尚未造成严重后果的,分别依照治安管理处罚法第四十三条、第四十九条的规定处罚;故意杀害医务人员,或者故意伤害医务人员造成轻伤以上严重后果,或者随意殴打医务人员情节恶劣、任意损毁公私财

物情节严重,构成故意杀人罪、故意伤害罪、故意毁坏财物罪、寻衅滋事罪的,依照刑法的有关规定定罪处罚。”理解该项规定,主要注意以下四点:

第一,实施上述行为(故意杀人除外),构成一般违法行为还是犯罪行为,区分的关键在于是否造成严重后果,情节是否恶劣、严重。根据治安管理处罚法第四十三条、第四十九条的规定,殴打他人、故意伤害他人身体或者故意损毁公私财物的,只要实施该行为即构成行政违法,情节的轻重仅影响行政处罚的种类和严厉程度。但该行为达到后果严重或者情节恶劣、严重的程度,则构成犯罪。具体而言:一是故意伤害医务人员,造成轻伤以上后果的,属于后果严重,应当作为犯罪处理。二是根据2013年制定的《最高人民法院、最高人民检察院关于办理寻衅滋事刑事案件适用法律若干问题的解释》(以下简称《寻衅滋事解释》)第二条、第四条的规定,具有下列情形之一,属于寻衅滋事情节恶劣或者严重:(1)致1人以上轻伤或者2人以上轻微伤,或者任意损毁、占用公私财物价值2 000元以上的;(2)多次或者持凶器随意殴打他人,或者多次任意损毁、占用公私财物造成恶劣社会影响的;(3)在公共场所随意殴打他人,造成公共场所秩序严重混乱的;(4)引起他人精神失常、自杀等严重后果的;(5)严重影响他人的工作、生活的。三是根据《最高人民检察院、公安部关于公安机关管辖的刑事案件立案追诉标准的规定(一)》(以下简称《立案追诉标准》)第三十三条的规定,具有下列情形之一的,属于故意毁坏公私财物数额巨大或者情节严重:(1)造成公私财物损失5 000元以上的;(2)毁坏公私财物3次以上的;(3)纠集3人以上公然毁坏公私财物的。

第二,殴打医务人员致一人以上轻伤的,构成故意伤害罪还是寻衅滋事罪,应当结合案发起因、犯罪对象、侵犯客体等因素进行判断。根据《寻衅滋事解释》第一条的有关规定,对于在医疗机构就诊过程中因言语不和、肢体碰撞等偶发矛盾纠纷,而借故生非殴打医务人员的,应当认定为“寻衅滋事”,但矛盾系由被害人故意引发或者被害人对矛盾激化负有主要责任的除外;因对治疗方案、诊治效果等不满产生医疗纠纷后蓄意报复,殴打相对特定的医务人员的,一般不认定为“寻衅滋事”,但经有关部门批评制止或者处理处罚后,继续实施上述行为,破坏社会秩序的除外。例如,2013年发生的湖南中医研究院附属医院肖某伤医案,肖某因对该院所做的胡须植入美容手术效果不满意,持菜刀将该院美容科导诊台的3名护士砍至轻伤。检察机关以寻衅滋事罪对肖某提起公诉。法院经审理认为,肖某并非借故生非随意殴打医务人员,而是就诊后对医疗效果不满蓄意报复,持刀捅伤参与手术的一名护士及该院美容科的另两名护士,伤害对象相对特定,且未造成医院秩序严重混乱,故其行为构成故意伤害罪而非寻衅滋事罪。又如,2013年发生的浙江宁波第七医院卞某等人寻衅滋事案,致2名医务人员轻微伤,医疗器材、办公设备毁损价值共计4 167元。法院经审理认为,本案虽发生在就诊过程中,但并非因医疗纠纷而起,卞某等6人违反就医流程要求拍片,被医务人员拒绝后借故生非,随意殴打医务人员、任意毁损财物,故其行为均已构成寻衅滋事罪。

第三,实施寻衅滋事行为,同时符合寻衅滋事罪、故意杀人罪、故意伤害罪、故意毁坏财物罪构成要件的,依照处罚较重的规定定罪处罚。

第四,该项规定“在医疗机构内”实施上述行为,只是对行为场所进行强调,并不意味着在别的场所实施上述行为的,不构成违法犯罪行为。

2. 关于《意见》第二部分第二项

该项规定:“在医疗机构私设灵堂、摆放花圈、焚烧纸钱、悬挂横幅、堵塞大门或者以其他方式扰乱医疗秩序,尚未造成严重损失,经劝说、警告无效的,要依法驱散,对拒不服从的人员要依法带离现场,依照治安管理处罚法第二十三条的规定处罚;聚众实施的,对首要分子和其他积极参加者依法予以治安处罚;造成严重损失或者扰乱其他公共秩序情节严重,构成寻衅滋事罪、聚众扰乱社会秩序罪、聚众扰乱公共场所秩序、交通秩序罪的,依照刑法的有关规定定罪处罚。在医疗机构的病房、抢救室、重症监护室等场所及医疗机构的公共开放区域违规停放尸体,影响医疗秩序,经劝说、警告无效的,依照治安管理处罚法第六十五条的规定处罚;严重扰乱医疗秩序或者其他公共秩序,构成犯罪的,依照前款的规定定罪处罚。”实践中,对于患者及其家属等人不满治疗效果,在医疗机构内或者医疗机构门口实施上述扰乱秩序行为应如何处理,存在一定争议。为明确处罚依据,故作出上述规定。理解该项规定,主要注意四点:

第一,“以其他方式”扰乱医疗秩序,是指与列举行为性质、方式类似的行为,如抛洒纸钱、张贴死者照片、散发传单、使用高音喇叭等。

第二,实施上述行为,构成一般违法行为还是犯罪行为,区分的关键在于是否造成严重损失,情节是否严重。我们认为,“造成严重损失”主要是指致医疗机构内的人员受到轻微伤以上伤害,或者公私财物遭受严重损毁等;“情节严重”主要是指扰乱的时间长、纠集的人数多,致使医疗机构的工作秩序受到严重破坏,诊疗活动无法正常进行;或者堵塞交通致使车辆、行人不能通过,破坏交通秩序影响通行安全等。

第三,上述行为构成寻衅滋事罪、聚众扰乱社会秩序罪还是聚众扰乱公共场所秩序、交通秩序罪,主要有以下三点区别。一是行为方式略有不同,构成聚众扰乱公共场所秩序、交通秩序罪的,还需实施抗拒、阻碍国家治安管理工作人员依法执行职务的行为。二是犯罪主体不同。寻衅滋事罪是一般主体,聚众扰乱社会秩序罪的主体是扰乱秩序的首要分子和其他积极参加者,聚众扰乱公共场所秩序、交通秩序罪的主体是扰乱秩序的首要分子。三是犯罪的地点和侵犯的客体不同。根据《公共场所卫生管理条例》(国发〔1987〕24 号)的有关规定,医疗机构只有候诊室属于公共场所。因此,聚众在医疗机构候诊室起哄闹事、扰乱秩序,既属于扰乱公共场所秩序也属于扰乱社会秩序,构成寻衅滋事罪、聚众扰乱社会秩序罪、聚众扰乱公共场所秩序罪的,依照处罚较重的规定定罪处罚;聚众在医疗机构的病房、抢救室、重症监护室等非公共场所起哄闹事、扰乱秩序的,构成聚众扰乱社会秩序罪;聚众在医疗机构门口等其他公共场所起哄闹事、扰乱秩序,构成寻衅滋事罪、聚众扰乱公共场所秩序罪的,依照处罚较重的规定定罪处罚。同时,根据道路交通安全法的有关规定,虽在医疗机构管辖范围但允许社会车辆通行的地方也属于道路,故聚众堵塞、破坏医疗机构管辖范围内道路或者医疗机构周边的公共道路交通秩序的,均可构成聚众扰乱交通秩序罪。例如,2014 年发生的江西瑞昌赛湖社区卫生服务中心柯某贵、柯某方扰序案,柯某贵、柯某方怀疑该卫生服务中心医治不当致其亲属死亡,在该中心一楼大厅设置灵堂、停放尸体、摆放花圈,纠集、煽动 150 余人聚集在该中心。法院经审查认为,柯某贵、柯某方聚众扰乱医疗机构秩序,致使该中心无法正常运营长达6日,损失严重,故其行为均已构成聚众扰乱社会秩序罪。

第四,考虑到上述扰序行为事出有因,故本项规定应对行为人先行劝说、警告,无效的才依法驱散或者带离现场。

3. 关于《意见》第二部分第三项

该项规定:“以不准离开工作场所等方式非法限制医务人员人身自由的,依照治安管理处罚法第四十条的规定处罚;构成非法拘禁罪的,依照刑法的有关规定定罪处罚。”理解该项规定,要注意区分一般违法行为与犯罪行为。我们认为,可以参照《最高人民检察院关于渎职侵权犯罪案件立案标准的规定》(高检发释字〔2006〕2号)的有关规定,非法限制医务人员人身自由,具有下列情形之一的,构成非法拘禁罪:(1)非法拘禁持续时间超过24小时的;(2)3次以上非法拘禁他人,或者一次非法拘禁3人以上的;(3)非法拘禁并实施捆绑、殴打、侮辱等行为的;(4)非法拘禁致人伤残、死亡、精神失常的。

4. 关于《意见》第二部分第四项

该项规定:“公然侮辱、恐吓医务人员的,依照治安管理处罚法第四十二条的规定处罚;采取暴力或者其他方法公然侮辱、恐吓医务人员情节严重(恶劣),构成侮辱罪、寻衅滋事罪的,依照刑法的有关规定定罪处罚。”理解该项规定,主要注意三点:

第一,实施上述行为,构成一般违法行为还是犯罪行为,区分的关键在于情节是否严重、恶劣。结合《寻衅滋事解释》第三条的规定,具有下列情形之一的,属于情节严重、恶劣:(1)多次侮辱、恐吓他人,造成恶劣社会影响的;(2)持凶器侮辱、恐吓他人的;(3)引起他人精神失常、自杀等严重后果的;(4)严重影响他人的工作、生活的;(5)侮辱手段恶劣的,如强令被害人当众下跪、爬过胯下,强拉被害人游街示众等。

第二,利用信息网络辱骂、恐吓医务人员,情节恶劣,破坏社会秩序的,以寻衅滋事罪定罪处罚。

第三,犯侮辱罪,告诉的才处理,但是严重危害社会秩序和国家利益的除外。参照《最高人民法院、最高人民检察院关于办理利用信息网络实施诽谤等刑事案件适用法律若干问题的解释》第三条的规定,具有下列情形之一的,应当认定为“严重危害社会秩序和国家利益”:(1)引发群体性事件的;(2)引发公共秩序混乱的;(3)引发民族、宗教冲突的;(4)诽谤多人,造成恶劣社会影响的;(5)损害国家形象,严重危害国家利益的;(6)造成恶劣国际影响的。

5. 关于《意见》第二部分第五项

该项规定:"非法携带枪支、弹药、管制器具或者爆炸性、放射性、毒害性、腐蚀性物品进入医疗机构的,依照治安管理处罚法第三十条、第三十二条的规定处罚;危及公共安全情节严重,构成非法携带枪支、弹药、管制刀具、危险物品危及公共安全罪的,依照刑法的有关规定定罪处罚。"理解该项规定,要注意区分一般违法行为与犯罪行为。根据《立案追诉标准》第七条的规定,具有下列情形之一的,属于"危及公共安全情节严重":(1)携带枪支1支以上或者手榴弹、炸弹、地雷、手雷等具有杀伤性弹药1枚以上的;(2)携带爆炸装置1套以上的;(3)携带炸药、发射药、黑火药500克以上或者烟火药1000克以上、雷管20枚以上或者导火索、导爆索20米以上,或者虽未达到上述数量标准,但拒不交出的;(4)携带的弹药、爆炸物在医疗机构发生爆炸或者燃烧,尚未造成严重后果的;(5)携带管制刀具20把以上,或者虽未达到上述数量标准,但拒不交出,或者用来进行违法活动尚未构成其他犯罪的;(6)携带的爆炸性、易燃性、放射性、毒害性、腐蚀性物品在医疗机构发生泄漏、遗洒,尚未造成严重后果的。

6. 关于《意见》第二部分第六项

该项规定:"对于故意扩大事态,教唆他人实施针对医疗机构或者医务人员的违法犯罪行为,或者以受他人委托处理医疗纠纷为名实施敲诈勒索、寻衅滋事等行为的,依照治安管理处罚法和刑法的有关规定从严惩处。"实践中,有的患者及其亲友等人在医疗纠纷发生后,不是采取合法途径予以解决,而是出于扩大事态,向医疗机构或者医务人员施加压力,从中牟取非法利益等目的,教唆他人实施涉医违法犯罪行为,或者以受托处理医疗纠纷为名,进行敲诈勒索、寻衅滋事。此类"医闹"行为性质恶劣,行为人主观恶性也较大,故在政策把握上应体现从严惩处。

(三)建立完善矛盾化解机制,积极预防处理医疗纠纷

刑法只是调整社会关系,处理社会矛盾的最后一道防线,从源头上有效预防和减少医疗纠纷,特别是在发生医疗纠纷后加以妥善处理,避免矛盾激

化、升级引发违法犯罪行为，才是维护正常医疗秩序、构建和谐医患关系的治本之策。为此，《意见》第三部分将如何预防和处理医疗纠纷作为一项重要内容予以规定。

首先，《意见》强调医疗机构要加强自身建设，提高医疗服务能力，保障医疗安全和医疗质量，医务人员要加强医德医风建设，改善服务态度，注重人文关怀，做好与患者一方的沟通工作，尊重患者的隐私权、知情权、选择权等权利，根据患者病情、预后不同以及患者实际需求，采取适当方式进行沟通，做好解释说理工作，从源头上预防和减少医疗纠纷。

其次，《意见》规定了处理医疗纠纷的三道程序。第一，医疗机构应当设立专门的投诉管理部门，畅通投诉渠道，要做到投诉必管、投诉必复，并要在医疗机构显著位置公示处理医疗纠纷的部门、程序、联系方式等。第二，对于医患双方自行协商解决不成的医疗纠纷，引入第三方调解机制。据统计，截至2013年底，全国共建立独立的医疗纠纷人民调解组织2 925个，基本实现地市全覆盖，这些调解组织在2013年共受理医疗纠纷人民调解案件53 189件，调解成功率达88%，效果良好。因此，《意见》规定，应当加快推进医疗纠纷人民调解组织建设，在医疗机构集中、医疗纠纷突出的地区建立独立的医疗纠纷人民调解委员会。人民法院、司法行政机关应当加强对医疗纠纷人民调解委员会的指导，确保调解依法、规范、有效进行。司法行政机关应当组织律师、公证、法律援助等工作人员为有需求的患者及其家属提供法律服务和法律援助。第三，在第三方调解无效等情况下起诉至人民法院的医疗损害赔偿案件，法院应当及时立案受理，积极开展诉讼调解，对调解不成的，及时依法判决。同时，在诉讼过程中应当加强诉讼指导，特别是加强对诉讼能力较弱且承担举证责任的患者一方的指导，切实维护医患双方的合法利益。

最后，《意见》强调各有关部门要加强组织领导与协调配合，形成构建和谐医患关系的合力。地市级以上卫生计生行政部门应当积极协调相关部门建立联席会议等工作制度，定期互通信息，及时研究解决问题，共同维护医疗秩序，促进我国医药卫生事业健康发展。

（作者单位：最高人民法院刑五庭）

# 最高人民法院

## 公　告

《最高人民法院关于北京、上海、广州知识产权法院案件管辖的规定》已于2014年10月27日由最高人民法院审判委员会第1628次会议通过，现予公布，自2014年11月3日起施行。

最高人民法院

2014年10月31日

# 最高人民法院关于北京、上海、广州知识产权法院案件管辖的规定

（2014年10月27日最高人民法院审判委员会第1628次会议通过）

法释〔2014〕12号

为进一步明确北京、上海、广州知识产权法院的案件管辖，根据《中华人民共和国民事诉讼法》《中华人民共和国行政诉讼法》《全国人民代表大会常务委员会关于在北京、上海、广州设立知识产权法院的决定》等规定，制定本规定。

**第一条**　知识产权法院管辖所在市辖区内的下列第一审案件：

（一）专利、植物新品种、集成电路布图设计、技术秘密、计算机软件民事和行政案件；

（二）对国务院部门或者县级以上地方人民政府所作的涉及著作权、商标、不正当竞争等行政行为提起诉讼的行政案件；

（三）涉及驰名商标认定的民事案件。

**第二条** 广州知识产权法院对广东省内本规定第一条第（一）项和第（三）项规定的案件实行跨区域管辖。

**第三条** 北京市、上海市各中级人民法院和广州市中级人民法院不再受理知识产权民事和行政案件。

广东省其他中级人民法院不再受理本规定第一条第（一）项和第（三）项规定的案件。

北京市、上海市、广东省各基层人民法院不再受理本规定第一条第（一）项和第（三）项规定的案件。

**第四条** 案件标的既包含本规定第一条第（一）项和第（三）项规定的内容，又包含其他内容的，按本规定第一条和第二条的规定确定管辖。

**第五条** 下列第一审行政案件由北京知识产权法院管辖：

（一）不服国务院部门作出的有关专利、商标、植物新品种、集成电路布图设计等知识产权的授权确权裁定或者决定的；

（二）不服国务院部门作出的有关专利、植物新品种、集成电路布图设计的强制许可决定以及强制许可使用费或者报酬的裁决的；

（三）不服国务院部门作出的涉及知识产权授权确权的其他行政行为的。

**第六条** 当事人对知识产权法院所在市的基层人民法院作出的第一审著作权、商标、技术合同、不正当竞争等知识产权民事和行政判决、裁定提起的上诉案件，由知识产权法院审理。

**第七条** 当事人对知识产权法院作出的第一审判决、裁定提起的上诉案件和依法申请上一级法院复议的案件，由知识产权法院所在地的高级人民法院知识产权审判庭审理。

**第八条** 知识产权法院所在省（直辖市）的基层人民法院在知识产权法院成立前已经受理但尚未审结的本规定第一条第（一）项和第（三）项规定的

案件，由该基层人民法院继续审理。

除广州市中级人民法院以外，广东省其他中级人民法院在广州知识产权法院成立前已经受理但尚未审结的本规定第一条第(一)项和第(三)项规定的案件，由该中级人民法院继续审理。

# 人民检察院举报工作规定

(1996年7月18日最高人民检察院检察委员会第五十八次会议通过,2009年4月8日最高人民检察院第十一届检察委员会第十一次会议修订,2014年7月21日最高人民检察院第十二届检察委员会第二十五次会议第二次修订)

## 第一章 总　　则

**第一条**　为了进一步规范人民检察院举报工作,保障举报工作顺利开展,根据《中华人民共和国刑事诉讼法》等有关法律的规定,制定本规定。

**第二条**　人民检察院依法受理涉嫌贪污贿赂犯罪,国家工作人员的渎职犯罪,国家机关工作人员利用职权实施的非法拘禁、刑讯逼供、报复陷害、非法搜查的侵犯公民人身权利的犯罪以及侵犯公民民主权利的犯罪的举报。

**第三条**　人民检察院举报工作的主要任务是,受理、审查举报线索,答复、保护、奖励举报人,促进职务犯罪查办工作,保障反腐败工作顺利进行。

**第四条**　各级人民检察院应当设立举报中心负责举报工作。

举报中心与控告检察部门合署办公,控告检察部门主要负责人兼任举报中心主任,地市级以上人民检察院配备一名专职副主任。

有条件的地方,可以单设举报中心。

**第五条**　举报工作应当遵循下列原则:

(一)依靠群众,方便举报;

(二)依法、及时、高效;

(三)统一管理,归口办理,分级负责;

(四)严格保密,保护公民合法权益;

(五)加强内部配合与制约,接受社会监督。

**第六条** 人民检察院应当采取多种形式，充分利用现代信息技术，开展举报宣传。

**第七条** 任何公民、法人和其他组织依法向人民检察院举报职务犯罪行为，其合法权益受到法律的保护。人民检察院鼓励依法实名举报。

使用真实姓名或者单位名称举报，有具体联系方式并认可举报行为的，属于实名举报。

**第八条** 人民检察院应当告知举报人享有以下权利：

（一）申请回避。举报人发现举报中心的工作人员有法定回避情形的，有权申请其回避。

（二）查询结果。举报人在举报后一定期限内没有得到答复时，有权向受理举报的人民检察院询问，要求给予答复。

（三）申诉复议。举报人对人民检察院对其举报事实作出不予立案决定后，有权就该不立案决定向上一级人民检察院提出申诉。举报人是受害人的，可以向作出该不立案决定的人民检察院申请复议。

（四）请求保护。举报人举报后，如果人身、财产安全受到威胁，有权请求人民检察院予以保护。

（五）获得奖励。举报人举报后，对符合奖励条件的，有权根据规定请求精神、物质奖励。

（六）法律法规规定的其他权利。

**第九条** 人民检察院应当告知举报人如实举报，依照法律规定，不得故意捏造事实，伪造证据，诬告陷害他人。

**第十条** 人民检察院应当加强信息化建设，建立和完善举报信息系统，逐步实现上下级人民检察院之间、部门之间举报信息的互联互通，提高举报工作效率和管理水平。

**第十一条** 人民检察院应当加强与纪检监察机关、审判机关、行政执法机关的联系与配合，建立和完善举报材料移送制度。

## 第二章 举报线索的受理

**第十二条** 人民检察院举报中心统一受理举报和犯罪嫌疑人投案

自首。

**第十三条** 各级人民检察院应当设立专门的举报接待场所,向社会公布通信地址、邮政编码、举报电话号码、举报网址、接待时间和地点、举报线索的处理程序以及查询举报线索处理情况和结果的方式等相关事项。

**第十四条** 对以走访形式初次举报的以及职务犯罪嫌疑人投案自首的,举报中心应当指派两名以上工作人员专门接待,问明情况,并制作笔录,经核对无误后,由举报人、自首人签名、捺指印,必要时,经举报人、自首人同意,可以录音、录像;对举报人、自首人提供的有关证据材料、物品等应当登记,制作接受证据(物品)清单,并由举报人、自首人签名,必要时予以拍照,并妥善保管。

举报人提出预约接待要求的,经举报中心负责人批准,人民检察院可以指派两名以上工作人员在约定的时间到举报人认为合适的地方接谈。

对采用集体走访形式举报同一职务犯罪行为的,应当要求举报人推选代表,代表人数一般不超过五人。

**第十五条** 对采用信函形式举报的,工作人员应当在专门场所进行拆阅。启封时,应当保持邮票、邮戳、邮编、地址和信封内材料的完整。

对采用传真形式举报的,参照前款规定办理。

**第十六条** 对通过12309举报网站或者人民检察院门户网站进行举报的,工作人员应当及时下载举报内容并导入举报线索处理系统。举报内容应当保持原始状态,不得作任何文字处理。

**第十七条** 对采用电话形式举报的,工作人员应当准确、完整地记录举报人的姓名、地址、电话和举报内容。举报人不愿提供姓名等个人信息的,应当尊重举报人的意愿。

**第十八条** 有联系方式的举报人提供的举报材料内容不清的,有管辖权的人民检察院举报中心应当在接到举报材料后七日以内与举报人联系,建议举报人补充有关材料。

**第十九条** 反映被举报人有下列情形之一,必须采取紧急措施的,举报中心工作人员应当在接收举报后立即提出处理意见并层报检察长审批:

(一)正在预备犯罪、实行犯罪或者在犯罪后即时被发觉的;

（二）企图自杀或者逃跑的；

（三）有毁灭、伪造证据或者串供可能的；

（四）其他需要采取紧急措施的。

**第二十条** 职务犯罪举报线索实行分级管辖。上级人民检察院可以直接受理由下级人民检察院管辖的举报线索，经检察长批准，也可以将本院管辖的举报线索交由下级人民检察院办理。

下级人民检察院接收到上级人民检察院管辖的举报线索，应当层报上级人民检察院处理。收到同级人民检察院管辖的举报线索，应当及时移送有管辖权的人民检察院处理。

**第二十一条** 举报线索一般由被举报人工作单位所在地人民检察院管辖。认为由被举报犯罪地人民检察院管辖更为适宜的，可以由被举报犯罪地人民检察院管辖。

几个同级人民检察院都有权管辖的，由最初受理的人民检察院管辖。在必要的时候，可以移送主要犯罪地的人民检察院管辖。对管辖权有争议的，由其共同的上一级人民检察院指定管辖。

**第二十二条** 除举报中心专职工作人员日常接待之外，各级人民检察院实行检察长和有关侦查部门负责人定期接待举报制度。接待时间和地点应当向社会公布。

**第二十三条** 对以举报为名阻碍检察机关工作人员依法执行公务，扰乱检察机关正常工作秩序的，应当进行批评教育，情节严重的，应当依照有关法律规定处理。

## 第三章 举报线索的管理

**第二十四条** 人民检察院举报中心负责统一管理举报线索。本院检察长、其他部门或者人员接收的职务犯罪案件线索，应当自收到之日起七日以内移送举报中心。

侦查部门自行发现的案件线索和有关机关或者部门移送人民检察院审查是否立案的案件线索，由侦查部门审查。

**第二十五条** 人民检察院对于直接受理的要案线索实行分级备案的管

理制度。县、处级干部的要案线索一律报省级人民检察院举报中心备案,其中涉嫌犯罪数额特别巨大或者犯罪后果特别严重的,层报最高人民检察院举报中心备案;厅、局级以上干部的要案线索一律报最高人民检察院举报中心备案。

**第二十六条** 要案线索的备案,应当逐案填写要案线索备案表。备案应当在受理后七日以内办理;情况紧急的,应当在备案之前及时报告。

接到备案的上级人民检察院举报中心对于备案材料应当及时审查,如果有不同意见,应当在十日以内将审查意见通知报送备案的下级人民检察院。

**第二十七条** 举报中心应当建立举报线索数据库,指定专人将举报人和被举报人的基本情况、举报线索的主要内容以及办理情况等逐项录入专用计算机。

多次举报的举报线索,有新的举报内容的,应当在案卡中补充完善,及时移送有关部门;没有新的举报内容的,应当在案卡中记录举报时间,标明举报次数,每月将重复举报情况通报有关部门。

**第二十八条** 举报中心应当每半年清理一次举报线索,对线索的查办和反馈情况进行分析,查找存在问题,及时改进工作,完善管理制度。

**第二十九条** 举报中心应当定期对举报线索进行分类统计,综合分析群众反映强烈的突出问题以及群众举报的特点和规律,提出工作意见和建议,向上级人民检察院举报中心和本院检察长报告。

## 第四章 举报线索的审查处理

**第三十条** 举报中心对接收的举报线索,应当确定专人进行审查,根据举报线索的具体情况和管辖规定,自收到举报线索之日起七日以内作出以下处理:

(一)属于本院管辖的,依法受理并分别移送本院有关部门办理;属于人民检察院管辖但不属于本院管辖的,移送有管辖权的人民检察院办理。

(二)不属于人民检察院管辖的,移送有管辖权的机关处理,并且通知举报人、自首人;不属于人民检察院管辖又必须采取紧急措施的,应当先采取紧急措施,然后移送主管机关。

(三)属于性质不明难以归口的,应当进行必要的调查核实,查明情况后三日以内移送有管辖权的机关或者部门办理。

**第三十一条** 侦查部门收到举报中心移送的举报线索,应当在三个月以内将处理情况回复举报中心;下级人民检察院接到上级人民检察院移送的举报材料后,应当在三个月以内将处理情况回复上级人民检察院举报中心。

**第三十二条** 侦查部门应当在规定时间内书面回复查办结果。回复文书应当包括下列内容:

(一)举报人反映的主要问题;

(二)查办的过程;

(三)作出结论的事实依据和法律依据。

举报中心收到回复文书后应当及时审查,认为处理不当的,提出处理意见报检察长审批。

**第三十三条** 举报中心对移送侦查部门的举报线索,应当加强管理、监督和跟踪。

**第三十四条** 上级人民检察院举报中心可以代表本院向下级人民检察院交办举报线索。

**第三十五条** 举报中心对移送本院有关部门和向下级人民检察院交办的举报线索,可以采取实地督办、网络督办、电话督办、情况通报等方式进行督办。

**第三十六条** 下级人民检察院举报中心负责管理上级人民检察院举报中心交办的举报线索。接到上级人民检察院交办的举报线索后,应当在三日以内提出处理意见,报检察长审批。

**第三十七条** 对上级人民检察院交办的举报线索,承办人民检察院应当在三个月以内办结。情况复杂,确需延长办理期限的,经检察长批准,可以延长三个月。延期办理的,由举报中心向上级人民检察院举报中心报告进展情况,并说明延期理由。法律另有规定的,从其规定。

**第三十八条** 办案部门应当在规定期限内办理上级人民检察院交办的

举报线索,并向举报中心书面回复办理结果。回复办理结果应当包括举报事项、办理过程、认定的事实和证据、处理情况和法律依据以及执法办案风险评估情况等。举报中心应当制作交办案件查处情况报告,以本院名义报上一级人民检察院举报中心审查。

**第三十九条** 交办案件查处情况报告应当包括下列内容:

(一)案件来源;

(二)举报人、被举报人的基本情况及反映的主要问题;

(三)查办过程;

(四)认定的事实和证据;

(五)处理情况和法律依据;

(六)实名举报的答复情况。

**第四十条** 上级人民检察院举报中心收到下级人民检察院交办案件查处情况报告后,应当认真审查。对事实清楚、处理适当的,予以结案;对事实不清,证据不足,定性不准,处理不当的,提出意见,退回下级人民检察院重新办理。必要时可以派员或者发函督办。

**第四十一条** 举报中心对性质不明难以归口、检察长批交的举报线索应当进行初核。

对群众多次举报未查处的举报线索,可以要求侦查部门说明理由,认为理由不充分的,可以提出处理意见,报检察长决定。

**第四十二条** 对举报线索进行初核,应当经举报中心负责人审核后,报检察长批准。

**第四十三条** 初核一般应当在两个月以内终结。案情复杂或者有其他特殊情况需要延长初核期限的,应当经检察长批准,但最长不得超过三个月。

**第四十四条** 初核终结后,承办人员应当制作《初核终结报告》,根据初核查明的事实和证据,区分不同情形提出处理意见,经举报中心负责人审核后,报检察长决定:

(一)认为举报的犯罪事实属于检察机关管辖的,移送有管辖权的人民检察院处理;属于本院管辖的,移送本院侦查部门办理;

（二）认为举报的事实不属于检察机关管辖的，移送有管辖权的机关处理；

（三）认为举报所涉犯罪事实不存在，或者具有刑事诉讼法第十五条规定的情形之一，不需要追究刑事责任的，终结初核并答复举报人。需要追究纪律责任的，移送纪检监察机关或者有关单位处理。

**第四十五条** 在作出初核结论十日以内，承办人员应当填写《举报线索初核情况备案表》，经举报中心负责人批准后，报上一级人民检察院举报中心备案。

上一级人民检察院举报中心认为处理不当的，应当在收到备案材料后十日以内通知下级人民检察院纠正。

## 第五章 不立案举报线索审查

**第四十六条** 举报人不服侦查部门的不立案决定向人民检察院反映，具有下列情形之一的，举报中心应当对不立案举报线索进行审查，但依照规定属于侦查部门和侦查监督部门办理的除外：

（一）举报中心移送到侦查部门，经侦查部门初查后决定不予立案的；

（二）领导机关或者本院领导批示由举报中心审查的。

**第四十七条** 审查不立案举报线索，原则上由同级人民检察院举报中心进行。

同级人民检察院举报中心认为由上一级人民检察院举报中心审查更为适宜的，应当提请上一级人民检察院举报中心审查。

上一级人民检察院举报中心认为有必要审查下级人民检察院侦查部门的不予立案举报线索的，可以决定审查。

**第四十八条** 审查不立案举报线索的范围应当仅限于原举报内容。对审查期间举报人提供的新的职务犯罪线索，举报中心应当及时移送有管辖权的人民检察院侦查部门审查办理。

**第四十九条** 审查期间，举报人对不立案决定不服申请复议的，控告检察部门应当受理，并根据事实和法律进行审查，可以要求举报人提供有关材料。认为需要侦查部门说明不立案理由的，应当及时将案件移送侦查监督部门办理。

举报人申请复议,不影响对不立案举报线索的审查。但承办人认为需要中止审查的,经举报中心负责人批准,可以中止审查。

中止审查后,举报人对复议结果不服的理由成立,继续审查有必要的,不立案举报线索审查应当继续进行。

**第五十条** 不立案举报线索审查终结后,应当制作审查报告,提出处理意见。

**第五十一条** 举报中心审查不立案举报线索,应当自收到侦查部门决定不予立案回复文书之日起一个月以内办结;情况复杂,期满不能办结的,经举报中心负责人批准,可以延长两个月。

**第五十二条** 举报中心审查不立案举报线索,应当在办结后七日以内向上一级人民检察院举报中心备案。

对侦查部门重新作出立案决定的,举报中心应当将审查报告、立案决定书等相关文书,在立案后十日以内报上一级人民检察院举报中心备案。

**第五十三条** 举报人不服下级人民检察院复议决定提出的申诉,上一级人民检察院控告检察部门应当受理,并根据事实和法律进行审查,可以要求举报人提供有关材料,认为需要侦查部门说明不立案理由的,应当及时将案件移送侦查监督部门办理。

## 第六章 举报答复

**第五十四条** 实名举报应当逐件答复。除联络方式不详无法联络的以外,应当将处理情况和办理结果及时答复举报人。

**第五十五条** 对采用走访形式举报的,应当当场答复是否受理;不能当场答复的,应当自接待举报人之日起十五日以内答复。

**第五十六条** 答复可以采取口头、书面或者其他适当的方式。口头答复的,应当制作答复笔录,载明答复的时间、地点、参加人及答复内容、举报人对答复的意见等。书面答复的,应当制作答复函。邮寄答复函时不得使用有人民检察院字样的信封。

**第五十七条** 人民检察院举报中心和侦查部门共同负责做好实名举报

答复工作。

## 第七章 举报人保护

**第五十八条** 各级人民检察院应当依法保护举报人及其近亲属的安全和合法权益。

**第五十九条** 各级人民检察院应当采取下列保密措施：

（一）举报线索由专人录入专用计算机，加密码严格管理，未经检察长批准，其他工作人员不得查看。

（二）举报材料应当放置于保密场所，保密场所应当配备保密设施。未经许可，无关人员不得进入保密场所。

（三）向检察长报送举报线索时，应当将相关材料用机要袋密封，并填写机要编号，由检察长亲自拆封。

（四）严禁泄露举报内容以及举报人姓名、住址、电话等个人信息，严禁将举报材料转给被举报人或者被举报单位。

（五）调查核实情况时，严禁出示举报线索原件或者复印件；除侦查工作需要外，严禁对匿名举报线索材料进行笔迹鉴定。

（六）其他应当采取的保密措施。

**第六十条** 举报中心应当指定专人负责受理网上举报，严格管理举报网站服务器的用户名和密码，并适时更换。

利用检察专线网处理举报线索的计算机应当与互联网实行物理隔离。

通过网络联系、答复举报人时，应当核对密码，答复时不得涉及举报具体内容。

**第六十一条** 人民检察院受理实名举报后，应当对举报风险进行评估，必要时应当制定举报人保护预案，预防和处置打击报复实名举报人的行为。

**第六十二条** 举报人向人民检察院实名举报后，在人身、财产安全受到威胁向人民检察院求助时，举报中心或者侦查部门应当迅速查明情况，向检察长报告。认为威胁确实存在的，应当及时通知当地公安机关；情况紧急的，应当先指派法警采取人身保护的临时措施保护举报人，并及时通知当地公安机关。

**第六十三条** 举报人确有必要在诉讼中作证时，应当采取以下保护措施：

（一）不公开真实姓名、住址和工作单位等个人信息；

（二）采取不暴露外貌、真实声音等出庭作证措施；

（三）禁止特定的人员接触举报人及其近亲属；

（四）对举报人人身和住宅采取专门性保护措施；

（五）其他必要的保护措施。

**第六十四条** 对打击报复或者指使他人打击报复举报人及其近亲属的，经调查核实，应当视情节轻重分别作出处理：

（一）尚未构成犯罪的，提出检察建议，移送主管机关或者部门处理；

（二）构成犯罪的，依法追究刑事责任。

**第六十五条** 对举报人因受打击报复，造成人身伤害或者名誉损害、财产损失的，应当支持其依法提出赔偿请求。

## 第八章 举报奖励

**第六十六条** 举报线索经查证属实，被举报人构成犯罪的，应当对积极提供举报线索、协助侦破案件有功的举报人给予一定的精神及物质奖励。

**第六十七条** 人民检察院应当根据犯罪性质、犯罪数额和举报材料价值确定奖励金额。每案奖金数额一般不超过二十万元。举报人有重大贡献的，经省级人民检察院批准，可以在二十万元以上给予奖励，最高金额不超过五十万元。有特别重大贡献的，经最高人民检察院批准，不受上述数额的限制。

**第六十八条** 奖励举报有功人员，一般应当在判决或者裁定生效后进行。

奖励情况适时向社会公布。涉及举报有功人员的姓名、单位等个人信息的，应当征得举报人同意。

**第六十九条** 符合奖励条件的举报人在案件查处期间死亡、被宣告死亡或者丧失行为能力的，检察机关应当给予依法确定的继承人或者监护人相应的举报奖励。

**第七十条** 举报奖励工作由举报中心具体承办。

## 第九章 举报失实的澄清

**第七十一条** 人民检察院应当遵照实事求是、依法稳妥的原则,开展举报失实澄清工作。

**第七十二条** 经查证举报失实,具有下列情形之一并且被举报人提出澄清要求或者虽未提出澄清要求,但本院认为有必要予以澄清的,在征求被举报人同意后,应当报请检察长批准,由侦查部门以适当方式澄清事实:

(一)造成较大社会影响的;

(二)因举报失实影响被举报人正常工作、生产、生活的。

**第七十三条** 举报失实澄清应当在初查终结后一个月以内进行。举报中心开展举报线索不立案审查或者复议的,应当在审查或者复议结论作出后十个工作日以内进行。侦查监督部门开展不立案监督的,应当在监督程序完成后十个工作日以内进行。

**第七十四条** 举报失实澄清应当在被举报人单位、居住地所在社区、承办案件的人民检察院或者被举报人同意的其他地点进行。

**第七十五条** 举报失实澄清可以采取以下方式:

(一)向被举报人所在单位、上级主管部门通报;

(二)在一定范围内召开澄清通报会;

(三)被举报人接受的其他澄清方式。

## 第十章 责任追究

**第七十六条** 举报中心在举报线索管理工作中,发现检察人员有违法违纪行为的,应当提出建议,连同有关材料移送本院纪检监察部门处理。

**第七十七条** 具有下列情形之一,对直接负责的主管人员和其他直接责任人员,依照检察人员纪律处分条例等有关规定给予纪律处分;构成犯罪的,依法追究刑事责任:

(一)利用举报线索进行敲诈勒索、索贿受贿的;

(二)滥用职权,擅自处理举报线索的;

（三）徇私舞弊、玩忽职守，造成重大损失的；

（四）为压制、迫害、打击报复举报人提供便利的；

（五）私存、扣压、隐匿或者遗失举报线索的；

（六）违反举报人保护规定，故意泄露举报人姓名、地址、电话或者举报内容等，或者将举报材料转给被举报人、被举报单位的，或者应当制定举报人保护预案、采取保护措施而未制定或者采取，导致举报人受打击报复的；

（七）故意拖延，查处举报线索超出规定期限，造成严重后果的；

（八）隐瞒、谎报、未按规定期限上报重大举报信息，造成严重后果的。

## 第十一章　附　　则

**第七十八条**　本规定自公布之日起施行。最高人民检察院此前发布的有关举报工作的规定与本规定不一致的，适用本规定。

**第七十九条**　本规定由最高人民检察院负责解释。

# 国家信访局关于进一步加强初信初访办理工作的办法

国信发〔2014〕13号

为进一步加强初信初访办理工作，规范工作程序，压实首办责任，提高办理质量和效率，根据《信访条例》和《关于创新群众工作方法解决信访突出问题的意见》等法规文件，结合工作实际，制定本办法。

**第一条** 本办法所称初信初访，是指公民、法人或者其他组织采用书信、网上投诉、电话、走访等形式，首次向各级人民政府、县级以上人民政府工作部门反映情况，提出意见、建议或者投诉请求，依法应当由有关行政机关作出处理的活动。

采用前款规定的形式，反映的情况，提出的意见、建议或者投诉请求，称初信初访事项。

**第二条** 初信初访办理工作，坚持"属地管理、分级负责，谁主管、谁负责，依法、及时、就地解决问题与疏导教育相结合"原则，实行首办负责制。

**第三条** 各级人民政府信访工作机构按照《信访条例》规定的程序、期限，负责受理、转送、交办信访人提出的初信初访事项，并进行协调、督办。

各级人民政府信访工作机构以外的行政机关按照《信访条例》规定的程序、期限，负责受理、办理法定职权范围内的初信初访事项，并书面答复信访人。包括以下两种情形：

（一）信访人首次向本机关提出的信访事项；

（二）本级或上级人民政府信访工作机构首次转送、交办的信访事项。

信访人向不同行政机关或同一行政机关不同部门提出信访事项的，先行收到的机关或部门先行受理，并录入信访信息系统。

**第四条** 对属于各级人民代表大会以及县级以上各级人民代表大会常务委员会、人民法院、人民检察院职权范围内的初信初访事项，以及已经或者依法应当通过诉讼、仲裁、行政复议等法定途径解决的初信初访事项，各级人民政府信访工作机构和其他行政机关不予受理，但要做好宣传解释工作，并告知信访人依照有关法律法规规定的程序向有关机关提出。

对采用走访形式跨越本级和上一级机关提出的初访事项，上级机关不予受理，按照《国家信访局关于进一步规范信访事项受理办理程序引导来访人依法逐级走访的办法》处理。

**第五条** 各级人民政府信访工作机构和其他行政机关收到初信初访事项，应及时在信访信息系统中录入信访人姓名（名称）、住址、联系方式、投诉请求、意见建议以及相应的事实、理由等主要内容，做到要素完整、客观、准确。

**第六条** 县级以上人民政府信访工作机构收到初信初访事项，应在15日内区分不同情况，按下列方式处理，对具备回复条件的，要以电话、书面等形式向信访人反馈：

（一）对投诉请求类初信初访事项，转送、交办给有权处理机关办理。

（二）对意见建议类初信初访事项，其中有利于完善政策、改进工作、促进经济社会发展的，上报本级人民政府作为决策参考，或转送有权处理机关研究。

（三）对揭发控告类初信初访事项，按照纪检监察工作相关规定和干部管理权限，报送有关负责同志或转送纪检监察机关、组织部门处理。

（四）对情况重大、紧急的初信初访事项，应当及时提出建议报请本级人民政府相关负责同志决定。

对网上投诉的初信初访事项，应缩短转送、交办期限，提高工作效率。

**第七条** 有权处理机关收到初信初访事项，应当在15日内决定是否受理，并向信访人出具是否受理告知书。

对跨地区、跨部门、跨行业和人事分离、人户分离、人事户分离的初信初访事项，按照《信访条例》第二十四条和《国家信访局协调“三跨三分离”信访事项工作规范》明确的原则和程序划分责任、受理办理。

**第八条** 有权处理机关应按照规定的时限和程序办理初信初访事项，向信访人出具处理意见书，并告知请求复查（复核）的期限和机关；依照《信访条例》有关规定，做好复查（复核）工作，并出具复查（复核）意见书。

有权处理机关出具的是否受理告知书、处理意见书、延期告知书、复查（复核）意见书应当要素齐全、格式正确、事实清楚、依据充分，并及时送达信访人或有关人员，严格履行签收等手续。相关文书及送达凭证均要及时录入信访信息系统。

有权处理机关应当按期向交办机关反馈处理意见、督促处理意见的执行，并做好信访人的政策解释和教育疏导工作。

**第九条** 县级以上人民政府信访工作机构和有权处理机关应为信访人查询初信初访事项办理情况提供便利。对纳入满意度评价范围的初信初访事项的办理过程、处理结果，应通过互联网等方式予以公开，以便于信访人依据查询凭证查询并作出评价。

**第十条** 县级以上人民政府信访工作机构负责督办本级和下级有权处理机关初信初访事项的受理办理情况。对不按规定登记录入、应当受理而未受理、未按规定期限和程序受理办理、不反馈办理结果或不执行处理意见的，群众评价“不满意”且确因工作不当引发信转访、重复信访或越级走访的，应当及时督办并提出改进工作的建议；情节严重或造成严重后果的，依照《信访条例》和《关于违反信访工作纪律处分暂行规定》等法规文件，向有关地方和部门提出责任追究建议。

县级以上人民政府信访工作机构对收到的初信初访事项应当但未按规定登记、转送、交办，或者应当履行督办职责而未履行的，由其上级机关责令改正。造成严重后果的，按前款所依照的法规文件追究责任。

**第十一条** 县级以上人民政府信访工作机构应定期考核下一级机关的初信初访办理工作，并在一定范围内通报有关考核情况。各省、自治区、直辖市信访局（办）制定信访工作具体考核意见或办法，应加大初信初访办理工作的考核比重。

**第十二条** 本办法由国家信访局负责解释。

**第十三条** 本办法自 2014 年 11 月 1 日起施行。

# 经验交流

【编者按】

写好裁判文书是当前刑事审判中的一项重要工作,也是顺应司法改革,体现司法公开、公正的具体要求。北京市第二中级人民法院根据本院刑事审判工作情况,并结合近年来公布的刑事“大要案”文书,就刑事一审裁判文书说理的要素、顺序、方法、技巧等问题作了较为系统的梳理和分析,对于提高刑事裁判文书撰写质量具有一定借鉴意义。本期予以刊登,供读者参考。

## 刑事判决说理实务问题探讨*

——以裁判文书制作规范化为视角

北京市第二中级人民法院课题组

裁判文书说理是一个历久弥新的课题。最高人民法院于2014年1月下发的《关于人民法院在互联网公布裁判文书的规定》实施后,如何在符合裁判文书样式及制作规范的前提下,最大限度增强裁判文书的说理性,是当前亟待破解的难题,更是本轮司法改革的一项重要任务。本课题主要结合一审刑事判决书制作实务,就裁判文书规范化视角下的刑事判决说理问题作初步探讨。

### 一、刑事判决说理部分的顺序

传统的刑事裁判文书说理部分主要包括定罪、量刑、对控辩意见的评

* 本调研报告系北京市第二中级人民法院裁判文书制作规范化调研课题之子课题“裁判文书说理规范化”的阶段性成果。课题负责人:北京市第二中级人民法院副院长崔杨;子课题组成员:刑二庭副庭长陈胜涛、少年庭法官刘立杰;执笔人:刘立杰。

判、法律依据及涉案物品处理五部分。其中，法条引用和涉案物品处理部分在判决书中的顺序较为固定，但定罪、量刑及对控辩意见的评判部分在判决书中如何排序，实践中做法不一，主要有以下三种：

第一种做法是，首先对辩方意见进行评判，即将该部分内容放在确认证据之后、"本院认为"之前；其次，对被告人进行定罪评价；再次，阐明公诉机关的指控是否成立；最后再对被告人的量刑进行阐述分析。如"薄熙来受贿、贪污、滥用职权案"（以下简称"薄熙来案"）的一审判决书就采用了这种写法。这种写法的优点是条理清楚，层次分明，能够清晰反映判决对辩方意见的评判。但这中表述顺序没有将辩方意见与公诉机关的指控意见放在同等位置考虑，似乎没有很好地体现控辩平等的刑事诉讼理念。

第二种做法是，将对控辩意见的评判均放在"本院认为"部分，即首先对被告人的定罪进行分析，然后阐明公诉机关指控的犯罪是否成立，接着再对辩方意见进行评判，最后对被告人的量刑进行分析。这种写法的优点是将控辩意见放在同等位置考虑，体现了控辩平等的理念，但容易造成"本院认为"部分过于臃肿，影响判决的层次性和阅读效果。

第三种做法在第一种做法的基础上进行了微调，即在第一种做法总体顺序不变的基础上，将法院对不予采纳的辩解或辩护意见评判放在确认证据之后、"本院认为"之前，但将法院予以采纳的辩解及辩护意见放在"本院认为"部分予以概括阐述，并根据所采纳的意见的具体内容分别置于"本院认为"部分的定罪分析或量刑分析之后，一般概括表述为"本院认为……（被告人构成××罪，公诉机关的指控成立）被告人具有××量刑情节，被告人及其辩护人所提相关辩解及辩护意见本院酌予采纳"。如"上海教师公寓大火案""商务部郭京毅受贿案"的一审判决书即采用的这种写法。这种写法的优点是，既能一定程度地体现控辩平等，又不至于使"本院认为"部分过于臃肿，同时避免对采纳的辩护意见进行重复分析；不足之处是，将采纳和不采纳的辩解、辩护意见分割开了，在"本院认为"前后分别阐述，没有保持被告人辩解及辩护人辩护意见的完整性、连续性。

综上，上述三种做法各有所长，但总体而言，第一种做法比较适合于多被告人或者法律关系较为复杂，控辩意见争议较大，辩方意见较多的案件；

第二种做法比较适合于被告人人数不多,案情或法律关系相对简单,控辩意见争议不大,辩方意见相对较少的案件;第三种做法介于上述两种类型之间,是一种折中的处理方法。

## 二、刑事判决中的定性分析

### (一)定罪表述

1. 自然人犯罪定罪的表述

首先,从宏观上看,认定公诉机关指控的罪名主要有两种写法:

第一种写法直接用刑法分则规定的罪状去表述被告人实施了××行为,已构成××罪,同时阐明公诉机关指控被告人实施犯罪行为的事实清楚,证据确实、充分,指控罪名成立。如"亿霖木业非法经营案"(一审)、"许霆盗窃重审案"(以下简称"许霆案")等。

第二种写法直接用刑法分则规定的罪状去表述被告人的行为,然后认定其行为构成××罪,同时阐明公诉机关指控被告人实施犯罪行为的事实清楚,证据确实、充分,指控罪名成立。如"薄熙来案","刘志军受贿、滥用职权案"(以下简称"刘志军案")等均采用这种写法。

目前,采取第二种写法的占多数。关于"犯罪"的本质虽然在理论界一直存在"行为人说"和"行为说"的争论,且"被告人实施××行为,构成××罪"的表述在语法上并无明显不当,但根据我国刑法第十三条"一切……危害社会的行为,依照法律应当受刑罚处罚的,都是犯罪"之规定,采用第二种写法更符合我国刑法精神。

其次,从微观上看,上述第二种写法还可以细分为三类:

第一类是直接将刑法条文或司法解释的规定作为定罪分析的内容,基本不结合案情进行定罪分析,如"刘志军案"、"薄熙来案"对贪污罪和滥用职权罪的认定都采用了这种写法。从北京市第二中级人民法院随机抽样的近200份一审刑事判决中,采用这种写法的超过了1/3。

第二类是根据刑法及司法解释的相关规定,概括写明被告人实施犯罪行为的手段、方法、侵害的对象、客体等内容,并在此基础上认定被告人的行为构成××罪。如"药家鑫故意杀人案"(以下简称"药家鑫案")、"薄熙来案"中对受贿罪的认定等。北京市第二中级人民法院的抽样文书中约有一半采用了这种写法。

第三类是结合全案证据、事实和具体案情对被告人构成犯罪的主、客观方面进行全面、详细的分析论证,并在此基础上认定被告人的行为构成某种犯罪。如"李某某等人强奸案"的一审判决书。第二中级人民法院的抽样文书中采用此类写法的非常少,不到10%。

如果从裁判文书说理的角度分析,第一类写法比较简洁,但没有充分体现说理和个案特点;第三类写法最能体现文书的说理水平,但需要对案件的事实和法律语言进行全方位的把握,具有一定难度;第二类写法折中了第一类和第三类写法,既保证了裁判文书的规范性,又体现了裁判文书的个性化内容,增强了说理效果。因此,在现有条件下,建议尽可能采取第二类写法,同时在一些疑难、复杂的案件中可采用第三类写法以增强裁判文书的说理。

最后,在定罪分析中,应避免使用与犯罪构成要件无关的"无视国家法律"、"遇事不能冷静处理"等"套话",在具体表述时应以构成要件事实为依据,以有关法律规定为准绳。

2. 单位犯罪及其责任人员定罪的表述

单位犯罪案件的定罪分析与自然人犯罪案件相比具有一定的特殊性,除应当根据查证属实的事实、证据和法律规定,论证公诉机关指控的单位犯罪是否成立、构成何罪外,还要重点分析被告单位直接负责的主管人员、其他直接责任人员的行为是否构成犯罪,构成什么犯罪,是实行"单罚制"还是"双罚制"。除此之外,单位犯罪与自然人犯罪的表述方法基本相同,不再赘述。

(二)改变公诉机关指控的表述

1. 变更罪名的表述

司法实践中,指控的罪名与法院审理认定的罪名不一致的情形大体包括以下四类:一是指控重罪名,法院认定为轻罪名;二是指控轻罪名,法院认定为重罪名;三是指控数罪名,法院只认定构成其中的部分罪名;四是指控单个罪名,法院认定为构成包括指控罪名在内的数罪名。对上述情形,法院在保障控辩双方充分行使控诉权和辩护权的前提下,在判决书中应重点围

绕变更指控罪名的理由进行分析。根据案件的具体情况,一般可从以下几个角度展开分析:

(1)围绕行为人的主观罪过阐述罪名变更的原因,例如,为索债非法剥夺他人人身自由以获取财物的是绑架还是非法拘禁等。

(2)围绕行为主体的刑法性质阐述罪名变更的原因,例如,企业改制中被告的身份是否为国家工作人员等。

(3)围绕行为对象的刑法性质阐述罪名变更的原因,例如,借记卡是存单(金融凭证)还是信用卡等。

(4)围绕行为本身的刑法性质阐述罪名变更的原因,例如,裸聊行为的定性、正当防卫的认定等。

(5)围绕行为所侵犯的客体(或法益)及定罪原则阐述罪名变更的原因,例如,盗窃电缆同时危害公共安全的行为是认定为盗窃罪还是破坏电力设备罪等。

在"本院认为"部分具体表述时,一般写为:"被告人×××实施了××行为……(根据查明的事实、证据和有关法律规定,结合上述角度,全面分析论证),其行为符合××罪的构成要件,应认定为××罪。公诉机关指控×××的犯罪事实清楚,证据确实、充分,应予支持,但指控××罪名不当(或证据不足),应予纠正(或指控的犯罪不能成立)。"例如《刑事审判参考》2004年第5辑中"祝久平以危险方法危害公共安全案"判决书就是这样分析的:"被告人祝久平在行驶的公交车上,无理纠缠并殴打正在驾驶公交车的司机,并与司机争夺公交车的变速杆,导致行驶中的公交车失控,虽然只发生撞断路边通讯电线杆、公交车受损、部分乘客受伤、全部直接经济损失近万元的后果,但已足以危及不特定多数人的生命健康及其他重大财产的公共安全,其行为符合以危险方法危害公共安全罪的构成要件。公诉机关指控祝久平的犯罪事实清楚,证据确实、充分,应予支持,但指控的罪名(寻衅滋事罪——笔者注)不当,应予纠正……"

2. 未全部认定指控事实的表述

法庭经审理认为公诉机关指控被告人所犯罪名成立,但认为公诉机关指控被告人犯罪的某些情节、数额或后果不能成立的,除需要通过对证据的分析予以说明外，还要对控辩双方的有关意见进行有针对性的评判，在此基础上，再通过“本院认为”部分予以确认，一般应表述为：“公诉机关指控被告人犯××罪的定性准确，指控罪名成立，但指控其××方面的事实不清，证据不足，不能予以认定。”实践中，有的表述为：“公诉机关指控被告人犯××罪的事实清楚，证据确实、充分，唯在认定的部分数额上有误。”这样表述就存在几个问题：一是认定数额有误算不算“指控犯××罪的事实清楚”，如果不算，那么判决就有自相矛盾之嫌；二是未指明认定哪部分数额有误，误差多少，说理不充分。建议将上述判决修改为：“公诉机关指控被告人犯××罪的定性准确，指控罪名成立，但指控其犯罪的数额为××有误，本院依法认定为×××。”

（三）无罪判决的表述

与有罪判决相比，无罪判决的说理“似易而难”。看似容易，是因为有罪判决的证明标准是排除一切合理怀疑，而无罪判决恰好相反，只要对公诉机关指控的犯罪事实或提供的证据链中的关键环节提出合理怀疑，就能否定公诉机关的指控。因此，与有罪判决重在说明被告人的行为应符合犯罪构成要件，且犯罪的事实清楚，证据确实、充分不同，无罪判决的说理应侧重围绕事实是否清楚，证据是否符合“三性”进行分析，并最终得出事实不清或证据不足，不能认定被告人构成犯罪的结论。但实际上无罪判决说理比较困难，是因为无罪判决中涉及的诸多事实和证据问题，往往是建立在公安、检察机关前期较为严密的调查取证基础之上的，要想质疑甚至推翻公安、检察机关的侦查、指控结论，不但要靠丝丝入扣的逻辑分析，更以对案件事实细节的精准把握和对全部案件事实的综合掌控为前提，且这一前提是建立在撰写裁判文书之外的、更为耗费时间和精力的、对事实和证据进行全方位调查基础之上的。如“念斌案”的无罪判决书，似乎并没有哪一部分专门进行说理，但在列举公诉机关指控构成犯罪的每一个构成要件事实和每一份证据时，对事实的疑点、证据的来源、获取时间、具体内容、关联性、矛盾点等都进行了全面的展示和分析，从而使判决书关于“原判认定致死原因为氟乙酸盐鼠药中毒依据不足，认定投毒方式依据不属实，毒物来源依据不充分……全案证据达不到确实、充分的证明标准”的无罪结论水到渠成、得以服众。

当然,还有一部分无罪案件的事实和证据并不存在任何问题,但因审判机关与检察机关在罪与非罪的一些关键问题上存在认识差异,从而导致法院判决被告人无罪。对于此类案件,判决应重点围绕行为的性质、行为的刑事违法性、社会危害性大小等问题展开说理。

以上对无罪的分析可具体表述为“……公诉机关指控被告人犯××罪的证据尚未达到确实、充分的程度,指控被告人犯××罪事实不清,证据不足,指控不能成立”或“……被告人的××行为不构成犯罪,公诉机关的指控不能成立”。

## 三、刑事判决书中的量刑分析

以往的判决中,我们往往对定罪分析较为重视,对量刑问题或者没有分析,只有结论;或者一带而过,蜻蜓点水。这种做法已不能满足当事人的要求,更无法适应网上公布裁判文书的现实需要。因此,应当进一步强化文书对量刑的分析和说理。

### (一)最大限度将刑法第六十一条的规定予以量化

我国刑法第六十一条规定:“对于犯罪分子决定刑罚的时候,应当根据犯罪的事实、犯罪的性质、情节和对于社会的危害程度,依照本法的有关规定判处。”因此,在量刑分析过程中应阐明与上述规定内容相关的各种具体情节,即通过对刑法第六十一条的量化展开,增强量刑分析的效果,提高裁判文书的说理性。例如,某强奸案中,判决书在量刑分析中首先写道:“……被告人的行为系轮奸,给被害人身心造成伤害,性质恶劣,社会危害性大……”其次又结合被告人在共同犯罪中的具体情节进行详细分析:“……被告人孙某系五名被告人中唯一的成年人,在共同犯罪中作用仅次于王某,属于主要暴力行为实施者,且暴力行为对被害人伤害较大,主观恶性较深。鉴于其在庭审结束前,表示尊重辩护人的有罪辩护意见,有一定悔过认识,量刑时可酌予考虑……”通过结合案情对刑法第六十一条展开分析,不但保证了量刑分析的全面性,而且也框定了量刑分析的基本范围和层次,可以有效弥补以往量刑分析缺乏针对性、力度不够的缺憾。

### (二)对法定量刑情节的分析应注重规范化和匹配性

规范化指的是法官在分析法定量刑情节时要忠实于刑法、司法解释以及法理,尽量使用贴近原法律条文或司法解释的表述,不能完全按个人的理解去阐述法定量刑情节,更不能自己造情节,尤其是对于数额较大、数额巨大、数额特别巨大,情节严重、情节特别严重,以及从轻、减轻、从重等法定情节的表述要准确、严谨。如《最高人民法院关于处理自首和立功若干具体问题的意见》规定:“犯罪嫌疑人……明知他人报案而在现场等待,抓捕时无拒捕行为,供认犯罪事实的”,应视为自动投案。对于该情节,有的判决表述为:“被告人作案后明知他人报案而在现场等待,到案后能如实供述所犯罪行,依法应认定为自首。”这样表述漏掉了“抓捕时无拒捕行为”这一认定被告人是否属于自动投案的关键情节,人为放宽了自首的认定条件,没有做到规范表述。

匹配性是指法官在分析法定量刑情节时应特别注意法律规定与具体案情的有机结合,要有意识将案件的有关事实匹配到法定量刑情节的要件中去,这样不但能够增强裁判文书的说理,还能有效避免判决书千人一面的现象。例如,“药家鑫案”关于自首情节表述为:“被告人药家鑫在公安机关未对其采取任何强制措施的情况下,于作案后第四日在父母的陪同下到公安机关投案(将投案的时间、陪同人员等具体事实与法律规定结合起来分析——笔者注),并如实供述了犯罪事实,其行为具备了自首的构成要件,依法属于自首。”

(三)对酌定量刑情节的分析应避免随意化和机械化

酌定量刑情节虽然不是刑法明文规定的量刑情节,但其对量刑仍然具有重要影响。司法实践中常见的酌定量刑情节主要有犯罪的手段、犯罪的时空及环境条件、犯罪对象、犯罪后果、犯罪动机、认罪悔罪态度、前科劣迹等。与法定量刑情节相比,酌定量刑情节往往具有多样性、随意性、具体性等特点,且与案件事实结合程度较高,不容易进行规范。鉴于酌定量刑情节的上述特点,判决中对酌定量刑情节的认定和分析应坚持合理、合法的原则,并应注重有关情节与案件的关联性,避免酌定量刑情节分析认定的随意扩大化,具体可结合上述分类及《最高人民法院关于常见犯罪的量刑指导意见》中规定的情节予以分析,对超出上述范围的酌定量刑情节,不论是认定还是反驳,均应由合议庭讨论把关,防止因个人认识不全面而引发不必要的争议。如2009年网络上热炒的某法院判决认定被告人系“临时性强奸案”，就存在随意认定酌定量刑情节的问题。

此外，还应特别注意结合具体案件来分析认定酌定量刑情节，避免机械套用，努力增强案件事实与酌定量刑情节认定的匹配性。例如，初犯、偶犯作为的酌定的从轻处罚情节，通常适用于未成年人犯罪或情节较轻、社会危害不大的犯罪，对杀人、抢劫、强奸等严重刑事犯罪一般不宜适用。如果不考虑具体案件的性质、情节等因素，直接将上述酌定量刑情节拿来套用，就容易引发争议。

（四）多被告、多罪名、多情节案件的量刑分析

首先，案件涉及多个罪名时，主罪的犯罪构成应表述在前，次罪表述在后，但量刑情节放在哪里表述做法不一：一种方法是分开表述，即在第一个罪名的犯罪构成表述完之后，紧接着分析表述该罪的量刑情节，然后再表述第二个罪名的犯罪构成和量刑情节，以此类推；另一种方法是集中表述，即先集中表述几个罪名的犯罪构成，然后再集中表述这几个罪名的量刑情节。总体而言，第一种方法比较适合单人犯多罪名的案件，第二种表述方法则较适合多人多罪名的案件。

其次，量刑情节的表述应该遵循先法定后酌定的原则，即如果存在多个量刑情节，应先分析从犯、自首、立功、累犯等法定量刑情节，然后再对认罪态度、积极赔偿、前科劣迹等酌定量刑情节进行分析。

最后，案件有多名被告人的，其量刑情节应当按照被告人所犯罪行从重到轻依次表述。

（五）特殊情节的量刑分析

1. 死刑案件的分析表述

刑法第四十八条规定，“死刑只适用于罪行极其严重的犯罪分子”。因此，死刑案件中，除应叙明法定、酌定量刑情节外，还应阐明被告人所犯罪行极其严重这一情节，至于表述的内容和形式可根据案件的具体情况进行适当调整，甚至可以将相关表述放到对辩方意见进行评判的内容当中，但应避免使用“罪大恶极”、“不杀不足以平民愤”等批判性语言。

2. 法定刑以下减轻处罚的分析表述

根据刑法第六十三条第二款的规定："犯罪分子虽然不具有本法规定的减轻处罚情节，但是根据案件的特殊情况，经最高人民法院核准，也可以在法定刑以下判处刑罚。"因此，对于符合上述条件，报请最高人民法院核准的案件，在说理部分应重点围绕案件存在特殊情况进行分析。如"许霆案"中最高人民法院的判决是这样分析的："……许霆盗窃金融机构，数额特别巨大，本应判处无期徒刑以上刑罚。但考虑到许霆是在发现自动柜员机发生故障的情况下临时起意盗窃，其行为具有一定的偶然性，与有预谋、有准备盗窃金融机构的犯罪相比，主观恶性相对较小；许霆趁自动柜员机发生故障之机，采用输入指令取款的方法窃取款项，与采取破坏手段盗取钱财相比，犯罪情节相对较轻，对许霆可适用刑法第六十三条第二款的规定，在法定刑以下判处刑罚……"再如，北京某中级人民法院一份故意伤害罪的文书分析得也很到位："……鉴于本案被害人的直接死因系因患冠状动脉粥样硬化性心脏病，急性心肌梗塞死亡，外伤和情绪激动是其冠心病发作的诱发因素之一，故被告人不应对被害人的死亡结果承担全部的刑事和民事责任。被告人归案后均能如实供述犯罪事实，认罪悔罪，其亲属积极赔偿被害人家属的经济损失，综合考量上述情节，被告人没有减轻处罚的法定情节，但依据刑法罪责刑相适应的基本原则，可……依照《中华人民共和国刑法》第六十三条第二款的规定，对其在法定刑以下判处刑罚。"

## 四、对辩方意见的概述与评判

### （一）对辩方意见的概述

总体而言，判决书对被告人及其辩护人辩解、辩护意见的概述应当遵循全面、准确、精练的原则，对控辩双方一视同仁，这其中应注意四个方面的问题：

一是概述的目的。概述辩方意见的目的主要有两个：一个是全面、准确、真实地反映庭审情况，以充分体现控辩式审理的特点；另一个是为以后分析论证辩方意见时进行铺垫。

二是概述的依据。概述辩方意见的依据主要有两个，即辩护词和庭审笔录,应将二者结合起来分析,不能只看其一。

三是概述的顺序。对辩方意见概述的顺序,一般应与公诉机关的指控相互对应,首先概述辩方针对指控的犯罪事实、证据进行抗辩的意见,其次概述辩方针对指控的犯罪情节进行抗辩的意见,最后概述辩方提出的有关定罪量刑方面的意见。对于指控多被告人实施多种或多起犯罪的案件,一般应按照先主犯后从犯、先主罪后次罪的顺序概述辩方意见。

四是概述的内容和方法。这个问题可谓见仁见智,总的原则是既要全面、不能遗漏,又要准确、不宜啰唆;既要概述对事实证据的意见,也要概述定罪量刑的意见;既要概述被告人对犯罪事实予以供认的情况,也要概述不予供述、予以辩解的情况。一般而言,对认定事实、证据、罪名、罪责及适用法律等方面的意见必须反映,对不影响定罪量刑的枝节问题可不予概述。如果被告人的辩解和辩护意见内容一致的,可以一体表述、一起分析。具体表述方法为:“被告人及其辩护人对公诉机关的指控,均提出以下辩解和辩护意见……”;如果辩护人还有其他辩护意见的,可另起一段表述为:“除上述意见外,被告人的辩护人还提出以下辩护意见……”

从具体操作的层面,我们试着归纳了概述辩方意见的五种方法:

1. 无罪意见重分析

刑事诉讼最基础的问题就是认定被告人的行为是否构成犯罪,因此,在归纳概括辩解及辩护意见时,罪与非罪的问题是首先要关注的问题。如果辩方认为被告人的行为不构成犯罪,那么在归纳其意见时,应重点对关键证据和有关犯罪构成的意见进行归纳,对其他意见可简要概括。例如某强奸案判决书将辩护人对事实认定、罪与非罪所提出的数十页辩护意见概述为以下四点:“第一,是否存在非法证据……;第二,五名被告人与被害人是否发生了性关系……;第三,被告人是否对被害人实施过暴力……;第四,被告人与被害人发生性关系,是否违背被害人的意愿。”

2. 定性意见重罪名

如果辩方对被告人构成犯罪没有异议,但认为公诉机关指控的罪名不当,则应侧重概述辩方所提罪名及其理由,如果案件事实比较清楚,法律关系也比较简单,则可以简要归纳甚至不必归纳辩方要求变更罪名的具体理由。例如“方舟子遇袭案”的判决书对有关罪名之争的概括就非常精练。

3.法定情节重实质

实践中,不管被告人实际上是否具有法定从轻、减轻或免除处罚的量刑情节,出于辩护策略与技巧上的需要,被告人及其辩护人往往不直接依照法律规定对有关量刑情节进行分析,他们经常将某些学术观点、个人理解与案件的局部事实杂糅在一起,“婉转”地向法庭提出被告人具有法定的从轻、减轻或免除处罚情节。有鉴于此,我们在归纳概括有关辩解及辩护意见时应进行必要的过滤,对于涉及法定量刑情节的辩护意见,原则上只提炼与法定情节实质要件相匹配的部分。如果经过筛选没有发现相匹配的内容,那么仅归纳辩护人的结论意见即可。例如在某共同抢劫案件中,辩护人提出,虽然被告人乙在抢劫案发现场,并在被害人身上翻找钱物,但乙没有直接殴打被害人,亦未曾使用言语威胁;被害人所受轻伤是被告人甲殴打所致,被告人乙在共同犯罪中的作用相对较小,应当依法认定乙为从犯。这里辩护人通过对案件事实的片面描述,展示了乙的作用相对较小,并据此认定乙为从犯。在对上述辩护意见进行归纳时,首先应当通过“从犯”的法定构成要件进行筛选。法律规定在共同犯罪中起“次要或辅助作用”的才能认定为从犯,但辩护人对此只字未提,我们发现除了“从犯”这两个字以外,从犯的要件中并没有与辩护意见相匹配的内容,故依上文所述的方法,仅归纳上述辩护意见的结论即可,具体可表述为“乙的辩护人提出乙在共同犯罪中作用相对较小,属于从犯”。反之,如果辩护人的辩护意见中涉及的内容与法定量刑情节的实质要件存在对应的关系,那么对相互对应的部分应当予以概括归纳。例如一起学生故意杀人案中辩护人提出:“被告人丙在操场作案后,明确听到有人报警,其在老师的陪同下到校医室包扎伤口,并没有要逃跑的意思。其到医务室虽是为了疗伤,但根据其伤情较轻的情况可以推知其内心具有等待并接受公安机关处理的意思,其到案后能够如实供述自己所犯罪行,也证明了这一点,故被告人丙符合自首的构成要件,应当认定为自首。”因上述事实中部分内容与自首的成立要件存在匹配关系,故概括时应全面体现其情节特征,具体可表述为:“辩护人提出被告人丙明知他人报案,且未主动离开学校,到案后如实供述罪行,应当认定为自首。”当然,这里面还涉及对辩方意见“化繁为简”进行概括的问题，具体可参照上述方法，在此不赘述。

4. 酌定情节重“理性”

这里的“理性”主要指对酌定量刑情节的概括应符合法理、事理和情理，具体可分为三类区别对待：

第一类是较为常见的酌定量刑情节，如认罪态度较好、积极赔偿、获得谅解、前科劣迹等，这类酌定量刑情节在审判中经常遇到，且不少已被《最高人民法院关于常见犯罪的量刑指导意见》所确认，基本不存在争议，直接表述即可。

第二类是不常见的酌定量刑情节，如被告人属激情犯罪、受家庭环境影响、曾对国家和社会做出过重要贡献等。上述辩护意见，有的与定罪量刑没有直接关系，有的虽有一定联系，但不宜直接原文引述，故应结合案件的具体情况有选择、有技巧地归纳概括。其中，对于明显与案件事实及量刑无关的辩解及辩护意见，可以直接过滤，不再归纳，例如故意杀人案件中被告人提出其家庭环境不好导致其脾气暴躁而杀人的辩护意见一般就不必归纳。对虽与案件事实及量刑有一定关系，但在提法上存在争议的辩护意见，可以进行适当转换后（应当尽可能与辩护人沟通）予以概括归纳。例如对于辩护人提出的被告人属于激情杀人的辩护意见，考虑到此概念在刑法学、犯罪学界均存在一定争议，在判决中便不宜直接引用，可根据具体案情及辩护人对该问题的解释，将“激情犯罪”转化表述为“出于义愤实施犯罪”、“被害人有过错”或者“被害人具有一定责任”等，否则不但可能影响文书的说理，而且容易引发争议或媒体炒作。2012年某法院在一起因争抢停车位而引发的开车撞人案件中认定被告人系“激情杀人”而从轻处罚，引发被害人家属不满，进而被网络热炒。

第三类是被告人及其辩护人提出的比较特殊或者违背常理的案件情节，如有的辩护人提出被害人穿着暴露是诱发被告人实施性犯罪的原因，建议法院据此对被告人酌情从轻处罚；有的被告人提出因为升学失利而发泄情绪才实施抢劫，并非是为了劫取财物，不具有非法占有的目的。对于此类辩护意见，应当以不在文书中体现为原则，以在文书中归纳为例外，即对于其中明显违背法理、事理、情理的辩解及辩护意见，一般不反映到判决中，即使根据案件具体情况需要有所反映，也应将相关辩护意见进行高度的概括，不宜直接引用。如上述辩解和辩护意见可以概括为“辩护人提出不良的外部环境是导致其走上犯罪道路的原因，据此请求法院对其从轻处罚”。同时，对于一些争议较大或者需要在判决中表明立场的特殊酌定量刑情节，应当根据具体案情以及行为的社会危害性、行为人的主观恶性，并结合社会风俗、伦理习惯、司法判例等诸多因素予以综合考量。

此外，对辩护意见的归纳概括还应保持前后一致，避免出现事实部分归纳的辩护意见与理由部分评判的辩护意见不一致、不对应的情况。

（二）对证据的分析认证

严格讲，对证据的分析认证应属于裁判文书事实部分的内容，但考虑到司法实践中的一些传统做法，证据分析问题也涉及部分说理内容，故在此一并探讨。根据刑事诉讼法及其司法解释，审判人员应当依照法定程序收集、审查、核实、认定证据，裁判文书应当阐明对证据是否采纳的理由。至于具体如何阐述理由，并无一定之规，应当结合具体案件和控辩双方提交的证据综合分析评判：

第一，对证据真实性的分析认证，应主要围绕来源的可靠性和内容的可信度两个角度，并结合其他证据进行分析。例如在“薄熙来案”中，薄熙来及其辩护人提出：“证人薄谷开来有精神障碍，其作证能力存疑，且其全部证言均形成于死刑缓期执行考验期内，可能是在某种特殊的压力下或者为了自身立功减刑而作出，影响其证言的真实性。”判决书是这样进行分析的：“经查，薄谷开来故意杀人案中经生效判决确认的司法鉴定意见书载明，薄谷开来在 2011 年 11 月 13 日实施杀人犯罪时辨认能力完整，控制能力削弱，鉴定诊断为精神活性物质所致精神障碍，具有完全刑事责任能力。本案审理过程中，经法庭核实，薄谷开来因犯故意杀人罪于 2012 年 3 月被羁押后，已无接触精神活性物质的条件。薄谷开来在证言中对于相关事实表述清晰、条理分明，当庭播放的薄谷开来作证录音录像亦显示，薄谷开来对办案人员的询问有明确的认知，语言流畅，表情自然，情绪稳定，其证言与在案其他证据能够相互印证，足以确认其具有作证能力且证言真实。”

第二,对证据的关联性分析认证,应主要围绕单个证据与待证事实的关联程度以及各证据之间关联程度展开。前者主要指在时间、地点和内容方面与案件事实接近的程度,后者主要指针对同一待证事实的多个证据能否相互印证、是否存在矛盾。例如某强奸案中,针对辩方提供的用以证明××酒吧人员及被害人存在介绍卖淫、组织卖淫等行为的部分证据,判决认为:"被告人的辩护人当庭出示经公证的手机短信、网络图片等有关证据材料,不足以认定被害人存在卖淫意图,且部分证据材料与本案基本事实无实质关联,不影响本案行为性质的认定,本院均不予确认。"

第三,对证据合法性的分析认证,应主要围绕证据的形式、主体、收集手段、程序以及内容是否符合法律规定展开。例如上述强奸案中,针对辩护人提出的非法证据排除申请,法院经审查认为:"各被告人在侦查阶段的供述均有同步录像证明,且未成年被告人供述时均有法定代理人或成年亲属在场并签字确认,侦查机关取证程序合法,不存在《最高人民法院关于适用〈中华人民共和国刑事诉讼法〉的解释》第九十五条规定的'使用肉刑或者变相肉刑,或者采用其他使被告人在肉体上或者精神上遭受剧烈疼痛或者痛苦的方法,迫使被告人违背意愿供述的'刑讯逼供等非法取证的情况。至于侦查人员在讯问过程中引述法条、讲解政策、概括陈述、澄清事实等语句,不属于逼供、诱供……"

此外,对于辩方提出排除非法证据的,如果控方不能提供确实、充分的证据证明证据收集的合法性,或者不能排除存在以非法方法收集证据的情形,而控方又坚持作为合法证据予以使用的,法庭经专门的调查程序后,应依法排除相关证据,并在判决中阐述排除上述证据的理由。如果庭审过程中,辩方提出排除非法证据的申请后,控方主动撤回有关证据,或者控方提供了确实、充分的证据证明证据收集的合法性,辩方对此不持异议的,判决书对此可不再表述。

(三)对辩方意见的评判

对辩方意见的评判,是判决书说理部分的"文眼",也是评价一份判决书说理是否充分的标尺,故该部分需要多花精力思考、斟酌。虽然该部分是裁判文书个性化的重要体现,但仍应遵循一定的评判原则:

一是评判的顺序性。在判决中对辩方意见的评判亦应遵循一定的顺序，原则上应该按照先程序、后实体，先证据、后事实，先定罪、后量刑的基本顺序进行评判。之所以将证据、程序等问题放在前面评判，是为了首先说明审判程序的合法性，以及证据的客观性、合法性等问题，为之后对定罪量刑的评判奠定基础。此外，对辩方有关量刑意见的评判也应遵循先法定情节、后酌定情节的基本顺序。

二是评判的层次性。被告人的辩解和辩护意见较多时，要在归纳后针对观点分层次分析：第一点辩解和辩护意见是什么，分析并说明是否采纳后，再说第二点，依此类推。如果将辩解和辩护意见都写完以后再分析，会显得层次不清。具体操作时，既可以将辩方意见合并同类项后分类进行评判，也可以针对辩方的每一项意见逐条展开评价。

三是评判的规范性。一方面指对辩方意见进行评判时用语要规范，应使用法言法语；另一方面指反驳或支持辩方意见的时候，应有效运用法律、司法解释和刑法理论知识，使说理有法可依，有据可查。

四是评判的针对性。即对辩方的意见评判时应直指要害，是事实证据的问题就分析事实证据，是法律定性的问题就阐明法律依据，不能“环顾左右而言他”。这方面可以借鉴“薄熙来案”判决对薄熙来及其辩护人所提薄熙来对薄谷开来收受徐明钱款用于购买国外别墅一事不知情的反驳意见。

五是评判的具体性。即评判分析辩方意见要做到具体、透彻，善于用每一个事实和证据说话，而不是不分情况，仅用“无事实及法律依据”、“没有证据证明”等套话简单概括。

六是评判的全面性。对辩方意见的评判不等于“批判”，应坚持评判的客观性、全面性，不能只写反驳理由和意见，而不写采纳的理由和意见，正反两方面的意见评判均应做到有理有据，以理服人。如“假华南虎案”中对辩护人所提“假华南虎事件造成的极坏社会影响不是被告人所致，不应作为量刑情节考虑”的辩护意见，陕西省旬阳县人民法院说理就非常全面，该判决认为：“被告人为实施诈骗而拍摄假虎照的行为是假华南虎事件发生的起因。但是，在信息传播日益迅捷、公众对新闻事件的讨论日益广泛的条件下，要求作为普通公民的被告人对其拍摄假虎照的行为作出全面预测，的确超出了被告人的认识能力;该案造成的不良影响是多方面因素形成的,亦超出了被告人的控制能力。故……对辩护人此节辩护意见予以采纳。”

## 五、裁判文书中法律条文的引用

(一)法条引用方法

对于一人犯数罪的案件,应当逐罪引用法律等的相关条款;共同犯罪的案件,是应当逐人分别引用对每个被告人适用的法律条款,还是应当综合引用对整个案件都适用的法律条款,做法不一。

最高人民法院办公厅于2001年制发的《关于实施〈法院刑事诉讼文书样式〉若干问题的解答》对此问题的答复是:为了充分体现对被告人适用法律条文的准确性和增强援引法律条文的针对性,在共同犯罪案件中,对共同犯罪的各被告人所适用的法律条款,应当逐人分别引用。而北京市高级人民法院于2005年下发的《关于规范判决书援引法律等有关问题的指导意见》则规定:共同犯罪的,既可以集中引用法律等的相关条款,也可以逐人逐罪引用法律等的相关条款。目前多数法院均采取集中综合引用的方法,近十年来《刑事审判参考》选登的优秀裁判文书,也几乎全部采用的是集中综合引用的方法,故在具体操作时可考虑参照上述做法执行。

(二)法条引用内容与顺序

第一,引用法条应当准确完整地写明法律文件的名称、条款序号,说理时需要引用具体条文的,应当整条引用。

第二,法条引用的顺序为法律、法律解释、司法解释。具体引用时还应遵循以下基本原则:先引用分则有关定罪和量刑的条款,后引用总则有关从轻、减轻、免除处罚或者从重处罚的条款;先引用有关适用主刑的条款,后引用有关运用附加刑和其他刑事处罚条款;先引用关于刑事法律的条款,再引用关于附带民事的条款。若某种犯罪需援引法定刑(即要援引其他条款的法定刑处罚),则本条条文在先,并依据本条规定,相应的他罪条文在后;若存在实体法与程序法共同引用时,一般先引用实体法,后引用程序法。

第三,关于引用刑法总则条文的顺序,目前做法不一。有的按照刑法总则条文的先后顺序引用,如“李某某等人强奸案”;有的则按照犯罪构成形态、量刑依据、量刑情节、刑罚方法、刑罚种类、扣押物品处理依据等顺序引用,如"薄熙来案"。相比较而言,第一种做法便于对照检索,有利于避免漏引法条,适合被告人较多的案件;第二种引用方法逻辑性比较清楚,但容易漏引法条,比较适合于被告人较少的案件。

(三)判决书后附法律条文的问题

在裁判文书后附法律条文,是近年来一些地方法院增强裁判文书说理性的一项创新举措,尤其在涉外案件判决书后附法律条文,取得了较好法律效果和社会效果。多数人认为,上述做法方便了当事人查看裁判依据,理解裁判理由,有助于向社会传播法律知识和司法理念,同时在一定程度上还可以避免漏引法条。但也有部分人认为,上述做法没有必要,当事人可以根据判决书自行查找相关法律规定,且这样做增加了法院的工作量,也容易导致裁判文书"臃肿"的问题。我们认为,在裁判文书后附法律条文,积极作用更为明显,利大于弊。

## 六、涉案物品处理及其表述

第一,对涉案物品的处理是否需要在"本院认为"部分概括表述,目前存在不同认识。部分同志认为,判决主文中已经详细列明了涉案物品的处理方式,为避免重复,在"本院认为"部分可不再阐述。我们认为,对该问题不应一概而论,应当根据涉案物品的情况具体问题具体分析:如果涉案物品中有存在权属争议、涉及其他法律关系或者其他需要特别说明的情况的,就应当在"本院认为"部分加以说明;如果不涉上述问题,在判决主文中直接写明即可,可不必再在"本院认为"中表述。

第二,根据刑法第六十四条的规定,涉案物品应按照下列方式处理:(1)犯罪分子违法所得的一切财物,应当予以追缴或者责令退赔;(2)对被害人的合法财产,应当及时返还;(3)违禁品和供犯罪所用的本人财物,应当予以没收。因此,对扣押物品进行处理的方式应规范表述为继续"追缴"、"责令退赔"或依法"返还"、"没收",应当避免使用"销毁"、"赔偿"等不规范用语。

第三,如果涉案物品中有用于折抵附带民事赔偿款、罚金、没收财产等用途的,应当予以特别说明。

第四,涉案物品与本案无关但已列入清单的,应当退回查封、扣押、冻结机关依法处理,在判决书中可表述为“××财物退回××机关(或单位)依法处理”。

第五,对涉案物品未随案移送的,实践中大致有三种处理方式:第一种是根据起诉书后面所附的扣押物品清单依法作出处理,且不注明涉案物品未移送的情况,之后再催促检察机关尽快移送涉案财物;第二种是根据起诉书后面所附的扣押物品清单依法作出处理,并同时注明涉案财物目前由××机关查封、扣押或冻结;第三种做法仅判决涉案物品由查封、扣押或冻结机关依法处理,但不说明具体的处理方式。笔者认为,上述三种做法均有不妥之处。根据《最高人民法院关于适用〈中华人民共和国刑事诉讼法〉的解释》第三百六十五条的规定:“对查封、扣押、冻结的财物及其孳息,应当在判决书中写明名称、金额、数量、存放地点及其处理方式等……涉案财物未随案移送的,应当在判决书中写明,并写明由查封、扣押、冻结机关负责处理。”由于判决是涉案物品处理的唯一依据,所以即使涉案物品未移送,在判决书中仍应写明涉案物品的处理方式,但应注明未移送的情况,同时写明由查封、扣押、冻结机关负责处理。

综上,裁判文书作为司法裁判的最终“产品”,与其他“产品”最大的区别在于不仅要保证“质量”,使正义得以实现,而且还应以人们看得见、看得懂、能接受的方式将裁判的过程和理由呈现出来,充分发挥司法定分止争、化解矛盾、一般预防、行为指引等功能,通过一个个案件的公开审理、公正裁判和充分说理,培养公民的法治信仰,树立司法权威,切实让人民群众在每一个司法案件中都感受到公平正义。

(作者单位:北京市第二中级人民法院)

# 如何审查判断和运用作为证据使用的同案被告人供述

## ——以死刑案件办理为重点视角分析

刘静坤

对共同犯罪案件事实的证明,同案被告人供述是一类十分重要的证据,尤其是在缺乏实物证据或者其他被告人不认罪的共同犯罪案件中,同案被告人供述更是定案的关键证据。司法实践中,通常将同案被告人供述视为指证其他被告人参与犯罪的证言,但实际上两者既有共同点也有较大的差异,只有充分认识到同案被告人供述的特殊性,才能在把握其证明价值的基础上准确认定案件事实,进而确保司法公正。由于刑事诉讼法及司法解释对同案被告人供述的审查判断缺乏相关规定,导致实践中一些共同犯罪案件的事实认定以及各被告人的罪责区分等出现了偏差。本文立足现有法律规定,以死刑案件办理为重点视角,结合相关案例对共同犯罪案件同案被告人供述的审查判断进行初步的探讨,希冀对刑事案件的办理提供一些有价值的参考。

### 一、同案被告人供述的特点:与证人证言的比较分析

从诉讼证明的角度看,与只有一名被告人且被告人不认罪的案件(即所谓的“零口供”案件)相比,共同犯罪案件因涉及多名被告人,即使部分被告人(通常是主犯)不认罪,其他同案被告人的供述与在案证据结合起来,也能认定犯罪事实。但这并不意味着此类案件的证明难度或者错误认定案件事实的风险相对较小。实践表明,共同犯罪案件被告人供述失真的可能性不

容忽视,有的案件被告人基于趋利避害的心理千方百计推卸自己的罪责,有的案件被告人基于各种利益考量订立攻守同盟,有的案件被告人基于多方考虑而包揽罪责。上述情形中,各被告人的供述真假难辨,进而给犯罪事实以及各被告人在共同犯罪中地位、作用的认定带来了困难。在探讨如何审查判断同案被告人供述之前,有必要简要分析同案被告人在诉讼证明领域的内在特点。

理论界和实务界普遍认为,每种证据都有其独特的证明价值,也有其内在的独特风险。同案被告人供述在指证其他被告人(以下简称被告人,与同案被告人在称谓上相区别)参与犯罪这一点上类似于证人证言,英美法系国家并不对这两类证据作严格区分,而是统称为证人证言,只不过在一些案件中将指证主犯的同案被告人称为"污点证人"。[①] 但实际上两者之间既有共同点也有内在差异。对同案被告人供述与证人证言的异同作深入比较,有助于深化对同案被告人供述内在特点的认识。

(一)证明价值方面

从指证被告人涉案的角度分析,同案被告人供述和证人证言在证明价值上具有等同性,同案被告人可被视为广义的证人。对于亲眼目睹的被告人作案过程和知悉的被告人参与犯罪等情况,同案被告人供述和证人证言都属于直接证据,能够直接证明被告人与犯罪事实之间的关联。不过,从证据的可获得性角度分析,一些隐蔽的共同犯罪案件,例如雇用运输毒品犯罪案件、雇凶杀人犯罪案件,可能只有同案被告人供述能够指证被告人涉案(即被告人是雇主),而没有证人证言也没有实物证据证明被告人涉案的事实。此种情况下,如同犯罪现场提取的关联性生物证据一样,同案被告人供述能够证明被告人与被害人、犯罪事实之间的关联,进而具有不可取代的重要证明价值。最高人民法院于2008年下发的《全国部分法院审理毒品犯罪案件工作座谈会纪要》专门强调了同案被告人供述在定案方面的重要性。

在同时存在证人证言和同案被告人供述的案件中,两者的证明价值必

---

① 有的共同犯罪中,同案被告人除与被告人共同实施特定的犯罪外,还知晓被告人独自或者伙同他人实施的其他犯罪事实。同案被告人指证被告人实施的其他犯罪事实,实际上属于证人证言。

然体现一定的差异。一般情况下,证人通常仅目睹被告人现场作案的情况,或者知悉被告人参与犯罪的某个片段。对于被告人不直接参与作案,而是教唆、指使、雇用同案被告人作案的情形,证人通常不了解共同犯罪的实际内幕。此种情况下,与通常仅目睹现场情况或者知悉部分事实的证人相比,同案被告人因直接参与犯罪过程,知晓犯罪预谋、联络、组织、实施、分赃、逃匿等案件细节,其供述的内容一般会更加全面、细致,对被告人涉案以及整个犯罪事实的证明价值一般也会更大(当然,也有个别例外情形①)。因此,实践中对同案被告人供述应当给予高度的重视,尤其要注意审查同案被告人供述的细节情况。同时,正是由于同案被告人供述具有重要的证明价值,所以更应当强调对其证据资格和证明力的审查判断。

(二)信息的可挖掘性方面

一些共同犯罪案件,虽然客观上亦有证人能够证明被告人涉案,但受制于侦查取证时机、案件实际情况以及证人自身等方面的限制,证人尤其是那些仅是途经现场、平时在异地工作生活的证人,通常都仅仅提供一份证言。受侦查人员当时所掌握的案件信息、询问能力、证人的配合度等方面的制约,证人在接受询问当时所提供的信息可能并不全面、细致,甚至可能有所保留。同时,由于证人提供证言后可能很难再取得联系,加上办案成本等方面的考虑,侦查机关很少对证人进行补充询问。

相比之下,侦查机关基于破案的考虑,通常会尽力追捕同案被告人。同案被告人一旦归案,就可以依法对其进行讯问并取得供述证据。同案被告人如罪责相对较轻,通常会基于坦白从宽的考虑而选择与侦查机关合作,在归案后对被告人涉案的情况以及整个犯罪事实作出较为详细的供述。侦查机关通过其他途径获得更多的案件信息和证据材料后,就可以对同案被告人进行多次补充讯问,核实相关线索和证据。因此,对于共同犯罪案件,同案被告人供述不仅比证人证言更容易获得,而且更容易从中挖掘相关的细节信息尤其是隐秘信息。这种差别,一直保留到审判阶段。

(三)内容虚假的风险方面

证人与同案被告人都可能因为观察错误、记忆偏差、栽赃陷害等各种因

① 也有一些证人知情程度较深,如被告人的近亲属或者密友等,此处探讨的是一般情形。

素而提供内容不实的言词证据。对内容不实的言词证据,有必要进一步区分错误和谎言。以证人辨认为例。所谓错误,通常是因暗示性的辨认程序等因素导致的错误结果。而所谓谎言,又可分为两类:一是证人故意错误地将被告人指认为罪犯;二是谎称犯罪发生并故意指证陷害被告人。

上述区分对同案被告人供述同样适用。另外,与证人相比,同案被告人因与案件处理结果有直接利害关系,基于趋利避害、推卸责任的考虑,避重就轻作出不利于被告人的供述的可能性更大。在个别案件中,同案被告人甚至可能为逃避追究或者减轻罪责而诬陷无辜者参与犯罪,或者栽赃陷害他人。因此,对同案被告人的供述,尤其是不利于被告人的供述,要注意结合在案证据进行审查判断,避免因错误采纳虚假的同案被告人供述而导致事实认定错误。

## 二、如何审查判断同案被告人供述的证明力

共同犯罪案件中,被告人可能不认罪,或者被告人与同案被告人的供述不吻合甚至存在矛盾。上述情况下,不能简单采信或者否定同案被告人的供述,要注意把握审查同案被告人供述的切入点,科学地认定此类证据的证明力。具体而言,对同案被告人供述证明力的审查,既要分析供述自身独立的真实性,又要分析供述与其他证据的印证关系,还要关注前后各次供述的变化情况。

### (一)同案被告人供述内容自身独立的真实性

司法实践中,很少有人会随意指证他人参与犯罪,因为侦查机关一般都会严格追查核实相关情况。同案被告人指证被告人涉案,将被告人牵涉案件中来,通常会提出相应的理由或者依据。这些理由或者依据本身是否合乎逻辑和情理,在一定程度上反映出同案被告人供述内容自身的真实性程度。例如,运输毒品案件中,如果毒品运输者某甲辩称其受某乙雇用运输毒品,通常会就某乙的身份、联系方式、事先约定或者已经支付的运费等情况作出供述。如果该运输毒品者某甲系当地居民,生活收入较低,供述的情况符合常理,有据可查,则其供述自身的真实性程度较高。反之,如果该运输毒品者某甲系外地人员,有毒品犯罪前科,虽辩称受雇运输毒品,但供述情

况无据可查,则其供述自身的真实性程度相对较低。

实践中,更为常见的情形是同案被告人指证被告人是共同犯罪中的主犯(或者罪责更为严重的主犯)。与前述情形相同,同案被告人一般也会就此提出相应的理由或者依据。对此,可以通过分析同案被告人与被告人平时的关系、犯罪预谋情况、犯罪分工和具体犯罪行为实施情况、犯罪后的表现等审查同案被告人供述内容自身的真实性程度。

(二)同案被告人供述与其他证据的印证关系

《最高人民法院关于适用〈中华人民共和国刑事诉讼法〉的解释》第一百零四条第一款规定:"对证据的真实性,应当综合全案证据进行审查。"对同案被告人供述真实性的审查判断也要遵循上述要求。如果同案被告人供述与其他证据尤其是实物证据相互印证,就表明该供述的真实性程度较高。如果同案被告人供述与其他证据尤其是实物证据存在矛盾,就表明该供述值得质疑,需要对证据间的矛盾作出合理的解释。

例如,雇凶杀人案件中,杀人凶手某甲归案后辩称其受某乙雇用作案,某甲随后供述其与某乙进行电话联络、从某乙处获取酬金等情况。如果这些供述内容能够得到手机通话清单、提取的赃款或者银行账证记录以及证实某乙与被害人有矛盾的证人证言等证据的佐证,则表明某甲的供述真实性程度较高。反之,如果某甲辩解的情况得不到其他证据印证,或者与其他证据存在矛盾,则表明某甲的供述真实性程度相对较低。

(三)同案被告人前后多次供述的变化情况

一般情况下,如果同案被告人供述十分稳定,反映出的供述的真实性程度就较高。如果同案被告人供述不稳定,时供时翻,则反映出的供述的真实性程度就相对较低。此种情况下应当对其翻供给予足够的重视,注意审查其翻供的原因,分析翻供后的辩解是否合理。

共同犯罪案件中,同案被告人可能会基于恐惧、义气、串供等原因在归案后先是包揽罪行,随后因认识到自己可能面临十分不利的法律后果而翻供,进而作出相应的辩解,并指证被告人参与作案;也可能会基于推卸责任、陷害他人等考虑先指证被告人参与作案或者指证被告人罪责较重,随后因良心发现或者无法自圆其说,进而否认被告人参与作案或者称被告人罪责较轻。因此,不能简单采信同案被告人的供述,同时也不能简单将其辩解视为狡辩,要综合根据案情和其他证据认真审查同案被告人的指证或者辩解是否成立或者合理。

需要强调的是,虽然此处重点探讨对同案被告人供述证明力的审查判断,但对于同案被告人翻供的情形,要注意审查供述的合法性。如果同案被告人辩称其供述是刑讯逼供所得,经查该供述是非法证据,就应当依法排除,不能作为定案的根据,从而也就谈不上证明力的审查判断问题。

**三、(同案)被告人指证被告人涉案但被告人否认的情形,能否认定被告人有罪**

有的案件中,只有(同案)被告人[①]指证被告人参与作案,侦查机关据此将被告人抓获归案,被告人被抓获归案后始终否认犯罪或者认罪后翻供,且没有其他证据直接建立被告人与犯罪事实之间的关联。这在雇凶杀人犯罪、雇用运输毒品犯罪领域时有发生。例如,杀人案件的凶手归案后,指证被告人雇其作案。又如,运输毒品案件的运毒者归案后,指证被告人雇其运输毒品。对于上述情形,因同案被告人明确指证被告人涉案,被告人有重大作案嫌疑,侦查机关将被告人抓获归案后需要对被告人进行讯问,核实该被告人是否涉案。被告人可能始终否认涉案,或者在认罪后翻供,此种情况下能否认定被告人有罪,实践中需要区分不同情况作出处理。

(一)被告人始终否认涉案的情形

对于被告人始终否认涉案,且除同案被告人指证其涉案外,没有其他证据直接证明被告人与犯罪事实之间关联的情形,需要认真审查同案被告人供述的细节、供述与其他证据的印证关系、供述的稳定性等方面,重视证据之间的关联分析、矛盾分析以及案件因果关系的分析。显然,同案被告人的人数越多,供述的内容越具体,越有助于判断供述是否真实,准确查明案件事实。当然,对同案被告人供述,不能唯数量论,要按照前述方法认真审查判断同案被告人供述自身的真实性。

---

① 此种情况下,是否属于共同犯罪尚不确定,故表述为(同案)被告人。

即使只有一名同案被告人指证被告人涉案，如果有其他证据佐证其供述的真实性，并有相关证据表明被告人与被害人存在利害关系（因果关系分析）或者被告人与同案被告人有非正常联系（关联分析），也可以综合全案证据认定被告人涉案。例如，一起雇凶杀人案件，被告人某甲因为商业纠纷而雇凶杀人，其在网上找到杀手某乙，约定某乙杀死被害人后支付酬金5万元，某乙按照约定杀死了被害人，事后某甲汇款5万元给某乙。某乙被抓获归案后，指证某甲雇其作案。除某乙的指证外，没有其他直接证据证明某甲的雇凶杀人行为。某甲归案后始终否认涉案，除某乙的直接指证外，有证据表明某乙与被害人并无矛盾，而某甲与被害人存在恩怨，另有网络聊天记录和手机通话记录证实某甲与某乙之间在案发前后存在联系，汇款记录证实某甲曾汇款给某乙。虽然没有其他证据直接建立某甲与犯罪事实之间的关联，但结合某乙（同案被告人）的指证以及相关间接证据，能够认定某甲与犯罪事实之间存在关联，如某甲不能对其与某乙之间的网络联系、电话联系、资金往来等情况作出合理解释，基于在案证据可以认定被告人有罪。

实际上，上述类型的案件是结合同案被告人供述通过关联分析和因果关系分析来重建犯罪事实，进而认定被告人有罪。整个证明过程主要包括三个步骤：首先要建立同案被告人（犯罪行为直接实施者）与犯罪行为之间的关联，这是整个证明和推理链条的前提。如果除同案被告人供述外，没有证据证明犯罪行为系同案被告人实施，同案被告人一旦翻供，全案事实的证明和推理就缺乏必要的前提。其次要建立同案被告人与被告人之间的关联，这种关联应当与犯罪行为直接相关。如果同案被告人与被告人并非熟人，就可以通过手机通话清单、网络聊天记录或者资金往来等非正常联系建立两者之间与犯罪行为直接相关的关联；如果同案被告人与被告人是熟人，就需要进一步甄别两者的联系是否正常，与犯罪行为是否直接相关。最后要明确被告人与被害人、犯罪事实是否存在利害关系。如果认定存在利害关系，建立在因果关系基础上的整个证明和推理链条就基本上完成了。由于上述证明过程涉及较为复杂的推理，为避免推理结论存在其他可能性，应当允许被告人提出辩解。

如果只有一名同案被告人指证被告人涉案，没有其他证据佐证同案被告人供述的真实性,无法建立被告人与犯罪事实之间的关联,且被告人始终不认罪的,则因为只有同案被告人供述一项证据且缺乏印证,在案证据达不到确实、充分的证明标准,所以依法不能认定被告人有罪(参见本文第六部分的分析及案例)。

相比之下,即使有多名同案被告人指证被告人涉案,但不能排除串供诬陷可能性的,如无其他证据印证同案被告人的供述,在案证据达不到确实、充分的证明标准,也不能认定被告人有罪。

(二)被告人认罪后翻供的情形

对于被告人认罪后翻供的情形,因涉及正反两方面的信息,故可以结合同案被告人供述和其他证据对被告人的认罪供述进行确证分析,审查认罪供述与同案被告人供述及其他证据是否相互印证;同时对被告人的翻供理由进行证伪分析,审查翻供理由是否成立。《最高人民法院关于适用〈中华人民共和国刑事诉讼法〉的解释》第八十三条第二款、第三款就此问题规定:"被告人庭审中翻供,但不能合理说明翻供原因或者其辩解与全案证据矛盾,而其庭前供述与其他证据相互印证的,可以采信其庭前供述。被告人庭前供述和辩解存在反复,但庭审中供认,且与其他证据相互印证的,可以采信其庭审供述;被告人庭前供述和辩解存在反复,庭审中不供认,且无其他证据与庭前供述印证的,不得采信其庭前供述。"

需要强调的是,刑事诉讼法第五十三条规定:"只有被告人供述,没有其他证据的,不能认定被告人有罪和处以刑罚。"实践中,对该条的理解存在不同看法,即该条规定所指的被告人供述是否包含同案被告人供述?质言之,如果某一案件同时具有同案被告人和被告人供述的,能否适用本条,不认定被告人有罪。有观点认为,该规定仅指被告人供述,证明被告人涉案事实的同案被告人供述更加类似于证人证言。也有观点认为,同案被告人供述在属性上也是被告人供述,因此上述规定既包括被指控的被告人的供述,也包括同案被告人的供述,同案被告人供述不能被视为证人证言。我们认为,同案被告人指证被告人涉案的供述不能被简单视为"被告人供述",在证明价值上更加类似于证人证言(但两者亦有差异,详见前文分析)。因此,如果某一案件同时具有同案被告人供述和被告人供述,就不能简单视为刑事诉讼法第五十三条所规定的情形。[①]

如果案件中仅有同案被告人供述和被告人供述,缺乏其他证据尤其是实物证据印证,由于现阶段确保供述合法性和自愿性的程序制度尚不十分完善,故应当特别注意审查判断供述的合法性。对于被告人辩称其遭到刑讯逼供,供述系非法取得的,进而申请排除非法证据,并提供相关线索或者材料的,人民法院应当认真进行审查,在决定对证据合法性进行专门调查后,如果确认或者不能排除被告人供述是以非法方法取得的,就应当依法排除相关供述。同时,也要注意审查供述的真实性,切实排除诱供、串供的可能性。如果依法排除被告人供述后,同案被告人指证被告人涉案的供述缺乏证据印证的,依法不能认定被告人有罪。鉴于该类问题在毒品犯罪案件中体现得较为突出,最高人民法院于 2008 年下发的《全国部分法院审理毒品犯罪案件座谈会纪要》规定:"有些毒品犯罪案件,往往由于毒品、毒资等证据已不存在,导致审查证据和认定事实困难。在处理这类案件时,只有被告人的口供与同案其他被告人供述吻合,并且完全排除诱供、逼供、串供等情形,被告人的口供与同案被告人的供述才能作为定案的证据。仅有被告人口供与同案被告人供述作为定案证据的,对被告人判处死刑立即执行要特别慎重。"实际上,不仅是毒品案件,其他类型的案件尤其是死刑案件也应当坚持上述原则。在缺乏实物证据,主要靠被告人和同案被告人供述的印证关系定案的情形,要特别注意审查供述的合法性和真实性,切实排除逼供、诱供、串供的可能性,不能在案件事实达不到确实、充分证明标准的情况下勉强定案。

审判实践中,对于定案证据主要是被告人供述和同案被告人供述的情形,需要结合案情和供述分析案件中是否可能存在实物证据或者其他印证证据。如果情况显示可能存在上述证据,就要进一步分析相关证据不在案的原因。此类案件可能是由于现场勘查等工作不细而遗漏关键证据,也可能是侦查机关故意隐瞒有利于被告人的证据甚至无罪证据,因此存在较大

① 2008 年《全国部分法院审理毒品犯罪案件工作座谈会纪要》规定,在特定情形下,同案被告人供述和被告人供述结合起来可以定案。尽管毒品案件的证明有其特殊性,上述规定可被视为特殊规定,但也表明同案被告人供述不能被简单等同于被告人供述。

的错判风险。此种情况下,应当建议人民检察院补充侦查,对案件的事实、证据疑点作出合理的解释,有效排除合理怀疑。对于死刑案件,如果在案证据足以认定被告人有罪,但对被告人适用死刑的事实证据不足的,根据《最高人民法院关于建立健全防范刑事冤假错案工作机制的意见》第六条第三款的规定,不得对被告人判处死刑。

**四、同案被告人指证被告人系主犯但被告人否认的情形,能否认定被告人是主犯**

一些共同犯罪案件中,各被告人归案后都不否认参与犯罪,但可能会基于趋利避害等考虑对各自在共同犯罪中的地位、作用作出避重就轻的供述。这在死刑案件中体现得尤为突出。对于同案被告人指证被告人系主犯(或者罪责更为严重的主犯),被告人予以否认的情形,例如,在共同抢劫杀人案件中,被告人虽然供认参与犯罪预谋和准备,但始终否认参与杀死被害人。由于各被告人之间存在直接利害关系,对同案被告人作出的不利于被告人的供述需要认真审查,如果同案被告人的供述未得到其他证据尤其是实物证据印证,就不能简单采信。

又如,在一起共同抢劫案件中,四名被告人涉案,致二被害人死亡。被告人甲、乙均供称其二人与丙、丁一同实施了抢劫杀人行为,但丙、丁虽然承认共同预谋抢劫,但始终辩称四人分组、分头寻找抢劫对象,甲和乙一组,丙和丁一组,抢劫杀人行为是甲、乙实施,丙、丁在别处寻找抢劫对象,并未参与实施抢劫杀人行为。对于上述情形,如果被告人甲、乙供述稳定、细节吻合,且与其他证据尤其是现场实物证据相互印证,排除串供诬陷丙、丁的可能性,而被告人丙、丁的辩解缺乏合理性,又没有其他证据印证的,可以认定丙、丁参与实施抢劫杀人行为。在此基础上,需要进一步区分各被告人在共同犯罪中的地位作用,对其中罪责最为严重的主犯,罪行极其严重的,可依法适用死刑。相反,如果甲、乙供述存在反复、缺乏其他证据印证,而丙、丁的辩解具有合理性,没有证据证实二人串供的,有关丙、丁参与实施抢劫杀人行为这一事实存在合理怀疑,未能达到证据确实、充分的证明标准,依法不能认定。此种情况下,虽能认定丙、丁参与抢劫犯罪,但不能认定该二人参与实施杀人行为。如果各被告人在犯罪预谋阶段并未约定采用杀人手段抢劫,对丙、丁量刑时不能考虑杀人情节;如果各被告人在犯罪预谋阶段约定采用杀人手段抢劫,尽管丙、丁未具体参与实施杀人行为,但基于共同犯罪部分行为全部责任的原则,也应当认定丙、丁对全案后果负责,但丙、丁的罪责轻于直接实施杀人行为的甲、乙,量刑时应当有所区别。

需要强调的是,对于多人共同致死一名被害人的案件,如果各被告人均是单纯的实行犯(排除组织、指使犯罪等情形),无法确定谁是直接致死被害人的凶手,各被告人在共同犯罪中的地位、作用又难以区分的,原则上不能适用死刑。

## 五、同案被告人指证他人参与作案但该人不在案的情形,对同案被告人如何量刑以及能否适用死刑

共同犯罪案件,经常涉及被告人先后归案的情形。有的案件,有其他证据表明系共同犯罪案件,先归案的被告人指证该案还有其他作案人,并辩称主要犯罪行为系逃匿的作案人实施。还有的案件,被告人归案后辩称有其他人参与作案,但没有其他证据表明该案系共同犯罪案件。对于上述情形,需要结合案情及在案证据作出相应的处理。

### (一)有证据证明案件系共同犯罪的情形

有的案件,有证据表明,除已经归案的被告人外,确实还有其他作案人。例如,目击证人看见多人共同实施犯罪行为。又如,现场作案工具尖刀刀柄上的指纹经鉴定为其他人所留,此种情况下,先归案的同案被告人基于避重就轻等考虑,虽然认罪,但可能会作出有利于自己、不利于其他作案人的供述。例如,共同抢劫案件,先归案的被告人辩称,自己虽然参与实施抢劫,但致死被害人的行为系在逃的其他作案人实施。在缺乏其他证据印证而又没有相反证据的情况下,即使对其有关各被告人在共同犯罪中地位、作用所作供述的真实性存在疑问,也应当按照有利于被告人的原则作出处理。

人民法院在缺乏其他证据印证的情况下认定先归案的被告人系从犯或者在量刑时留有余地的,如果裁判生效后其他作案人归案,有新的证据证明原判决、裁定认定的事实确有错误,先归案被告人应当为共同犯罪的主犯,

对其量刑畸轻的，可以依法启动审判监督程序重新审判，并与后归案的被告人一并审理，准确查清事实，明确各被告人的罪责，依法作出裁判。

（二）有证据显示案件可能系共同犯罪的情形

有的案件，被告人归案后在认罪的同时，供称有其他人共同作案，并称在逃的作案人系主犯，自己仅实施了辅助行为，系共同犯罪中的从犯，例如，提出其他作案人杀人后，其仅是帮助抛尸。如果被告人供述的情况有据可查，与案情和其他证据没有矛盾，尤其是现场和案情反映出被告人一人难以独立完成犯罪行为的，就应当认真调查核实相关证据。如果在审判环节发现上述情形，人民法院应当向人民检察院说明情况，人民检察院依法可以补充收集、调取证据，作出合理的说明或者退回侦查机关补充侦查，调取有关证据。如果经补充侦查，被告人供称的共同作案人确有其人，但未能抓捕归案，对该被告人量刑时应当留有余地；对于死刑案件，即使案件后果极其严重，也不能对被告人适用死刑。

有的案件，被告人归案后虽然辩称与其他人共同作案，但供认自己实施了主要犯罪行为。例如，一起抢劫杀人案件，被告人某甲归案后供称其与某乙共同实施抢劫，其单独持刀杀死了被害人，某乙只是帮助其搬运尸体、毁灭证据。此种情况下，如果某甲的供述与在案证据相互印证，如根据某甲供述找到了作案工具尖刀，从该尖刀刀柄上检出某甲的指纹，同时在刀刃上检出被害人的血迹，即使某甲所称的作案人确有其人，未能抓捕归案，也不影响对某甲的定罪量刑。需要指出的是，对此类案件，要注意排除先归案的被告人替人顶罪的情形。如某甲与某乙系亲兄弟，可能会为了包庇某乙而包揽罪责。有鉴于此，应当重视分析先归案被告人的供述细节，审查被告人供述是否与在案证据尤其是实物证据存在矛盾，并结合案情和在案证据作出准确认定。

## 六、被告人指证的其他作案人经查不实，又随意指证他人作案的情形，是否需要继续查证

有的案件，被告人归案后认罪，后辩称系替人顶罪。对于此类案件，首先要认真审查在案证据，判断能否认定先归案的被告人涉案，这是认定该被

告人有罪的前提。同时,也要查证被告人所指证的其他作案人是否涉案。如果先归案的被告人所称的共同作案人经查并无该人,或者随后经调查表明该人与案件事实并无关联,被告人又随意指证他人作案的,应当让被告人作出合理的解释。如果从案情和被告人指证的情况看,被告人的指证系随意指证、反复变化,或者被指证的人无从查证的,不能简单地仅凭被告人随意指证就无限期地查证下去。如结合案件情况决定对被告人的随意指证不予查证后,要认真审查案件的事实证据,对于被告人认罪供述与在案证据尤其是客观性证据印证的,可以采信其认罪供述。在此基础上,如全案证据达到确实、充分的证明标准,可以认定被告人有罪。

例如,一起故意杀人案件,被告人某甲归案后认罪,现场提取的血迹和烟蒂上的生物证据经 DNA 鉴定系被告人某甲所留,但被告人某甲辩称其是替某乙顶罪,杀人行为系某乙具体实施,某甲只是出现在现场,因某乙承诺给其巨额报酬而包揽罪责。该案现场被纵火后遭到一定程度的破坏,故没有提取到其他人的生物证据。此种情况下,鉴于某甲提出的上述辩解关系重大,侦查机关立即补充调查,最后找到某甲所指证的某乙,但某乙坚决否认参与犯罪,经查某乙亦没有作案时间,在案证据能够排除某乙涉案的可能性。随后提审某甲,某甲又辩称某丙是作案人,但对其之前的辩解不能作出合理解释,且其供述的某丙无从查证。立足该案情况,现有证据足以认定某甲与犯罪现场、被害人和犯罪事实之间的关联,某甲最初的认罪供述与在案证据互相印证,某甲提出的替某乙顶罪的辩解不能成立,最终依据查明的事实认定某甲有罪。

**(作者单位:最高人民法院刑三庭)**

# REFERENCE TO CRIMINAL TRIAL

## CONTENTS

**CRIMIANL LEGISLATIVE AND JUDICIAL DOCUMENTS**

**Standing Committee of National People's Congress**



**Supreme People's Court, Supreme People's Procuratorate, Ministry of Public Security**

**图书在版编目(CIP)数据**

刑事审判参考.总第99集/最高人民法院刑事审判一至五庭主办.—北京:法律出版社,2015.2
(刑事审判参考)
ISBN 978-7-5118-7595-2

Ⅰ.①刑… Ⅱ.①最… Ⅲ.①刑事诉讼—审判—中国—参考资料 Ⅳ.①D925.218.2

中国版本图书馆CIP数据核字(2015)第041367号

**刑事审判参考(总第99集)**
最高人民法院刑事审判一、二、三、四、五庭主办

编辑统筹 法律应用出版分社
责任编辑 聂 颖
装帧设计 李 瞻



**出版** 法律出版社
**总发行** 中国法律图书有限公司
**经销** 新华书店
**责任校对** 晁明慧
**责任印制** 翟国磊
**印刷** 固安华明印业有限公司

**开本** 720毫米×960毫米 1/16
**印张** 19.25
**字数** 269千
**版本** 2015年3月第1版
**印次** 2015年3月第1次印刷

法律出版社/北京市丰台区莲花池西里7号(100073)
电子邮件/info@lawpress.com.cn
网址/www.lawpress.com.cn
销售热线/010-63939792/9779
咨询电话/010-63939796

中国法律图书有限公司/北京市丰台区莲花池西里7号(100073)
全国各地中法图分、子公司电话:
第一法律书店/010-63939781/9782
重庆公司/023-65382816/2908
北京分公司/010-62534456
西安分公司/029-85388843
上海公司/021-62071010/1636
深圳公司/0755-83072995

**书号**:ISBN 978-7-5118-7595-2
**定价**:38.00元

# 征稿启事

《刑事审判参考》是最高人民法院刑事审判第一、二、三、四、五庭共同主办、法律出版社出版、面向国内外公开发行的刑事司法业务指导和研究性刊物。2013 年出版六集。

为能够以最前沿的视野、最权威的高度和最贴近刑事司法实践的方式编辑本书,欢迎读者向本书以下栏目提供稿件:

(一)指导案例。在认定事实、采信证据和适用法律、司法解释定罪处刑问题上具有研究价值和指导意义的典型、疑难案件,并须附寄加盖人民法院院印的一审、二审裁判文书。

(二)经验交流。地方司法机关制定的刑事司法规范性文件及其背景说明;地方人民法院院长、副院长在刑事审判工作会议上的讲话,等等。

(三)实务探讨。对某一类实务问题提出的解决方案。

(四)裁判文书。具有较强说理性、体现法官适用普遍的法律规范解决具体的疑难、复杂案件的智慧的优秀裁判文书。

(五)编辑部答疑。读者在刑事司法实践中遇到法律适用方面的疑难、复杂问题。

(六)审判实务释疑。针对刑事审判实务中的争议问题进行分析、探讨。

(七)疑案争鸣。针对刊登的疑难案例争议问题进行分析,发表观点。

来稿请注明作者的联系方式(包括地址、邮编和电话)。除"编辑部答疑"、"疑案争鸣"外,来稿一经采用,按著作权法的规定支付稿酬。凡在本刊发表的文章,自发表之日起一年内,作者如在其他刊物发表,须经本刊同意。因一稿多投,给本刊造成损失的,本刊将依法追究责任。来稿一律不退,如需退稿，请声明并附足邮资。

来稿（案例须附裁判文书，裁判文书请书面邮寄正本）可向以下任何一位执行编辑投递：

北京市东城区北花市大街9号最高人民法院刑一庭　冉　容

gfdg2011@ sina. com

北京市东城区北花市大街9号最高人民法院刑二庭　刘晓虎

longfan2001@ 163. com

北京市东城区北花市大街9号最高人民法院刑三庭　刘静坤

liujingkun2008@ 163. com

北京市东城区北花市大街9号最高人民法院刑四庭　陆建红

Lu_jianhong@ 126. com

北京市东城区北花市大街9号最高人民法院刑五庭　方文军

fwjzgf@ sina. com

邮编：100062

**特别提示：为避免各庭之间采稿重复，来稿不可同时多投。**

最高人民法院刑事审判第一、二、三、四、五庭

# 2015年最高人民法院刑事审判指导系列丛书征订单

第一联：发书凭证　　　　　　　　　　年　　月　　日

| | | | | | |
|---|---|---|---|---|---|
| 订购单位 | | 联　系　人 | | | 订购单位章 |
| 详细地址 | | 邮　　编 | | | |
| 书　　名 | | 邮购价 | 册数 | 总金额 | |
| 《刑事审判参考》全年共6集（第102~107集） | | 250.80 | | | |
| | | | | | |
| 总金额（大写）： | | | | | |
| 汇款方式 | 邮局汇款：（　　） | 银行汇款：（　　） | | | |
| 汇款凭证号 | | ★联系电话 | | | |

注：如果您通过邮局汇款，请准确详细填写汇款单并在汇款单附言注明书名、册数及联系电话。请务必将此联传真或邮寄给我们，以便我们能够及时为您发书。传真：010-63939782

# 2015年最高人民法院刑事审判指导系列丛书订户收据

第二联：订户收据（此联自留）　　　　　　　　　　年　　月　　日

| | | | | | |
|---|---|---|---|---|---|
| 订购单位 | | 联　系　人 | | | 收款单位章 |
| 详细地址 | | 邮　　编 | | | 中国法律图书有限公司 财务专用章 |
| 书　　名 | | 邮购价 | 册数 | 总金额 | |
| 《刑事审判参考》全年共6集（第102~107集） | | 250.80 | | | |
| | | | | | |
| 总金额（大写）： | | | | | |
| 汇款方式 | 邮局汇款：（　　） | 银行汇款：（　　） | | | |
| 汇款凭证号 | | ★联系电话 | | | |

注：此联连同汇款回执一并作为报销凭证。如需正式发票另请注明。

## 汇　款　方　法

**银行汇款：**

开户行：工商银行北京六里桥支行

户　名：中国法律图书有限公司

账　号：0200 2810 0902 0403 623

**邮局汇款：**

商务号：111330032

收款人：中国法律图书有限公司（请在附言栏内注明书名、册数）